Richard Andree

Wirkliche und wahrhaftige Robinsonaden, Fahrten und Reiscorlebnisse

aus allen Zonen

Richard Andree

Wirkliche und wahrhaftige Robinsonaden, Fahrten und Reiscorlebnisse
aus allen Zonen

ISBN/EAN: 9783743483644

Hergestellt in Europa, USA, Kanada, Australien, Japan

Cover: Foto ©Andreas Hilbeck / pixelio.de

Manufactured and distributed by brebook publishing software (www.brebook.com)

Richard Andree

Wirkliche und wahrhaftige Robinsonaden, Fahrten und Reiscorlebnisse

Wirkliche und wahrhaftige Robinsonaden.

Otto Spamer's

Jugend- und Hausbibliothek.

Mit

vielen Tonbildern, zahlreichen in den Text gedruckten Abbildungen, kolorirten
Bildern, Karten ꝛc.

Zweite Serie. Elfter Band.

Wirkliche und wahrhaftige Robinsonaden.

Erzählt

von

Dr. Richard Andree.

Mit vielen in den Text gedruckten Illustrationen, Tonbildern u. s. w.

Leipzig.
Verlag von Otto Spamer.
1868.

Leipzig: Verlag von Otto Spamer.

Hans Staden's Abschied von Abbati-Boffange.

Wirkliche und wahrhaftige

Robinsonaden, Fahrten und Reiseerlebnisse

aus allen Zonen.

Für die reifere Jugend, sowie für gebildete Familienkreise.

Erzählt

von

Dr. Richard Andree.

Pracht-Ausgabe.

Mit einem Titelbilde, sechs Tonbildern und 90 in den Text gedruckten Abbildungen.
Nach Zeichnungen von Yan Dargent u. A.

Leipzig.
Verlag von Otto Spamer.
1868.

Inhalts-Angabe.

Nebst Verzeichniß der hauptsächlich benutzten Quellen.

——·——

Die „Hand des Satans" auf der See der Finsterniß.

Einleitung.

Der Wunderglaube und das Geheimnißvolle in Bezug auf Erdkunde und ihr Verschwinden aus derselben.

Gleichsam angeboren ist unserem Geschlechte der mächtige Wandertrieb, welcher den Menschen hinauszieht in die unbekannte Ferne. Bald ist es des Leibes Mangel und Noth, der den Einzelnen, wie ganze Völker, aus den alten Wohnstätten von Erdtheil zu Erdtheil treibt, bald ein gesteigertes Bedürfniß, welches, Verkehr und Handel fördernd und hebend, jene zusammenführt zum gegenseitigen Austausch ihrer Erzeugnisse, oder sie begierig macht nach den Segnungen der Kultur, die sich bei anderen fremden Völkern vorfinden. Vor Allem war es jedoch immer der Handelsmann, der, vereint zu Karawanen, oder auf schwachem Ruderschiff in alter Zeit, wie heute auf stolzem Dreimaster, sein Auge meist des Gewinnes wegen am weitesten hinausschweifen ließ über die unendlichen Wogen des Ozeans, sei es um neue Bezugsquellen zu erschließen oder weitere Absatzwege für die Erzeugnisse der Heimat aufzufinden. Doch nicht immer war es der lockende Handel allein, welcher den Menschen aus der friedlichen Heimat hinauszog in die ungewisse Fremde. Eben so oft war es Golddurst, oder die Lust nach einem abenteuerlichen Leben, oder auch die Gewohnheit, sich auf dem nassen Elemente zu bewegen, das dem Seefahrer vertraut geworden, das er liebt, wie ein Ackerbauer seine Scholle. Dann wieder zieht die Weltstraße dahin ein muthiger Gelehrter, um im Dienste der Wissenschaft fremde Länder zu durchforschen, oder es sind glaubenseifrige Männer, welche, als Sendboten der Religion ihr Leben in die Schanze schlagend, Mühen und Gefahren nicht scheuen, um den Bewohnern noch unerforschter Gebiete das Evangelium zu predigen und ihnen Kunde zu bringen von den Bleichgesichtern im fernen Abendlande, deren Lebensweise so grundverschieden von der ihrigen ist.

So durchfurcht der Mensch nach eigenem freien Willen die Weltmeere, um nach ersehnten fernen Gestaden zu gelangen. Allein nicht selten sehen wir

ihn gegen seine Absicht die Widerwärtigkeiten des Geschickes bekämpfen
und eine Beute des Zufalls werden. Er erliegt der Kraft der Elemente und
wird wie ein Spielball, ohne sich ihrer erwehren zu können, allen Anstrengungen
zum Trotze verschlagen und fortgeführt, sei es an ein unwirthliches Gestade,
auf ein idyllisches Eiland, oder in die undurchdringlichen Wildnisse jungfräu=
licher Urwälder. Er muß dem Schicksale gehorchen, das ihn treibt; der Macht
der Ereignisse gegenüber erscheint sein Wille so ohnmächtig, wie der Zornaus=
bruch eines Kindes. Er kämpft mit Gefahr und Tod, mit wilden Thieren
und feindlichen, fremden Menschen, die seine Sprache nicht verstehen, oder
der Hunger tritt an ihn heran und zwingt ihn, sein Leben auf die elendeste
Art zu fristen. Dann, vom Erhaltungstriebe angespornt, rafft er sich auf;
er sinnt auf Mittel, um den „Kampf um's Dasein" durchzukämpfen, allen Ge=
walten zum Trotze sich muthig erhaltend, nimmer sich beugend. Schlummernde
Kräfte werden in ihm wach, von deren Vorhandensein in seinem Innern er
bis dahin keine Ahnung hatte; die Noth entfesselt sie und, geht er als Sieger
aus dem Kampfe hervor, hat er Monate, Jahre lang sich hindurchgerungen,
dann winkt ihm wol, wenn er schon im Begriffe war zu verzweifeln, wenn er
einsam und verlassen sich niederwarf, um zu sterben, oder wenn er gar, im
Uebermaß der Verzweiflung selbst zum Schrecklichsten greifend, Hand an sich
legen wollte, ein milder Hoffnungsstern, der nicht täuschend, ihn wieder heim=
kehren läßt zu den bewohnten Stätten der Menschen.

Demjenigen, der zu Hause wohlgeborgen sitzt, klingt der Bericht von
dem abenteuerlichen Leben des armen Dulders kaum glaublich; man zollt
ihm Mitleid und lauscht begierig der Erzählung seiner Schicksale, aber er
erscheint wie ein Romanheld und bleibt ein solcher. Und je nach dem Bil=
dungsgrade des Mannes, der so Merkwürdiges erlebt, wird er als einfacher
„Robinson" oder als Entdecker und Bereicherer der Wissenschaft gefeiert,
wenn die Kunde von dem Aufenthaltsorte, wohin er verschlagen war, neu
ist. Solche Robinson=Fahrten nach Ost und West, nach Nord und Süd, auf
dem Festlande und im weiten Ozean, durch das Eis der Polarwelt wie die
Pracht der Tropennatur, im Sande der Wüste wie auf dem schnee= und
eisbedeckten Hochgebirge: sie alle sind wichtige Beiträge zur Er=
gänzung unseres geographischen Wissens geworden.

Schon im grauen Alterthum finden wir ähnliche Robinsonaden, ja
sie reichen zurück in die Sagenzeit der alten Kulturvölker, oder spielen
selbst in deren Götterhimmel, wie denn der älteste aller Robinsons ein
mythologischer ist. Plutarch erzählt von den verzauberten Inseln, auf denen
der zur Einsamkeit verdammte und von dem Titanen Briareus bewachte
Saturn lebte. Unser Alexander von Humboldt hat sorgsam Alles ge=
sammelt, was sich auf diese Sage bezieht, und nach ihm war das friedliche
Ogygia der Ort, wo der göttliche Verbannte einer anderen Bestimmung
harrte.

Der schlafende Saturn in der Höhle auf Ogygia.

Auf dieser von einem milden Klima beglückten Insel schlief Saturn in einer tiefen Höhle, denn Jupiter hielt ihn dort durch den Schlaf gefesselt. Er war umgeben von Genien, die ihm einst gedient hatten, als er noch Fürst über Götter und Menschen war, und die ihm jetzt seine prophetischen Träume ablauschten und sie weiter verbreiteten.

Später, als Geschichte und Sage sich zu vermischen beginnen, treffen wir auf andere Robinsonaden. Homer's gewaltiges Epos, die Odyssee, führt sie uns nicht theilweise in dem göttlichen Dulder Odysseus einen echten, einen klassischen Robinson vor, der im griechischen Archipel umherirrt, Schiffbruch leidet und, aus diesem gerettet, unter wechselnden Gefahren und sonderbaren Abenteuern sein Leben fristet? Von den Lotophagen an der libyschen Küste kam er zu den grausigen Kyklopen, zur Insel des Aeolus an der Südspitze Siciliens, dann zu den menschenfressenden Lästrygonen, deren Sitz an die Nordwestküste derselben Insel verlegt wird. Nur mit einem einzigen Schiffe entkommen, führte ihn sein Geschick zum Eilande der Zauberin Kirke, weiter hinab in den Hades, zu den Sirenen und endlich zwischen die Skylla und Charybdis, wo er sechs Gefährten verlor. Was damals im Alterthum grauenhaft erschien, jener Meeresstrudel in der engen Straße von Messina, der jetzt den Namen Calofaro führt, er wird von den heutigen Schiffern kaum beachtet, so wenig wie La Rema, der Felsen der Skylla. Doch erscheinen uns Angst und Grausen vor jenen Strudeln im Hinblick auf die unvoll-kommenen Schiffe der Alten noch weit natürlicher, als die Furcht, welche abergläubige Seeleute noch bis in's vorige Jahrhundert hinein vor dem Mostöe- oder Maelstrom zwischen den Lofoden-Inseln an Norwegens Küste hegten. Das Wasser, im Kreise getrieben, rauscht dort in einem Bogen von beinahe vier deutschen Meilen im Umfange dahin und prallt mit Gewalt an einem mitten im Wirbel stehenden Felsen an. Bei gewöhnlichem Wasserstande kann ein Schiff, mit gutem Winde gehend, ohne Gefahr die Stelle durchsegeln; treten aber Springfluten ein, so wird die Bewegung des Stromes so heftig, daß die Durchfahrt für kleinere Schiffe gefährlich wird. So weit die Thatsache. Die immer geschäftige Phantasie der Matrosen wußte grausige Vorstellungen rege zu machen von der entsetzlich in Wirbeln kreisen-den Wassermasse, gegen die kein Mühen der Mannschaft half: mit rasender Wucht stößt das Fahrzeug an den Felsen, und die Wellen schlagen über Trümmern und Leichen zusammen.

Nach dieser Abschweifung kehren wir wieder zu den Helden des Alter-thums zurück. Noch mehr als die Odyssee fällt die Geschichte des Philoktet in dasselbe Bereich, und wenn auch die Ueberlieferung, wie der Dichter, ihm und der Geschichte seines Unglückes Vieles angedichtet haben, so ist doch fast als sicher anzunehmen, daß sie einen wahren Grund habe. Auf der Insel Lemnos, dem heutigen Stalimene, wohin die Alten den Sitz des Vulkan verlegten, war der Erbe des Bogens und der Pfeile des Herkules ausgesetzt worden. Von einer schrecklichen Krankheit geplagt, die durch Verwundung mit einem in das Blut der Lernäischen Hyder getauchten Pfeile hervorgebracht war, hatten ihn die gegen Troja ziehenden Griechen hier zurückgelassen. Er lebte nun kümmerlich, von Schmerzen heimgesucht, in einer Höhle des menschen-leeren Eilandes und schoß die Vögel mit seinen berühmten Pfeilen. Sechs lange Jahre verflossen diesem antiken Robinson und Apollon's Orakel hatte sich erfüllt: ohne die Pfeile des Herkules vermochten die Griechen Troja nicht zu erstürmen. Da beschlossen diese, den Unglücklichen aus seiner Verbannung zu holen. Odysseus und Neoptolemos, der Sohn des Achill, brachten ihn nach Troja, wo er unter der Behandlung der heilkundigen Aerzte Machaon und Podalirios genas. — Wir verfolgen die sagenhaften oder halbgeschicht-lichen Robinsons des Alterthums hier nicht weiter. An sie schließt sich noch eine lange Reihe ähnlicher Gestalten an, die, endlich heraustretend aus dem sie um-hüllenden Nebel, zu wirklich historischen Erscheinungen werden. Doch durch jene Fahrten und Abenteuer, durch die mit ihnen verbundenen Vorstellungen wurde schon im Alterthum die Kenntniß der Geographie nicht wenig gefördert, und wie in der allgemeinen Weltanschauung allmälig richtige Begriffe zum Durchbruch kamen, so auch in Bezug auf die Gestalt und Form unserer Erde.

Daß unsere Erde nur ein Staubkorn in der Unermeßlichkeit des Weltalls sei, dieses ahnten schon früh die Alten. Aristarch der Samier war der Erste, welcher im dritten Jahrhundert vor Christus die Lehre von der Bewegung der Erde um sich selbst und um die Sonne aufstellte und deßhalb vom Stoiker Kleanthes als Gotteslästerer, der die heilige Ruhe der Erde und der Laren gestört habe, angeklagt wurde. Was Aristarch mit dem Instinkte des Genies nur ahnte, das hat dann später des Köpernik gewaltiger Geist zuerst sicher erkannt und begründet. Indem er die Sonne auf den glänzenden Thron setzte, von wo aus sie die ganze Familie kreisender Gestirne lenkt, hat er in Wahrheit die Ruhe unserer Erde für immer gestört. Ihm nach folgt im späteren Mittelalter der tiefsinnige Galilei, der der Ketzerei verdächtig, von den päpstlichen Gerichten am 22. Juni 1633 gezwungen wird abzuschwören, daß die Sonne unbeweglich sei und daß die Erde vielmehr sich bewege. — Und sie bewegt sich doch! — In demselben Jahre als der große Dulder Galilei starb (1642) wurde Newton geboren. Schon vorher war in Holland das Fernrohr erfunden, und von Keppler waren die drei berühmten Gesetze der Bewegung aufgestellt worden, welche seinen Namen unsterblich machten und ihn als Schöpfer der theoretischen Astronomie erscheinen lassen. Was Köpernik und Keppler prophetisch andeuteten, dem Genius Newton's war es vorbehalten, es zu enträthseln. Indem er das von Galilei entdeckte Gesetz des freien Falles der Körper auf den Himmel überträgt, enthüllt sich ihm das Gesetz der Gravitation. Er findet, daß der Mond sich ihm unterwerfe, daß auch die Planeten und Kometen ihm unterthan sind und erhebt es so zum allgemeinen Regulator des Sonnensystems.

So schwanden die Geheimnisse aus der Aetherwelt der Sterne und schon gegenwärtig giebt es, im Planetensystem wenigstens, kaum eine astronomische Erscheinung mehr, deren Gesetze nicht genau bestimmt wären. Alles das Erkannte zusammenfassend, hat Laplace den Mechanismus des Sonnensystems bis auf seine kleinsten Unregelmäßigkeiten erklärt, und die Theorie, vor Allen der Deutsche Bessel, hat, der Beobachtung vorgreifend, selbst gewagt, nie Gesehenes mit Sicherheit zu bestimmen, unbekannte Weltkörper zu berechnen.

Wie solchergestalt die Umgestaltung der Weltanschauung vor sich ging, so hielt anderseits die Entschleierung des Erdkörpers mit ihr gleichen Schritt. Dem Beobachter zeigt sich unser Planet, so weit sein Auge zu reichen vermag, als eine flache kreisförmige Scheibe, auf deren Rande das Himmelsgewölbe gleichsam zu ruhen scheint. Hiernach wurde die Erde im Alterthum, selbst von den gebildeten Griechen und ihren Philosophen, lange Zeit für eine auf dem Wasser schwimmende Scheibe gehalten. Diese Anschauung theilte auch Homer, ein weitgereister und tiefgelehrter Mann.

Die vom Ozean umbrandete Erdscheibe wurde von unsichtbaren Säulen
getragen, über ihr dehnte sich wie eine Glocke der Himmelsraum aus, — und
jenseit desselben lag das Chaos. Ihm schloß sich Hesiod an, und diese Vorstellung galt, wenigstens im Volke, noch zur Zeit des Aristoteles. Doch unter
den Gelehrten tauchten Zweifel auf, da viele Erscheinungen, z. B. die Un-
sichtbarkeit nicht hoher Gegenstände in mäßiger Entfernung, dieser beschränk-
ten, nur dem ersten Anschein entnommenen Vorstellung widersprach. Schon
Eudoros und nach ihm Aristoteles ahnten die Kugelgestalt der Erde, und
Herodot, der Vater der Geschichte, meint mit Bezug auf Homer's Ansicht
ironisch: „Ich kenne den Fluß Okeanos nicht, wahrscheinlich wird ihn Homer,
der Dichter, erfunden haben."

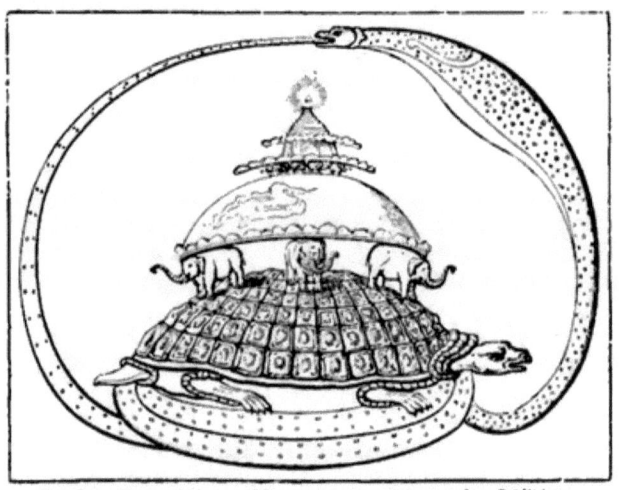

Der Berg Meru, Erde und Hölle, getragen von der großen Schildkröte.
Nach der Original-Zeichnung eines Brahminen.

Nach Anarimander (550 v. Chr.) hatte die Erde eine cylindrische
Gestalt, mit dreimal größerem Durchmesser, als die Höhe betrug. Die alten
Hindu stellten sich die Erde in Gestalt einer auf dem Wasser flutenden Lotos-
blume dar, deren einzelne Blätter die verschiedenen Länder repräsentirten, oder
auch, nach brahmanischer Anschauung, aus drei Welten zusammengesetzt. Die
Schildkröte als Symbol der Kraft, ruht auf einer Schlange, dem Emblem der
Ewigkeit. Die von diesen getragenen drei Welten sind: die obere Region, der
Göttersitz auf dem Berge Meru, die mittlere oder die Erde, und die untere
oder die Hölle. Auch der Elephant, „das weise Thier mit der Hand" (dem
Rüssel), spielt dabei eine Rolle. Ueber Allem aber glänzt in Strahlen das
Dreieck, das Symbol der Schöpfung. Die bisherigen Vorstellungen mußten

neuen Platz machen. Bald wie ein Trapez, bald wie einen Halbkreis, ein Blatt oder Thier stellte man nun unsere Erde dar, und noch im sechsten Jahrhundert glaubte Kosmas Indikopleustes, ein weit, bis nach Indien gereister Kaufherr aus Alexandrien, die Erde sei ein Berg, um den die Sonne kreise, und den, gleichwie bei Homer, der Ozean umflute. Die Darstellung, welche er uns in seiner „christlichen Topographie" hinterlassen hat, zeigt auch die vier damals bekannten Buchten des Ozeans: das Mittelmeer, den Kaspischen See, den Persischen und Arabischen Golf.

Wie langer Zeit bedurfte es, ehe man zu richtigeren Anschauungen gelangte! Es ist unnöthig, die vielen Beweise für die Kugelgestalt der Erde hier aufzuführen, welche erst im Jahre 1519 durch die Erdumsegelung Magelhaens' ihren Abschluß fanden.

Wie dergestalt Jahrhunderte und Generation auf Generation daran arbeiteten, die wahre Gestalt unseres Planeten zu ermitteln und die Erkenntniß seiner Stellung im Weltenraume zu gewinnen, so nicht minder strebte Geschlecht auf Geschlecht, die Wunder seiner Oberfläche, seine Meere und Länder, seine Berge und Flüsse, seine Menschen- und Thierwelt zu enträthseln. Hinaus zog der Handels-

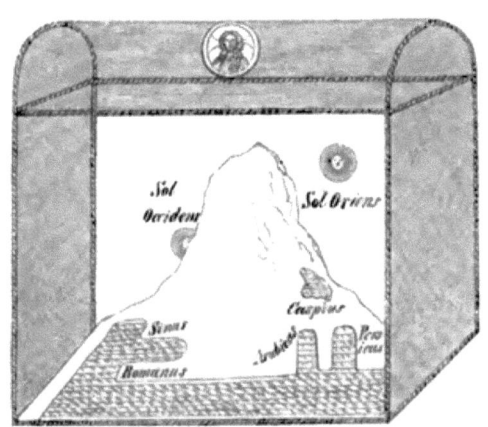

Das Weltall. Nach Kosmas Indikopleustes.

mann, der Seefahrer, der Reisende, der Abenteurer, der Krieger, der Missionär: jeder Zurückkehrende brachte ein Körnlein gewonnener Erkenntniß heim. Denn überall schauten sie Neues, und eine Fülle seltsamer Erlebnisse oder wunderbarer Gestalten stürmte auf sie ein! Kaum vermochte die erhitzte Phantasie das Geschaute zu verarbeiten. Wie begreiflich, wenn die vernommene Kunde, später oder bald nachher, wissentlich oder unabsichtlich mit Fabeln ausgeschmückt, dann von Munde zu Munde weiter erzählt, im ungeheuerlichen Beiwerk verschwand, und ferne Länder und Völker bald im Nebel, bald im wunderbaren Lichte erschienen, die so lange über ihnen ausgebreitet lagen, bis der Dunst vor der nüchternen Anschauung unserer Zeit, vor der Erkenntniß der Wahrheit weichen mußte! Schon in den ältesten Reiseberichten finden wir entlegenere Gebiete unserer Erde in nebelhaften Schleier gehüllt, und die meisten Berichte über das Geschaute sind gefälscht oder beschnitten. Häufig war dabei das Interesse mit im Spiele, das der weitgereiste Kaufmann nie aus dem Auge verlor.

Von einer „Geographie des Handels" konnte im Alterthum niemals die Rede sein, denn damals herrschte noch jene niedrige Selbstsucht, die es, wie Strabo berichtet, jenen Phönizier vorziehen ließ, lieber sein Schiff auf eine Klippe rennen zu lassen, als dem nachfolgenden römischen Fahrzeug den Weg nach den Zinn=Inseln zu verrathen. Der entschlossene Mann rettete das eigene Leben; auch blieb die Billigung seiner That nicht aus, denn er erhielt nach seiner Heimkehr von den Vertretern der Staatsgewalt vollen Schadenersatz als Belohnung für sein Wohlverhalten.

Unser Phönizier steht nicht allein da. Jeder Handelsmann, welcher die Schätze der Fremde, sei es edles Gewürz aus Indien, oder Bernstein und Zinn aus dem Norden, in die Heimat zurückbrachte, suchte Andere von dem ihm schädlichen Mitbewerb abzuschrecken, indem er die von ihm aufgefundenen und eingehandelten Güter bewacht sein ließ von schreckhaften Riesen, greulichen Spukgestalten oder fabelhaften Ungeheuern. Oder das Wunderland war umgeben von einer gefährlichen See, in der Magnetberge die Schiffe fesselten, an den Küsten lauerten Kraken und andere Ungethüme, oder der Vogel Greif bedrohte Jeden mit dem Tode, dem nach den verborgenen Schätzen gelüstete.

Die Vorstellungen vom Greif kamen aus dem Innern Asiens zu den Griechen und zwar durch Kaufleute, welche mit den skythischen Völkern handelten. Jeder Schatz hatte damals, wie noch heute bei den Orientalen oder auch in den Märchen der indogermanischen Völker, ein grausames Ungethüm zum Wächter, und so hüteten die Greifen den Hort der Goldbergwerke am Ural und weiter im Innern Asiens. Ja, Manche haben sogar in den Greifen Anklänge an jene riesigen Thiergestalten der Urwelt finden wollen, die gleich den Dickhäutern, beispielsweise dem Mammuth und dem haarigen Rhinozeros (tichorhinus), noch in historischer Zeit unsere Erde bevölkerten und deren Leichname man heute noch in den Anschwemmungen der in den Eisozean ausmündenden Flüsse Sibiriens findet. Nach Johannes de Montevilla war der Greif acht Mal größer als ein Löwe, vorn wie ein Adler, hinten wie ein Leu gestaltet. Wehe dem, der dieser nebelhaften Schildwache der Sagenwelt zu nahe kam! Mann und Roß führte er im Fluge durch die Lüfte weithin nach seinem Horst.

  - Schon Herodot und Plinius erklärten den Greif für ein Fabelthier, doch spielte er noch lange im Morgen= wie im Abendlande eine Rolle. Die Theriakskrämer des Mittelalters verkauften Greifenschmalz, aus seinen Klauen (richtiger aus Büffelhörnern) verfertigte man Trinkhörner, und sogar Plinius hält „Greifengalle" für ein sicheres Mittel gegen die Epilepsie. Ja wer sie besäße! Auch in der Geschichte der „wirklichen und wahrhaftigen Robinsonaden" haben wir den Greif zu erwähnen.

Wie der Matrose Juan die Bekanntschaft des Greifs macht.

Herrera erzählt uns von einem spanischen Matrosen Namens Juan — dürfte ein ordentlicher spanischer Matrose anders heißen? — der sich aus einem großen Schiffbruch im Jahre 1528 auf eine kleine sandige unbewohnte Insel im Antillen=Meere rettete. Alle Versuche zu entkommen mißlangen, und so sah er sich denn, um sein Leben zu fristen, genöthigt, mit einem Schildkrötenpanzer den Sand aufzugraben, um das dort zusammensickernde halbsalzige Wasser einzuschlürfen. Seinen Hunger stillte er mit Schild= kröteneiern, Kleider bereitete er sich aus den Fellen der Seehunde. Am Ende seiner Insel erbaute er aus Kalksteinen eine Art Thurm, auf dessen Spitze er mit angeschwemmtem Holze ein Feuer unterhielt, in der Absicht, die Auf= merksamkeit vorüberfahrender Schiffe nach seinen Aufenthalt hinzulenken. Aber keine Rettung nahte. Beschämt über seine Nacktheit, niedergebeugt durch seine bereits Jahre dauernde Verlassenheit, begann er eines Tages Gott zu lästern und den Fürsten der Finsterniß zu beschwören. Damals stellte sich der Böse in eigener Person oder in irgend einer Spukgestalt noch bereitwilliger ein, als heut zu Tage. Ein gräßlicher Greif mit Löwenkörper, Adlerkopf und Fledermausflügeln stand plötzlich vor Meister Juan und schien unsern Helden mit seinem flammenden Augenpaar durchbohren zu wollen. Dem Matrosen mag es aber nicht so recht ernstlich darum zu thun gewesen sein, die gemachte Bekanntschaft mit höllischen Ungeheuern fortzusetzen, wenigstens beeilte sich Juan, ein Kreuz zu schlagen und ein Paternoster zu stammeln, worauf der Spuk verschwand. Herrera, welcher in gutem Glauben diese Greifengeschichte erzählt, vergißt nur zu melden, auf welche Weise der wackere Juan von seiner wüsten Insel wieder unter die wundersüchtige Menschheit gerathen ist!

Hier tritt der Greif nur als Schreckbild in den Hallucinationen eines Verzweifelten auf, aber in andern Geschichten, namentlich in den orienta= lischen Märchen der Tausend und eine Nacht, spielt er seine ursprüngliche Rolle als Wächter. Ihm zur Seite erhebt sich der Magnetberg im Ozean, der, alles Eisen aus den Schiffen mit unwiderstehlicher Gewalt an sich ziehend und sie solchergestalt lockernd, die Fahrzeuge dem unvermeidlichen Unter= gange entgegenführt. Die Vorstellung von Magnetklippen im Ozean hat in der Phantasie der Seefahrer nicht minder lange fortgelebt, als beispiels= weise die Sage vom „fliegenden Holländer." Nicht nur der Orient, auch der germanische Norden kannte jene angeführten gefährlichen Klippen.

König Friedrich II. von Dänemark sandte im Jahre 1578 den Mogens Heinson zu einer Entdeckungsreise nach Grönland aus, das Jener aller= dings zu Gesichte bekam, ohne es jedoch selbst zu betreten. „Er gab vor", erzählt Hans Egede in seiner Beschreibung von Grönland, „daß er wol hätte an das Land kommen können, wenn sein Schiff nicht mit einem Male auf= gehalten worden wäre, und zwar, wie er vermuthete, durch die magnetische Kraft der im Grunde der See befindlichen Klippen; dergestalt daß, da er sich auf freier See befunden und im Geringsten kein Eis vor sich gehabt, er doch nicht habe weiter fortkommen können, ohnerachtet der Wind günstig und leidlich kühl gewesen. Hierüber nun gerieth er in solches Erstaunen, daß er ohne Bedenken den Rückweg nach Dänemark suchte. Allein die wahre Magnet= klippe, welche des Heinson Schiff aufgehalten, ist ohne Zweifel die Furcht gewesen, daß er zwischen der erschrecklichen Menge Eises nicht würde durch= kommen können."

Verwandten Aberglauben finden wir bei den Seefahrern aller Zeiten und Nationen. Liebe zu Abenteuern, nicht minder der Handel, hatten den Schiffer aus dem Mittelmeer durch die Säulen des Herkules in den Atlan= tischen Ozean getrieben, und als dort der Begriff der Unendlichkeit jener Gewässer in seinem an das engbegrenzte Binnenmeer gewöhnten Gemüthe auf= ging, mußte ihm auch die unendliche Wasserwüste voller Schrecken und Geheim= nisse erscheinen, welche durch die geschäftige Phantasie nach der Heimkehr ver= größert und weiter ausgeputzt wurden. Gar wundersame Dinge erzählte man sich im Mittelalter von den Dingen, die jenseits der Straße von Gibraltar vorgingen, bis die Fahrten der Portugiesen jene Vorstellungen zerstreuten. Auf den illustrirten Karten des Mittelalters sehen wir z. B. einen Riesen auf den Kanarischen Inseln dargestellt, der jedem Schiffe verbot, weiter nach Westen zu segeln, indem er mit seiner ungeheuren Keule in den Ozean schlug und die Wasser derart anschwellen machte, daß kein Fahrzeug sich durch diese Brandung hindurchwagte. Auch See=Einhörner und Kraken, die ganze Schiffe mit ihren fabelhaften, schlangenartigen Fangarmen er= griffen und in den Abgrund zogen, fehlten keineswegs; sie waren die alten Wegelagerer und Schnapphähne der See, welche die Fahrt gefährlicher erscheinen ließen, als wenn sie mitten durch eine Seeräuberflotte hindurch= gegangen wäre.

Der Kraken besonders spielt in den Matrosensagen alter und neuer Zeit eine keineswegs unwichtige Rolle; er gehört zu jenen Wunderthieren, die auf der Grenze zwischen Fabel und Wirklichkeit stehen, über deren thatsächliches Vorhandensein sich allerdings noch streiten läßt, für deren Existenz anderer= seits jedoch wieder beglaubigte Zeugnisse vorliegen. Der Tintenfisch oder die Sepia unserer europäischen Meere, der mit seinen zwei glotzenden Augen, seinen papageienschnabelartigen Kiefern und acht, an den Kopf gestellten und mit Saugnäpfen versehenen Fangarmen, schon an und für sich eine eigen= thümliche Erscheinung bildet, ist der Typus der großen Oktopoden oder Kraken, die nur als eine vergrößerte Auflage desselben angesehen werden dürfen. Man weiß sicher, daß ziemlich große Thiere dieser Art im Mittelmeere mit den untergetauchten Schwammfischern bei den Inseln Kreta oder Rhodus zuweilen harte Kämpfe führen, die nur mit dem Tode des einen oder anderen Theiles endigen. Niemand hat solche Fehden anschaulicher, aber auch phantastischer geschildert, als Victor Hugo in seinen „Meeresarbeitern", wo man das krie= chende Ungeheuer allmälig den Menschen umstricken und ihm die Kraft aus=

saugen sieht. Schon seit den Römerzeiten sind diese Riesenpolypen bekannt und bald als Seemönche, bald als Kraken beschrieben worden. Wer sich die Mühe nimmt, in alten Büchern, die uns See- und Matrosengeschichten vorführen, nach ihnen zu suchen, der wird sie finden.

Einst zog eine holländische Barke zum Fischfang in die wohlbekannten Gewässer der Nordsee und man war nicht wenig erstaunt, kurze Zeit nach einem gewaltigen Sturme, der die Tiefen des Meeres aufgerüttelt hatte, eine kleine kahle Insel da zu finden, wo bisher nur das salzige Wasser geflutet hatte. Man setzte ein Boot aus, vier Matrosen landeten auf der vermeintlichen Insel, deren Boden mit Seegras und Muschelthieren bedeckt war; dann zündeten sie ein Feuer auf derselben an, um ihr Essen darüber zu kochen. Wer aber schildert ihr Erstaunen, als die Insel sich plötzlich zu bewegen anfängt und allmälig unter der Wasseroberfläche verschwindet, so daß sie nur mit Mühe und Noth sich in ihr Fahrzeug zu retten vermochten! Sie erkannten, daß sie an dem Rücken eines Riesenkraken gelandet waren, der nach dem Sturme an die Oberfläche gekommen und von der Hitze belästigt, wieder in seine unendlichen Tiefen hinabgetaucht war, die er nur selten verläßt. Nicht so gut ging es anderen Schiffen, und wie die Fabel will, stieg einst — auch in der Nordsee — ein riesiger Kraken mit schuppengepanzertem Leibe aus seiner nassen Heimat hervor, umklammerte mit seinen Riesenarmen das Schiff, züngelte mit ihnen gleich Schlangen an den Masten empor, die er zerbrach, wie Strohhalme, und verschwand erst dann, als die ganze Mannschaft mit Aerten bewaffnet auf ihn eindrang und die Fangarme durchhieb. Stücke derselben soll das Schiff mit in den Hafen gebracht haben. Hier vermischt sich nun ganz entschieden Wahres mit Falschem; die Riesenkraken existiren thatsächlich, wenn auch nicht in der Kraft und Größe, daß sie Inseln bilden oder ganze Schiffe in den Grund ziehen könnten. Erst in der neuesten Zeit, vor wenig Jahren, ist von solchen kolossalen Kopffüßlern im nordatlantischen Ozean durch den Professor Steenstrup in Kopenhagen so genaue Kenntniß uns übermittelt worden, daß die für Fabeln gehaltenen alten Nachrichten des Plinius sich in die Wissenschaft einreihen lassen. Diese großen Seeungeheuer, welche nur selten an die Meeresoberfläche kommen, scheinen besonders in der Nähe von Island und Grönland in der Tiefe zu wohnen, weil sie dort öfter als anderswo beobachtet worden sind. „Wenn auch keine Hoffnung ist,“ sagt darüber der Berliner Naturforscher Ehrenberg, „dergleichen räthselhafte Riesenthiere zu fangen, so dürfte doch sehr zu empfehlen sein, daß überall bei den Walfischfängern, Fischern und Robbenschlägern nachgefragt werden möge, ob ihnen dergleichen Thiere zur Kenntniß gekommen und ob sie nicht vielleicht die wunderbaren harten Schnäbel derselben als Andenken aufbewahrt haben. Dergleichen Schnäbel solcher Riesenthiere, welche Steenstrup Architheutus Monachus und Dux genannt hat, sind bisher nur im Museum zu Kopenhagen zugänglich geworden.“

Was die Matrosen vom Kraken erzählen. Von C. Girardet.

b⁶

Hier ist also ein gelöstes Meerwunder vorhanden, das nur durch die Vergrößerung, welche ihm die rege Phantasie der Matrosen und Seefahrer angedeihen ließ, als ein Schrecken der Waffer erscheinen und den Schiffer hindern konnte, gewiffe Meeresstrecken zu befahren, aus Furcht, dort vom Kraken verschlungen zu werden. Neben den Europäern hatten andere see= fahrende Völker ganz ähnliche Vorstellungen. Selbst in der Zeit des Columbus, und als der Kompaß schon auf den europäischen Schiffen eingeführt war, sehen wir, wie die Araber, die besten Geographen jener Zeit, die knochige Hand des Satans darstellten, wie sie sich aus den Tiefen des „Meeres der Finster= niß" — wie sie den Atlantischen Ozean nannten — erhebt und das über= raschte Schiff zu ergreifen droht. Die Matrosen des Columbus glaubten im Sargaffo=Meer am Ende aller Schifffahrt und aller Welt angelangt zu sein, und die Mannschaft Vasco da Gama's wähnte am Tafelberge des Kaps der guten Hoffnung ein Gespenst aus den Wolken weheschreiend und drohend auf sie heranschweben zu sehen, abmahnend von dem kühnen Versuche, die Südspitze Afrika's zu umfahren. Natürliche Erklärungen, wie wir sie heute ähnlichen Erscheinungen, z. B. dem bekannten „Brockengespenste", geben, waren damals noch nicht am Platze.

Von absonderlichen Wunderdingen, die im Alterthum und Mittelalter einen wesentlichen Theil der Erdkunde ausmachten, strotzen namentlich die Schriften der Griechen. Die Römer folgten ihnen hierin nach und suchten da= durch, wie z. B. der ältere Plinius, ihre Schriften dem Geschmacke der Zeit näher zu bringen. Mit vielem Behagen, wenn auch mit leichtem Zweifel, tischen sie oft Märchen auf, an die sie zum Theil selbst nicht mehr glauben. „Graecia mendax", das lügnerische Griechenland, wie die Römer es nannten, stellte das hauptsächliche Kontingent solcher. „Geographen", die ihre Schriften mit Wunderdingen vollpfropften. Megasthenes erzählt von einhörnigen, hirschköpfigen Pferden, von Affen, welche im indischen Kaukasus Steinblöcke auf die vorüberziehenden Menschen herabwälzen, von Schilfrohr, das fünfzig Klaftern hoch wird. Es giebt langohrige Menschen und Wilde, welche die Fersen vorne, die Sohlen und Zehen aber nach hinten haben. An den Quellen des Ganges wohnt ein Volk, dem der Mund fehlt; es sind sanfte Leute, die sich nur vom Dunste gebratenen Fleisches und dem Dufte der Blumen nähren; statt des Mundes haben sie zum Athemholen nur Löcher im Gesichte. Ueblen Geruch können sie nicht vertragen, sie sterben daran. Megasthenes will auch von indischen Weisen erfahren haben, daß es Menschen gebe, die rascher laufen können als ein Pferd. Bei den Lappohrigen berührt das Ohr den Fuß; sie schlafen auf ihren Ohren und sind so körperkräftig, daß sie Bäume mit den Wurzeln aus der Erde ziehen und Bogensehnen zerreißen können. Er weiß ferner von einem Volke einäugiger Menschen zu berichten, welche Hundsohren und das Auge mitten auf der Stirne, emporstehendes Haar und eine zottige Brust haben. Die nasenlosen Menschen freffen Alles, auch rohes Fleisch, leben aber nicht lange; die Oberlippe steht weit über die Unterlippe hervor. Ein anderer Grieche, Timagenes, versichert ernsthaft, das Kupfer regne in Indien in dicken Tropfen vom Himmel herab. Ktesias (400 v. Chr.) aus Knidos, ein Zeitgenosse des Xenophon und Leibarzt des Königs von Persien, der Gelegenheit fand, über Indien eine Menge Fabeln zu sammeln, behauptet, Stahl und Gold kämen in Indiens Bergen in flüssigem Zustande vor; es gebe aber in jenem Lande weder Regen, noch Blitz, noch Donner. Auch bei ihm tauchen die Pygmäen wieder auf, die bei Homer schon Krieg mit den Kranichen führen. Nach Ktesias sind es schwarze Zwerge von anderthalb Elle Länge, mit Haaren, die bis auf die Kniee herabhängen und ihnen als Kleidung dienen. Ihr sämmtlicher Hausrath und selbst ihre Thiere stehen im gleichen Verhältnisse der Größe zu der ihrigen, so daß z. B. ihre Schafe nicht größer als bei uns die Lämmlein sind. Selbst Aristoteles und Plinius hielten fest an der Existenz der Pygmäen. Dieser Glaube an ein kleines zwerghaftes Volk findet sich bei allen asiatischen und afrikanischen Völkerschaften; er ist wach in den Zwergsagen der Indogermanen, in den „Heinzelmännchen", die wol, wie neuere Forscher meinen, auf ein kleines Volk hindeuten, das vor der Ankunft unseres Stammes Europa bevölkerte (Tschuden). Will doch auch noch neuerdings Du Chaillu pygmäenartige Neger im äquatorialen Afrika gefunden haben. Nachbarn der Pygmäen sind bei Ktesias die Kynokephalen oder Hundskopfmenschen. Auch sie bewohnen bergige Gegenden und leben von der Jagd. Die getödteten Thiere rösten sie an der Sonne. Statt der Sprache bellen sie; aber sie verstehen wenigstens indisch. Das merkwürdigste an denselben bleibt ihr Hundskopf auf dem menschlichen Körper und die langen Klauen an den Fingern. Bei alledem verschmähen sie nicht die Wohlthat anständiger Bekleidung, ja sie treiben Handel mit Früchten. Der Glaube an ihr Dasein ist lange lebendig geblieben, und selbst Marco Polo (1254 bis 1323) berichtet bei Erwähnung der Insel Angaman (Andamanen?), daß die dortigen Einwohner den wilden Thieren gleich wären und „hündische Physiognomien" besäßen. Die rege Einbildungskraft eines Miniaturisten, der im XIV. Jahrhundert die Reisen des Venetianers „illustrirte", schuf nach diesen Aeußerungen des berühmten Handelsherrn alsbald jene Hundskopf= menschen, wie sie den damals gang und gäben Vorstellungen entsprachen. Nicht minder finden wir in diesem kostbaren, „Livre des merveilles" genannten, in der kaiserlichen Bibliothek zu Paris aufbewahrten Manuscripte, dieselben Wundermenschen dargestellt, wie sie ganz Griechenland kannte und wie sie Plinius in seiner Naturgeschichte nach griechischen Quellen ausführlich beschreibt. Er erwähnt die an den Syrten wohnenden Psyller, welche eine giftige Ausdünstung ausströmten, genügend, um selbst große Schlangen zu tödten, wenn diese in den Dunstkreis eines Angehörigen jener fabelhaften Zweibeiner geriethen. In Indien hausten weiterhin die „Einschenkler", welche auf ihrem einen Bein wunderbar schnell laufen und springen können; auch

führen sie den Namen „Fußschattner", weil sie bei großer Hitze sich auf den
Rücken legen und ihren großen Fuß gleich einem Sonnenschirm über sich ausbreiten. Nicht fern von ihnen wohnen die höhlenbewohnenden Troglodyten, die
mit ihren Augen auf den Schultern ein eigenthümlich beschauliches Leben führen.

Hundskopfmenschen. Nach dem Livre des merveilles.

Es hat im Alter-
thum keineswegs an
geistreichen Köpfen
und witzigen Ver-
spottern dieser Fa-
belsucht gefehlt, wel-
che mit der beißen-
den Lauge einer un-
übertrefflichen Iro-
nie jene Wunderwelt
zu vernichten trach-
teten. Dahin gehörte
vor allen der weit-
gereiste, tiefgelehrte
Philosoph und Red-
ner Lucian aus
Samosata in Meso-
potamien (um 125
nach Chr.). Seine
Reisebeschreibung
ist eine vortreffliche
Verspottung der da-
mals herrschenden
Anschauungen von
Ländern und Völ-
kern. Er segelte
durch die Säulen
des Herkules und
traf dort auf einen
Weinsee, dessen In-
halt dem besten
Wein von Chios
gleichkam; darinnen
wimmelte es von Fischen, denen weder der Weingeschmack noch die Wein-
farbe abging. Er fährt dann in den Mond, dessen Bewohner mit jenen der
Sonne Krieg führen. Was frühere Schriftsteller von Wundermenschen berichten, wird hier noch dreifach überboten. Die Reiter saßen auf Geiern,
deren Federn aus Kohlblättern bestanden, die Schützen auf ungeheuren,

elephantengroßen Flößen, welche mit einem Sprunge in die feindliche Schlacht=
ordnung eindrangen, während die „Windläufer" ihre faltigen Gewänder
vom Winde aufblasen ließen und dergestalt unwiderstehlich auf die Gegner
stürmten u. s. w. Die Leute im Monde wachsen auf Bäumen. Man schneidet

einem Manne ein
Stück Fleisch ab
und pflanzt es in
den Boden; dar=
aus entsteht ein
großer Baum, der
ellenlange Früchte
trägt, die, wenn
sie reif sind und
aufplatzen, Kinder
enthalten. Auch
sterben dort die
Menschen nicht,
sondern verschwin=
den gleich Rauch
in der Luft. Den
Bauch benutzen sie
wie eine Tasche und
die Augen können
sie aus dem Kopfe
herausnehmen.
Verliert einer die
seinigen, so borgt
er sich, um sehen
zu können, die
Augen eines gut=
müthigen Nach=
bars. Wer das
Alles nicht glau=
ben will, meint
Lucian, möge sich
selbst im Monde
von der Wahrheit
seines Berichtes überzeugen.

„Fußschattner" und andere Wundermenschen. Nach dem Livre des merveilles.

Nachdem Lucian im Monde alles Wissenswerthe erkundet, segelt er mit
Erlaubniß des Mondkönigs wieder zurück und wird sammt dem ganzen
Schiffe und aller Mannschaft von einem riesigen Walfisch verschlungen, in
dessen Leibe Berge und Wälder standen; auch Vögel, allerlei Getbier und

früher verschlungene Menschen, die dem Gott Neptun einen Tempel erbaut hatten, traf er an; da jedoch unserm zweiten Jonas das Essen im Walfisch= bauche nicht so recht behagen wollte, sann er auf Mittel, aus der Bauchhöhle des Ungethüms zu entrinnen. Er begann damit, sich durchzuhauen, nachdem er jedoch eine Viertelmeile tief in das Fleisch eingedrungen war und noch immer weite, weite Strecken ihm das Fortkommen erschwerten, gab er den

Ein „Medizin“=Mann der Indianer Nordamerika's.
Nach Catlin.

vergeblichen Versuch auf und machte sich daran, den Wald im Innern des Meerriesen abzubrennen und diesen dergestalt zu tödten. Anfangs merkte der Koloß nichts von die= sem abenteuerlichen Be= ginnen; schließlich aber wurde ihm doch recht übel, er erkrankte und starb endlich am elften Tage. Damit jedoch der fürch= terliche Rachen des Thie= res nicht zuschnappte und der Leibesinhalt des Un= geheuers nicht zu ewiger Kerkerhaft sich verurtheilt sah, sperrten die Gefan= genen große Balken gleich Säulen in das Riesen= maul, lavirten ihr Schiff zwischen den spitzen Zäh= nen hindurch und ent= kamen auf diese Weise glücklich in's — Milch= meer. Darinnen lag eine Insel, und auf ihr befand

sich ein gewaltig schöner und wohlgepreßter Käse, der drei Meilen im Umfang hatte. Die Abenteurer erquickten sich daran und tranken den Saft der dabei wachsenden Trauben, welcher aus eitel Milch bestand. Lucian gelangt dann in das Paradies und die Hölle, wo er reichliche Gelegenheit findet, den Wunderglauben der Alten zu geißeln; er besucht die Traum=Insel und landet auf Cabalusa, dem Weiber=Eilande, in dessen Hauptstadt Hydamardia esels= füßige Weiber lebten, welche vom Fleische übel angekommener Männer sich nährten. Doch entrann Lucian allen Gefahren und kam glücklich wieder in die Heimat zurück. — Selbst die unserem Leser sicherlich wohlbekannten „Gullivers Reisen" oder die nicht minder beliebten „Münchhausen'schen Erzählungen" müssen hinter dem schalkhaften Alten zurückstehen, der es in der That trefflich verstanden hat, ein Spiegelbild des Wunderglaubens seiner Zeit zu entwerfen!

Wenn solchergestalt die hochstehenden Kulturvölker des Alterthums derlei Vorstellungen Geschmack abgewinnen und sie glauben konnten, sollen wir uns da wundern, wenn sie auch bei den schwarzen Kindern Afrika's zu finden sind? Als der berühmte Reisende Richard Burton vor nun zehn Jahren seinen Entdeckungszug von der Ostküste Afrika's nach dem Tanganjika-See antrat, fragten ihn die Leute im Lande Ugogo nach Usunga, d. h. dem Lande der Weißen, das am Ende der Welt läge, wo man Glasperlen in der Erde finde und wo die Frauen so schöne Baumwollenzeuge weben. Durch die arabi-

Aschanti-Hexenmeister von der Westküste Afrika's.
Nach Höfer's: Afrique australe.

schen Handelsleute waren allerlei seltsame Märchen über die weißen Menschen in Umlauf gesetzt worden. Die Wasunga sind Leute, die nur ein Auge, aber vier Arme haben, sie stecken voll Wissenschaft (Zauberei), können nach Belieben Regen machen oder ihren Schritten Dürre folgen lassen. Sie kochen Wassermelonen, werfen aber die Samenkörner weg und erzeugen dadurch Blattern. Sie kochen Milch, verhärten dieselbe, und die Folge davon sind Viehseuchen. Durch Messingdraht, Zeuge und Glasperlen kommt viel Unglück über das Land. Die Wasunga sind Könige der See, haben deshalb eine weiße Haut und schlichtes Haar, wie alle Leute, die im Salzwasser leben. Wer wollte hier die Uebereinstimmung leugnen, die zwischen den Wunder= anschauungen der heutigen Schwarzen und der alten Griechen herrscht?

Der ganze „schwarze Kontinent" ist reich an ähnlichen Anschauungen, wie wir sie hier nach Burton aufführten. Sie sind in ein förmliches System gebracht. Die Zauberer und Regenmacher und all' die anderen Tausend= künstler, die sich nach Belieben in Hyänen oder Löwen verwandeln können, betreiben die Verbreitung des Wahnglaubens als einträgliches Geschäft. Und ähnlich wie der Zauberer von Aschanti (siehe S. XXV) im Innern der Goldküste bei Betreibung seines Hokuspokus mit allerlei Flitterland be= hängt auftritt, so stellt sich auch der Medizin=Mann (siehe S. XXIV) der Rothhäute dar bei seinen Beschwörungen und Hexereien. Die niedrige Kultur= stufe jener Völker bedingt es, daß dort noch jene Anschauungen gang und gäbe sind, die bei uns auch noch nicht lange zu den abgethanen Dingen gehören.

Vergessen wir daher über dem Alterthum und den Einwohnern Afrika's oder Nordamerika's unser Vaterland nicht und gestehen wir uns, daß hier bis vor nicht allzulanger Zeit mancherlei Vorstellungen in Bezug auf Länder= und Völkerkunde nicht minder unklar und verwirrt waren. Worüber heute jeder Schulknabe lacht, daran glaubten noch vor hundert Jahren, wie bei= spielsweise an das Vorhandensein des „Währwolf"=Spukes u. s. w., ernsthafte Männer, wenn auch die Zahl derjenigen nicht klein war, die mit geläuterten Ansichten weit über die Menge emporragten.

Eine wahre Fundgrube für derlei geographische Lügenberichte ist Thomas Kielmayer's „Neueröffnetes Raritäten=Cabinet Ost=West= Indianischer und ausländischer Sachen" (Hamburg 1705), in welchem der Verfasser von allen Erdtheilen Wunderdinge zusammenträgt. Dieser Autor, der die Leichtgläubigkeit seines Zeitalters kannte, ist denn auch nicht im Ge= ringsten verlegen, dem Publikum haarsträubende Dinge aufzubinden, und damit sie ja recht wahrhaftig erscheinen, läßt er sein Buch vorher von einigen guten Freunden anpreisen, deren einer ganz naiv bemerkt:

Dies Werk ist werth in Marmor einzuätzen,
Den Zeit und Rost nicht kann verletzen.

Dieser Schmeichler muß denn natürlich auch die Geschichte von dem peruanischen tödtenden und heilenden Fels geglaubt haben, die bei Kielmayer also lautet: „In dem Peruanischen Lande de los Conchucos ist ein schwarzer Felse, mit weißen Steinen so artig unterloffen, als ob sie die Kunst darin versetzet hätte. Selbige Steine nun dienen zu allerhand Wundschäden und mancherlei Krankheiten. Ja, sie sind gleichsam anstatt einer mit allerhand Medikamenten eingerichteten Apotheken. Alle Wunden, beides an Menschen und Vieh, werden damit geheilet. Damit man aber ja die Güte der wohl= thätigen Natur mög handgreiflich spüren: so läßt sie alsbald anstatt der aus= gebrochenen frische herfür wachsen, welche Vermehrung und Wiederersetzung sich aber nicht an dem übrigen schwarzen Theile des Felsens erweiset. Man stoßet sie zu Pulver und nimmt sie in Wein zu sich. Demselbigen Berg, daran dieser Gesundheitsstein haftet, ist — welches noch höher zu verwundern — eine Erde vergesellschaftet, so ebenfalls schwarz, aber das allerstärkste und allerschädlichste Gift, so irgendwo zu finden. Darum auch die Thiere, ob sie gleich schnell vorüberlaufen, dennoch davon sterben müssen. Wenn der Indianer einem Feinde eine Tücke erweisen will, kann er demselben auch mit etlichen Stäublein dieses schwarzen Hügels augenblicks die Seele heraus-stöbern. Und weiß man bis auf den heutigen Tag kein anderes Mittel wider dieses Gift, als vorbesagte Gesundheits-Steine des andern Felsens. Dapper in seiner amerikanischen Beschreibung gedenket auch dieses Felsens, er meldet aber, daß, wer den schwarzen Felsen anrühre, gewiß des Todes sterben müsse, wenn er nicht die weißen Steinlein, so auf diesem schwarzen Berge säßen, als ein kräftiges Gegengift brauche."

Peru war überhaupt das Land, welches den ergiebigsten Boden für derlei Histörchen lieferte. Die durch die dortigen Goldentdeckungen entzündete Phan-tasie stand nicht an, dorthin noch andere schöne Dinge zu versetzen, die dem Menschen von Nutzen sein konnten, und so kann denn auch Kielmayer nicht umhin, von einem peruanischen Wunderkraute zu fabuliren, das den Kranken Leben oder Tod anzeigte. Giebt man es dem Patienten in die Hand und er wird daraufhin munter und fröhlich, so steht seine Genesung bevor, während umgekehrt Angst und Bangigkeit den nahen Tod anzeigen.

Noch mehr jedoch muß uns interessiren, was Kielmayer von Wunder-menschen berichtet, beispielsweise von dem „offt wieder jung gewordenen Indianer". Der Bericht über denselben lautet also: „Als Rennio de Lugne Portugiesischer Vice-Roy in Ost-Indien war, da hat man im Jahr 1593 zu ihm gebracht, einen Mann von sonderbahrer Denckwürdigkeit. Denn man hat es mit vielen unverwerflichen Gründen, Zeugnissen und Umbständen erwiesen, daß sich sein Alter schon bis in das 340. Jahr erstreckte. Dieser Stein-alte Mann konnte sich noch erinnern, daß die Stadt, darinnen er wohnete, noch gantz unbewohnt gewesen, er war einer von den vornehmsten Leuten in Ost-Indien. Sein beschwerliches Alter hatte er vielmal mit einer an-genehmen Verjüngerung versüßet, und also jedes mal neue Kräfte bekommen. Sein weißes Haar hatte sich mit schwarzem verwechselt, und allemal waren ihm neue Zähne wieder in den Mund gekommen. Dieser alte Indianer war geboren in dem Königreich Bengala. Er erzählte, daß er nach einander 700 Weiber gehabt, wovon viele gestorben, andere auch (nach Indianischer Weise) wiederum verlassen worden. Es hat derselbe noch viele, viele Jahre gelebet" u. s. w. Dergleichen Märchen wagte man noch vor anderthalb Jahrhunderten dem deutschen Volke zu erzählen, und was schlimmer ist, sie wurden geglaubt!

So mannichfaltig die Welt der Wundermenschen erscheint, welche die geschäftige Phantasie in älteren und neueren Schriften geschaffen hat, so

groß ist das Reich der Wunder- und Fabelthiere, die gleich ersteren
Jahrhunderte hindurch eine große Rolle spielten und manchmal geradezu als
Charakterthiere für einzelne Länder Geltung erlangten. Wie die unendliche
„Seeschlange" immer wieder auflebt und nicht sterben kann, vielmehr von
Zeit zu Zeit neu aufgeputzt durch unsere Zeitungen schwimmt, so haben auch
eine Anzahl Fabelgeschöpfe ein überaus zähes Leben, und immerdar finden
sich neue Gläubige, die deren Existenz darzuthun suchen. Vom Vogel Greif
haben wir schon geredet; als ein etwas weitläufiger Verwandter desselben
darf der Phönix angesehen werden. Zu Herodot's Zeiten glaubte man noch
nicht daran, daß der Phönix aus seiner Asche wiedererstehen könne. Diese
Ansicht taucht erst später, namentlich bei Suidas auf. Aber den Namen
des Wundervogels erwähnt der „Vater der Geschichte" schon, ja er beschreibt ihn nach ägyptischen Gemälden als ein ungemein prachtvolles Wesen,
das er allerdings selbst nicht schaute, von dem er jedoch hörte, daß er nur
alle 500 Jahre einmal erscheine. Zur Zeit seines Wiederauftauchens kam,
nach Aussage der Aegypter, der Phönix aus Arabien über das Rothe Meer
geflogen, um den in Myrrhen einbalsamirten Körper seines Vaters im
Tempel der Sonne in Aegypten beizusetzen. Die spätere Zeit schildert den
Phönix als adlergroß, goldfarben und gekrönt. Es war viel Streitens darüber, wie lange der Vogel eigentlich in einer Periode leben könne und die
Ansichten der Gelehrten gingen dergestalt auseinander, daß der eine ihm
660 Jahre gab, während der andere gar 4000 bewilligte und eine Menge
Meinungen hier mitteninne lagen. „Wenn aber seine Zeit gekommen ist,
so führet er von Zimmet, Weihrauch und allerlei köstlicher Würze ein Nest
zusammen, zündet es an der Sonne an, legt sich auf das Nest und verbrennt
sich selbst. Aus den Knochen oder aus der Asche wird erst eine Made und
endlich aus dieser ein neuer Vogel Phönix." So berichtet Gabriel Rollen-
hagen in seinen „vier Büchern wunderbarlicher Indianischer Reisen"
(Stettin 1614), wo er sich die Mühe nimmt, mit allem möglichen Aufwande
von wissenschaftlichem Beiwerk die alten Märchen und Wunder zu widerlegen.

   Gleich unverdrossen hat das Einhorn zu allen Zeiten bis auf unsere
Tage herab in der Phantasie der Menschen fortgespukt, es ist hundert Mal
abgebildet worden, gilt als Wappenthier Schottlands und ist doch noch von
Niemandem gesehen worden. Europa, Asien und Afrika, alle drei Erd-
theile meinen es zu besitzen, und doch hat es keiner von allen dreien. In
der Bibel wird es an vielen Stellen als stark und unbändig dargestellt; es
findet sich auf den Kapitälern der Säulen in den Ruinen von Persepolis,
römische und griechische Schriftsteller wissen von ihm, dem Monokeros, eine
Menge von Wunderdingen zu berichten und Kosmas Indikopleustes (im
VI. Jahrhundert) versichert: „Ich habe es nicht selbst in Indien gesehen,
aber es existirt wahrhaftig." Ist nun auch bei uns in Europa der Glaube an
dieses Fabelwesen geschwunden, so besteht derselbe doch noch fort in Asien wie

in Afrika, und viele Reisende neuerer Zeit wissen Mancherlei über dies Fabel= thier nach den Erzählungen der Landeskinder zu berichten. Verwechselungen mit dem Rhinozeros oder einigen Antilopen=Arten mögen zur Verbreitung der Mär viel mit beigetragen haben, so gut wie die lebhafte Phantasie oder lüg= nerische Mittheilun=

gen der Eingebore= nen. So berichtet Livingstone in seiner „Zambesi = Expedi= tion" von den Ba= toka, welche, um den forschenden Euro= päern zu gefallen, die wunderbarsten Dinge als wahr hinstellen: „Laßt einen wissensdur= stigen Geographen nur einen Einge= borenen aus dem Innern fragen, ob die Berge in seiner Heimat hoch seien, und er wird, von dem Wunsche zu be= friedigen angetrie= ben, sicherlich be= jahend antworten. Und genau so ist es, wenn der Gegen= stand der Nachfrage Gold oder das Ein= horn oder ein ge= schwänzter Mensch ist." — Andere ver= dienstvolle Reisen= de glauben dagegen

entschieden noch an die Existenz des Einhorns. So z. B. schreibt der Niger=Reisende Dr. Baikie: „Als ich im Jahre 1857 den Niger hinauf= fuhr, hörte ich allerlei über das Einhorn sprechen, doch hielt ich damals dergleichen Angaben für erdichtet. Seit jener Zeit ist jedoch mein Zweifel sehr erschüttert, denn ich habe so mancherlei Zeugnisse vernommen, und der

Glaube der Eingeborenen in allen Gegenden, welche ich besucht habe, an das wirkliche Vorhandensein eines solchen Thieres ist so allgemein, daß ich das Nichtvorhandensein desselben für durchaus unbewiesen halte." Dann führt er acht verschiedene Benennungen für das Einhorn in acht Sprachen vom Tsad-See bis zum Golf von Guinea an. Auch Graf d'Escayrac erwähnt es als „Abgara" in seinem Werke über den Sudan. Der Lazarist Huc, welcher 1845 China und die Mongolei durchwanderte, ein durchaus glaubwürdiger Mann, dem wir ein ausgezeichnetes Werk über jene Länder verdanken, versichert, daß das Einhorn in Tibet wirklich vorhanden sei; aber auch er kannte es nur vom Hörensagen. Doch die Bewohner sprachen davon, als von einem gewöhnlichen, selbstverständlichen Dinge, und, fügt Huc hinzu, „ich selber hatte längere Zeit eine mongolische Abhandlung „Naturgeschichte für Kinder" in den Händen, darin das Einhorn abgebildet war." In chinesischen, mongolischen, tibetanischen und indischen Schriften wird das Thier häufig erwähnt, aber so viel ist sicher, noch kein europäischer Zeuge sah es und wird es auch wol je zu Gesicht bekommen.

Nicht minder verwirrt, wie die Anschauungen über die Thierwelt, erscheinen uns jene aus dem Reiche der Pflanzen. Einzelne Gewächse, von denen die Botaniker keine Ahnung haben, erfreuten sich eines ganz besonderen Rufes. Thalassügle und Gelatophyllis, zwei Kräuter vom Ufer des Indus, wirkten mächtig auf den armen Sterblichen. Das erstere erzeugte ihm wunderliche Erscheinungen, das zweite zwang ihn zu fortwährendem Lachen. Die Wurzel der Achämenis, eines ebenfalls indischen Krautes, pulverisirt und in Wein eingenommen, zwang die Verbrecher, denen es eingegeben ward, ihre Schuld zu gestehen. Wendete man statt ihrer die äthiopische Pflanze Ophiusa an, so erschienen Schlangen und folterten den Schuldigen so lange, bis er bekannte. Die späteren Vorstellungen vom Manzanillebaum, vom Upas- oder Giftbaum auf Java, die Mandragora oder das Alräunchen, sie alle sind Glieder jenes Pflanzenaberglaubens, der mächtige Nahrung erhielt durch die Entdeckung neuer Länder.

Wir könnten noch seitenlang fortfahren mit der Aufzählung ähnlicher Wunderthiere oder Pflanzen, die im Sagenkreise aller Völker eine Rolle spielten und theilweise noch spielen. Unwillkürlich fragt Derjenige, welcher ebenso entfernt von Aberglauben ist, wie von Unglauben, nach dem Ursprunge dieser Ungethüme und ob dieselben nur Ausgeburten einer kühnen Phantasie gewesen? Geht man der Sache auf den Grund und forscht man weiter nach, so bleibt immerdar noch etwas Thatsächliches in Betreff jener Ungeheuer übrig, zu deren Bekämpfung die Helden der grauen Vorzeit mit Pfeil und Bogen, Schwert und Lanze ausgezogen sind. Die Hörner, die grausigen Fledermausflügel, die Krallen und Tatzen, der Tod und Verderben bringende Athem fallen weg, und es entpuppt sich eine kolossale Schlange, ein riesiges Krokodil. Es gehört in der That nicht allzuviel Phantafie dazu, um zu glauben, es könne Ungethüme gegeben haben, gleich jenen, welche den Laokoon und seine Kinder erwürgten, die von Tenedos her über das Gewässer schwimmend, mit gräßlichen Ringen dem Gestade zustrebten.

> Gradauf bäumt sich in Wellen die Brust, und die blutigen Kämme
> Ragen über die Wogen empor, der übrige Leib streift
> Hinten die See, und es krümmt sich im Kreise der gräßliche Rücken.
> Schäumend erbraust die Flut, schon sind sie an's Ufer geschwommen,
> Und, die funkelnden Augen mit Blut und Feuer durchfloffen,
> Lecken sie gierig den zischenden Schlund mit regsamen Zungen.

Diese Schilderung Virgil's, wol mit lebhaften Farben aufgetragen, zeigt uns Schlangen, wie wir sie im Innern Afrika's, in den Urwäldern Amerika's heute noch finden, wo Exemplare von 40, vielleicht selbst 50 Fuß Länge vorkommen. Krokodile von 25 Fuß Länge sind gerade keine Seltenheit, und es würde unsere heutige Thierwelt noch manchen achtbaren Riesen aus dieser oder jener Familie aufzuweisen haben, führte nicht der Mensch einen ewigen Vertilgungskampf eben gegen die ihm gefährlichsten Gattungen und verfolgte er nicht am unerbittlichsten immer die gewaltigsten Individuen. Unter welch' sonderbaren Gestaltungen man sich die Riesenschlangen und Alligatoren Asiens oder Afrika's noch im 14. Jahrhundert vorstellte, kann man aus den Abbildungen des Livre des merveilles ersehen.

Die Chimära und die dreiköpfige Hyder. Nach einem antiken Gemälde. (Vergl. Stackelberg.)

Der Künstler des Alterthums hatte von den Wunderthieren durchaus keine andere Vorstellung, als der mittelalterliche Miniaturist, und wie dieser den Alligator in eine Schlange auslaufen läßt, so bildete die kühne Phantasie des hellenischen Malers oder Bildhauers, der Tradition und dem Dichter folgend, die Chimära dreiköpfig, als Löwe, Bock und Schlange in einem Thiere, mit der Grundform des Löwen und statt des Schwanzes mit einem gewundenen Schlangenleib versehen. Bellerophon, der herrliche Enkel des Sisyphus, war es, der auf dem gleichfalls wunderbar gestalteten, mit Flügeln versehenen Rosse Pegasus dahersausend, in Lykien das Ungeheuer erlegte, das

> Schrecklich umher aushauchend die Macht des lodernden Feuers,

weit und breit das lykische Land verwüstete. Die Lernäische Hyder, der Erymanthische Eber, nicht minder der Minotaur, gehörten ganz in dasselbe Bereich wie die Chimära.

Man hat zur Erklärung jener wunderbaren Thiergestalten selbst bis in die antediluvianischen Epochen zurückgegriffen und eine Tradition im Menschen=geschlechte angenommen, welche zurückreicht bis in die äußerste Periode dessel=ben, wo die frühesten Vorfahren unseres Geschlechts noch das Mammuth und verwandte Dickhäuter kannten. Läßt sich auch die Möglichkeit in Bezug auf Ueberlieferungen vom Mammuth nicht abstreiten, ist es denkbar, daß hier noch Anklänge vorhanden sind, so ist es doch schon aus geologischen Gründen entschieden zu verwerfen, wenn man in den Drachen, Basilisken und ähn=lichen Fabelgestalten eine Erinnerung an jene Riesensaurier erblicken will, die zur Zeit der Lias= und Juraformation die Meere Mitteleuropa's erfüllten.

Was wenigstens die Völker Europa's betrifft, so ist es das Einfachste und Naturgemäßeste, bei ihnen Anklänge an diejenigen Geschöpfe zu ver=muthen, mit denen sie in der indo=germanischen Urheimat bekannt geworden. Von dorther brachten sie die Kenntniß des Elephanten, des Kameels, des Löwen und Tigers, der riesigen Schlangen, die sie in dem neuen Lande ihrer Wahl nicht mehr vorfanden, von denen sie jedoch ihren Kindern erzählten, welche die Berichte der Väter, nach Gefallen ausgeschmückt, von Geschlecht auf Geschlecht weiter vererbten. So erklärt es sich auch, daß z. B. Sieg=fried, der Held unseres Nationalepos, im Waskenwalde auf die Löwenjagd auszieht — auch hier liegt nur eine Erinnerung an die asiatische Urheimat vor. So würden wir auch eine einfache Erklärung für die Kämpfe jener alten hellenischen Heroen finden, die, wie ein Herkules oder Theseus, bald mit einer riesigen Hyder, einem Löwen, oder einem Urstier zu thun haben und in Folge dessen vom Volke mit halbem Glorienschein umgeben wurden.

Wie es hier der streitbare Held ist, der durch seine Thaten dazu beiträgt, die Sagen= und Phantasiekreise seines Volkes zu erweitern, so hat anderer=seits das Volk wieder das Seinige dazu beigetragen, um die Erinnerung an die alten Heroen im Sturme der Zeiten nicht untergehen zu lassen, wenn dies auch unbewußt geschieht und der Held nur von dem kundigen Auge des Sagen= und Geschichtsforschers unter der Maske, die ihm allmälig über=geworfen wurde, zu entdecken ist. Deutschland kennt in den untersten Volks=schichten noch heute seinen „hörnenen Siegfried", namentlich bewahrt die Pfalz noch manche auf ihn bezügliche Sage. Doch wer war der eigentliche Recke, der wol noch in der Urheimat hervorleuchtete vor allen seinen Genossen? Und Kaiser Friedrich mit dem rothen Barte, lebt er nicht gleichfalls im Kyff=häuser fort? Auch andere Völker haben in ihrer Pietät solchergestalt das Andenken an ihre Helden verewigt und ihnen den Stempel ihres Volksthums aufgedrückt. Die seefahrenden Portugiesen, die hinaus über den Ozean schweiften, die fremde Länder und Völker kennen lernten, deren Phantasie gleichsam morgenländisch angestreift erscheint, umgaben ihren liebsten Helden auch mit allem Aufputz orientalischer Pracht und machten ihn zu einem ver=zauberten Robinson.

Dom Sebaſtian auf der Inſel „Incoberta.“

Nach einer nun fast drei Jahrhunderte im portugiesischen Volke um=
gehenden Sage lebt sein hochverehrter König Dom Sebastian heute noch.
Er fiel nicht als ein Opfer seines ungezügelten Muthes in der Schlacht von
Alcaçar=Kebir in Marokko (4. Aug. 1578), wo er mit seiner ganzen Armee
unterging, sondern Gott selbst führte ihn wohlbehalten nach der „verborgenen
Insel", Ilha encoberta. Dort harrt er einsam und schlummernd des Augen=
blickes, in dem er erwachend, wieder unter die Menschen zurückkehren wird,
um die verkommene Welt und sein Volk zu regieren. Nur zwei große gold=
mähnige Leuen sind seine Wächter und Gefährten; sie werden ihm einst bei
seiner Heimkehr in sein Land als Führer dienen. Die verborgene Insel ist
indessen nicht so sehr verschleiert von den sie rings umgebenden Wolken, daß
die Verehrer des „Königs ohne Glück" nicht zu ihm gelangen sollten. Noch
im Jahre 1610, so erzählen die Portugiesen, gelang es zweien seiner An=
hänger, ihn und seine Löwen zu schauen, wie er auf Palmblättern ruhend,
auf die treuen Wächter gestützt, in tiefen Schlaf versunken, gewappnet und
mit der funkelnden Königskrone auf dem edlen Haupte dasaß. Um ihn herum
sangen zum Harfenspiele Engel liebliche Weisen, und eine hehre weibliche
Gestalt hielt über seinem Haupte die Kugel der Welt, als Symbol, daß der
Herrscher einst zur Beglückung derselben aus seinem verborgenen Aufenthalte
zurückeilen werde. Seit dem Tode des Königs sind nicht wenige Abenteurer
aufgetreten, die, gleich dem falschen Demetrius, sich für den Fürsten aus=
gaben und Glauben gewannen. Aber auch seine Anhänger verzweifelten
nicht an ihm und harren gegenwärtig noch seiner Rückkehr; sie bilden eine
eigene Sekte, diejenige der Sebastianisten, die, keine Mühen und Gefahren
scheuend, noch heute bis in die Urwälder Brasiliens vordringen, um jenseit
des Ozeans den geliebten König aufzusuchen.

Mit dieser ganzen aus der Phantasie, wie aus der Wirklichkeit heraus=
geborenen Wunderwelt, die wir in Menschen und Thieren hier vorführten,
verbanden sich, wie in Aegypten mit seinen hieroglyphischen Bildwerken die
in Stein gemeißelte Geschichte des Landes, im Mittelalter die Romantik und
die phantastische Kunde, welche die Kreuzfahrer aus dem fernen Morgenlande
mit heimbrachten. Es entstand in vielen Köpfen eine wahre Verwirrung, in
die der gewöhnliche Aberglaube, der Heren= und Teufelsspuk, mit hinein=
spielte. So viel auch die Aufklärung, der Schulunterricht, die zunehmende
Bildung von diesen Wahnideen zerstört hat, stets brachen sich abenteuer=
liche Vorstellungen wieder von Neuem Bahn. Haben wir doch erst in unsern
Tagen das Märchen von den geschwänzten Menschen abermals auf=
tauchen und auf eine natürliche Ursache zurückgeführt werden sehen. Sie
spuken schon in alter Zeit und kommen auch in dem erwähnten Werkchen Kiel=
mayers vor: „In der Insul Sumatra werden auf einem Berge eine gewisse
Art von Menschen gefunden, die hinten Schwänze wie die Schweine haben,
es werden aber solche Menschen gar wenig gefangen, weil sie im Laufen so

geschwind und schnell sind, wie die Hirsche. Vor einer nunmehro geraumen
Zeit, wie die Holländer diese Insul noch inne hatten, ist ein Mann und Frau
von dergleichen Art an einem Baume schlafend gefunden worden. Diese sind
gefangen und in die Stadt Tohawan gebracht worden, allda man ihnen die
Schwänze abgeschnitten, und vermeinet, sie als andre Menschen aufzuziehen;
sie sind aber beide kurz nach einander, weil sie nicht das Geringste von der
Holländer Speise zu sich nehmen
wollten, man mochte ihnen auch
reichen, was man wollte, mehren=
theils vor Hunger gestorben." Und
jetzt wieder vor wenigen Jahren
hörten wir von den geschwänzten
Niam=Niam im Innern Afrika's,
die allerdings schon kurz darauf
ihres Schwanzes entkleidet wurden.
Im Lande der Door sah der Ita=
liener Bolognesi diese Leute, die
als geschwänzte Menschen und An=
thropophagen in Europa eines selt=
samen Ruhmes genossen. „Was
ich", schreibt Bolognesi, „mit gutem
Gewissen über dieses Volk sagen
kann, ist Folgendes: „Ueberall in
diesen Gegenden ist es Brauch, daß
man den Schweif von irgend einem
Thiere um die Hüften bindet. Dar=
aus mag wol die Annahme ent=
standen sein, daß solch' ein Anhäng=
sel zum Menschen selbst gehöre. Man
hat sich nicht die Mühe genommen,
näher zu prüfen und dann frischweg
behauptet, daß man mit eigenen
Augen geschwänzte Menschen ge=
sehen habe." Der als Entdecker

Geschwänzter Niam=Niam (a), nebst dem ledernen
Schwanzgürtel (b). Nach Lejean.

berühmt gewordene Konsul Petherick erzählt von den Dschur, die am weißen
Nil wohnen: „Die Männer, welche Zierrathen sehr lieben, tragen um den
Leib ein Stück Antilopenfell, welches nach hinten zu sich in Gestalt einer
Fliegenklatsche verlängert." Das ist also der Menschenschwanz der Dschur.
Dem Nilquellen=Reisenden Baker war vor Antritt seiner Fahrt auf dem
Weißen Nil sogar von Arabern berichtet, „daß ein Stamm in Mittel=Afrika
Schwänze habe wie Pferde." Die Lösung des Räthsels fand sich nördlich von
Gondokoro bei den Kytsch. Die Weiber derselben tragen einen Gürtel, an

dem sich hinten ein aus fein geschnittenen Lederstreifen bestehender „Schwanz" befindet, der bis zu den Schenkeln hinabreicht. Dieser Zierrath hat also seine Heimat recht eigentlich im Gebiete des Weißen Nil; Baker fand ihn ähnlich auch bei anderen Stämmen und meint ironisch, „es sei Schade, daß die Leute mit dem Schwanze nicht wedeln könnten, um sich die Moskitos abzuwehren."

Die beistehende Abbildung eines Niam=Niam=Schwanzes verdanken wir dem französischen Reisenden W. Lejean; er sandte sie im Jahre 1860 nach Paris und schrieb dabei: „Ich schicke hier die Zeichnung jenes Schmuckes, welcher zu der Fabel von den geschwänzten Menschen Anlaß gegeben hat. Ich habe das Original ganz genau kopirt; es wurde an einem Niam = Niam gefunden, der in einem Streite mit den Elfenbeinhändlern das Leben verlor. Es ist das erste Mal, daß man einen dieser Leute sammt Anhängsel bekommen hat. Dieser Schwanz besteht aus Leder; die auf der Zeichnung angedeuteten kleinen Linien bestehen aus Stückchen Eisen von drei Centimeter Länge; in der Mitte befindet sich ein hohler Wulst. Wir haben hier einen Schwanz, der in eine Art von Fächer ausläuft. Von Zweifel kann jetzt keine Rede mehr sein, und diese Lederschwänze der Niam=Niam haben gar nichts Auffallendes. Aehnliches kommt auch bei nordamerikanischen Indianern vor, z. B. bei den Choktaws. — Unter dem Namen Niam=Niam begreift man eine Anzahl verschiedener Völkerschaften, die im östlichen Sudan wohnen, 15 bis 20 Tage= reisen vom Weißen Nil, im Süden von Dar=Fur. Sie haben eine monarchische Regierung und die Provinzen stehen unter Feudalhäuptlingen."

Soweit Lejean. Gewiß hat er Recht, wenn er sagt: von Zweifel kann jetzt keine Rede mehr sein, aber das große Publikum und die gelehrte Kritik hatten gewiß gleichfalls Recht, wenn sie allen Berichten der Reisenden gegen= über ungemein vorsichtig wurden und bald an den einfachsten Dingen zu zweifeln begannen. Als Rückschlag gegenüber allen Wundermärchen, phan= tastischen Abenteuern und geheimnißvollen Thier= und Menschengestalten, stellte sich begreiflicher Weise eben so bald ein kopfschüttelnder Unglaube ein, der nicht selten das Kind mit dem Bade ausschüttete.

Strenge Kritik ist gewiß in Bezug auf neue Entdeckungen gar sehr am Platze, da es ja bekannt ist, wie wenig genau es manche Reisende mit ihren Erzählungen nehmen; allein zuweilen wird auch die Zweifelsucht zu weit getrieben und man hält oft Dinge für unwahr, nur weil sie ungewöhnlich sind und nicht auf den ersten Blick einleuchten. Hinterher folgen dann nicht selten Ehrenrettungen, manchmal zu spät. Hat doch noch vor wenigen Jahren der englische Geograph Desborough Cooley die Angabe der Missionäre Krapf und Rebmann, daß der Kilimandscharo in Ost=Afrika ein Schneeberg sei, geradezu als Unwahrheit gebrandmarkt, bis durch von der Decken's Expedition alle Zweifel beseitigt wurden. Und wie erging es dem berühmten James Bruce vor nun fast hundert Jahren? Als dieser sein Werk über Abyssinien und die Quellen des Blauen Nil veröffentlichte, fand das Publi=

kum nach seiner weisen Meinung darin eine solche Menge von ungewöhnlichen Nachrichten, Uebertreibungen und Ungeheuerlichkeiten, daß man den Reisen= den kurzweg „Mr. Mendax," Herr Lügner, nannte. Heute wissen wir längst, daß Bruce Nichts übertrieben hat; ihn hat die Zeit vollkommen gerechtfer= tigt, allein er erlebte nicht die Genugthuung, alle Zweifler überzeugt zu sehen.

Um in früheren Zeiten Reisebeschreibungen fesselnd und interessant zu machen, mußte zu dem oben aufgeführten Wunder=Apparate gegriffen werden. Wollte man dies nicht, so umgab man wenigstens den Helden, den Robin= son der Kinderwelt, mit wahrscheinlich klingenden Erfindungen eigener Fabrik. Wir haben dies jedoch der Theilnahme und Spannung willen keineswegs nöthig, und am wenigsten heutzutage, wo eine wahre Fülle seltsamer und doch wahrer Reisebegebenheiten, Schicksale und Abenteuer uns in Tausenden von verbürgten Erlebnissen, Reiseschilderungen, Robinsonaden älteren und neueren Datums geboten wird. Es hat zu allen Zeiten Naturen gegeben, die gewissermaßen vorausbestimmt erscheinen zu einem Abenteurerleben oder zum Schicksal jener Robinsons, die, wie Peter Serrano, Alexander Selkirk und ihre Nachfolger, der Typus aller erfundenen Robinsons, nicht etwa Gebilde müßiger Phantasie sind, sondern bei denen eine wirkliche Be= gebenheit zu Grunde liegt.*) Aeltere und neuere Reisewerke strotzen von dergleichen „wirklichen und wahrhaftigen Robinsonaden", sodaß es schwer fällt, in der Auswahl und Vorführung interessanter Thatsachen Maß zu halten, das Bekanntere von dem Unbekannteren zu scheiden, und nur Das= jenige zur Darstellung zu bringen, in welchem das Belehrende mit dem Unter= haltenden sich verbindet und die Länder= und Völkerkunde ihre gebührende Berücksichtigung empfängt.

Wir haben es versucht, in dem vorliegenden Bande eine Reihe von Robinsonaden und interessanten Schilderungen wirklicher Erlebnisse zusammen= zustellen, die, sich fern von den alten Wundermärchen haltend, durchaus ver= bürgt sind und bei denen um die Hauptperson sich eigenthümliche Erscheinungen aus fremden Erdtheilen in fesselnder Weise gruppiren lassen. Man braucht, wenn man diese „Geschichten" kennt, wahrlich nicht erst die Phantasie auf= zuregen und eigene Erfindungen hinzuzufügen. Die vorgeführten Begeben= heiten sind oft der Art, daß selbst die Wahrheit unwahrscheinlich klingt. Darin

---

*) Man vergleiche Einleitung und Schluß der besten und am schönsten illustrirten Ausgabe des be Foë'schen Robinson's unter dem Titel: "Der erste und älteste Robinson von Daniel be Foë. Robinson Crusoë des Aeltern Reisen, wunderbare Abenteuer und Erlebnisse. Neu bearbeitet von Ludwig Hüttner. Eingeführt durch eine Geschichte der Robinsonaden, sowie durch eine Lebensskizze des Daniel be Foë, von Schulrath Dr. E. F. Lauckhard. Zweite durchgesehene Auflage. Prachtausgabe mit 90 Illustrationen, fünf Tonbildern sowie einem bunten Titelbilde. In elegantem Einband 1 1/3 Thlr.

liegt jedoch ein großer Reiz und der Grund zu der Spannung, welche sie ver=
ursachen, ohne die Annehmlichkeit der Belehrung auszuschließen. Diese Ro=
binsonaden brauchen sonach auch vom erstbetonten Standpunkte aus sicherlich
nicht den Vergleich mit jener Legion von Wunderbüchern und Kinderromanen
„à la Lederstrumpf" zu scheuen, die längst abgethane Geschichten wieder
vorführen und mit denen der heutigen, im Reiche der Wirklichkeit sich be=
wegenden Generation wahrlich nicht gedient sein kann.

Den ersten Anstoß zu unserer Arbeit erhielten wir durch das Werk
„Les vrais Robinsons. Naufrages, solitude, voyages. Par Ferdinand
Denis et Victor Chauvin (Paris 1863)." Wenn wir dasselbe auch bei
mehreren Darstellungen, wo uns die Originalquellen nicht zugängig waren,
benutzten, so wird doch ein vergleichender Blick auf beide Bücher einen wesent=
lichen Unterschied zeigen. Denn während wir, abgesehen von einer größeren
Anzahl neuer, in dem französischen Werke nicht enthaltener Erzählungen,
dem vorliegenden Buche einen ernsteren Charakter zu verleihen bemüht waren
und vieles, nur auf die Anregung der Nerven und des Schaudergefühls
Berechnete bei Seite ließen, versuchten wir andererseits auch stets eine geo=
graphische Unterlage festzuhalten, so daß die handelnden Persönlichkeiten
mehrentheils als Staffage erscheinen, ohne dadurch an Interesse einzubüßen.

Es ist darauf Rücksicht genommen worden, daß der Leser eingeführt
werde in die Wunder der Tropennatur, wie in die arktischen Regionen, und
daß, was die Persönlichkeiten betrifft, Menschen der verschiedensten Ratio=
nalitäten, Deutsche, Engländer, Nordamerikaner, Skandinavier, Franzosen,
Italiener, Russen 2c. in alter und neuer Zeit handelnd oder duldend auftreten.
Die benutzten Quellen, aus denen wir schöpften, sind bei der Inhaltsangabe
gewissenhaft angegeben, darunter manches selten gewordene Originalwerk.
Die Zeichnungen schließlich anlangend, so ward ein guter Theil derselben
eigens für unser Buch gefertigt, während ein anderer aus dem erwähnten
Werke „Les vrais Robinsons" erworben ist. Der französische Maler
Yan Dargent hat sie mit bekannter Meisterhand entworfen; allein so sehr
wir demselben auch vom künstlerischen Standpunkt aus verpflichtet bleiben,
für die ethnographische Treue möchten wir in einzelnen Fällen gerade nicht
verantwortlich gemacht werden.

Leipzig, am 15. August 1867.

Richard Andree.

Wirkliche und wahrhaftige

Robinsonaden, Fahrten und Reiseerlebnisse

aus allen Zonen.

Der Franziskaner Crespel.

Tagebuch und Winteraufenthalt eines Missionars an der Küste
von Labrador. (1736.)

Im Norden des großen Gebietes der Vereinigten Staaten ziehen sich von
den Küsten des Atlantischen Ozeans bis über die Felsengebirge an die Gestade
des Stillen Weltmeeres die weiten Länder hin, die zu den ausgedehntesten
Besitzungen der britischen Krone gehören. Der Schwerpunkt dieser Kolonien,

die im Allgemeinen nur spärlich von meist ungebildeten Europäern, wilden
Rothhäuten und Eskimos bewohnt werden, liegt im Südosten, da, wo an den
großen Binnenlandseen und an ihrem gewaltigen Abfluß, dem Lorenzo-Strom,
die wichtigen Länder Ober- und Unter-Canada sich ausdehnen. Nach Nordosten
zu schließt sich, ohne bestimmt abgegrenzt zu sein, die größte Halbinsel Nordamerika's, das immer noch nicht genügend bekannte Labrador, an Canada an.

Der Seefahrer, welcher wegen des Seehundsfanges oder, angelockt von
dem Fischreichthum des Meeres bei Labrador, durch Eisberge hindurch sich den
wilden Küsten des unwirthbaren Landes nähert, erblickt hinter der dichten
Nebelhülle ein trotziges Felsgestade, rings umgeben von schäumender Brandung.
Diesem abstoßenden Eindruck des Randes von Labrador entspricht auch das
Innere, welches aus Hügeln und Thälern zusammengesetzt ist, öde und kahl,
frei von jedem Kultureinfluß des Menschen, durchzogen von Seen und Sümpfen,
von verkrüppelten Wäldern und kahlen Heiden. Nur im südlichen Theile,
nach dem Lorenzgolf zu, gewinnt die Vegetation einige Herrschaft über den
unwirthbaren Boden. Dort erheben sich Tannenwälder von niedrigem, ver-
krüppeltem Wuchse, überdeckt mit Flechten und weißem trockenen Moose. Ein-
gebettet im Dickicht dieser traurigen Wälder findet man an den tieferen
Stellen sumpfige Marschen, moosbedeckte Torflager, welche Aehnlichkeit mit
den sibirischen Tundren haben. Nur wenige Gräser und niedrige Kräuter, dagegen zahlreiche Moose und Flechten vertreten den Pflanzenwuchs an den nördlichen Küsten und verleihen dem Lande dort einen völlig polaren Charakter.
Eine Eigenthümlichkeit des Innern ist die große Menge von Seen jeder Größe,
die man durch das ganze Land zerstreut findet, nicht nur in den Thälern und
Ebenen, sondern auch auf den Höhen. Das Klima ist äußerst rauh und so
streng, wie nirgends auf der nördlichen Halbkugel unter gleicher geographischer
Breite. Hat doch die unter 57 Grad nördlicher Breite an der Küste gelegene
Herrnhuter Missionsstation Nain ein Winterklima wie das um 16 Grade
weiter nach Norden gelegene Nowaja Semlja! Den größeren Theil des
Jahres über ist das Land mit Schnee bedeckt und Gletscher ziehen die Berge
hinab. Aber trotzdem konnte der Portugiese Gaspar Cortereal, welcher
im Jahre 1501 die Halbinsel besuchte, dieser dem Namen Tierra del Labrador,
ackerbaufähiges Land, geben. Höchstens in seinen südlichen, an Canada gren-
zenden Strichen kann es auf diese überschwängliche Benennung Anspruch
machen. An der Nordküste gründeten die Herrnhuter unter den Eskimos einige
Missions-Stationen; im Osten siedelten sich Fischer an, deren kleine Ortschaften
im Sommer, zur Zeit des Fischfangs, wol von Tausenden belebt, im Winter
dagegen fast gänzlich menschenleer sind. In das Innere wagt sich aber der
Europäer auch heute noch nicht und er hat auch guten Grund dazu, dessen
Einöden zu meiden. Dort ziehen nur einige schwache Stämme von Gebirgs-
Indianern, sogenannte Mountaineers, umher, die keine festen Wohnungen
haben, ausschließlich vom Ertrage der Jagd leben und das Pelzwerk an die

Küste bringen, um dafür allerlei nothwendige Gegenstände einzutauschen. Leider gehört dazu auch der Branntwein. Diese Indianer sind mit allen Lastern europäischer Labrador-Leute bekannt, haben jedoch nicht eine einzige Tugend der Civilisation angenommen. Sie sind flink auf den Beinen und ausgezeichnete Bogenschützen. Mit ihren Pfeilen schießen sie nie gerade auf das Ziel los, sondern immer in einer parabolischen Kurve, und sie messen die zu derselben erforderliche Höhe so genau ab, daß sie nur selten fehltreffen. Der Name Mountaineer, Bergländer, wird ihnen nur von den Europäern beigelegt; sie selbst nennen sich Naskopis oder Stoffis. Wo sie fern von den Europäern leben, bewahren sie noch ihre ursprüngliche Wildheit; da jedoch, wo sie mit den Bleichgesichtern in Berührung kommen, sterben sie auch bald aus.

Ihren Verwandten in Canada ist es nicht besser ergangen. Vor hundert Jahren hörte man noch viel von den Huronen, Algonkinern, Irokesen und anderen Rothhäuten, die ein Schrecken der Weißen waren und in den Kriegen, welche England, Frankreich und die Vereinigten Staaten führten, eine große Rolle spielten. Die Irokesen wurden schon vor 90 Jahren aus der Gegend im Süden des Ontario-Sees vertrieben und am Lorenzo-Strom angesiedelt, wo sie heute keine 3000 Köpfe mehr zählen; am Huron-See werden die Wälder durchstreift von den Horden der Kugelköpfe, von Algonkinern, Mistassies, Utauats und Nepissings; zusammen etwa 2500 Menschen. Dazu gesellen sich die wenigen ansässig gewordenen Huronen; noch einige kleine Stämme, wie die Alenakis und Mikmaks, sowie die Odschibwäs und Potawatomis in Ober-Canada. Damit sind die kümmerlichen Reste der Rothhäute aufgezählt. Um so reißendere Fortschritte macht die europäische Ansiedlung in Canada, die früheren Einöden beleben sich mehr und mehr durch eine weiße Bevölkerung, und bevor ein Menschenalter vergeht, sind die schwachen Ueberbleibsel der Indianer immer weiter nach Westen hin, jenseit der großen Seen, gedrängt. Dort jagen sie denn vielleicht noch hundert Jahre lang das Elen und den Hirsch, aber auch bis in jene Gegenden rückt ihnen die Civilisation nach, welche sie nicht vertragen und der sie auch nicht widerstehen können. Dann verschwinden allmälig diese vermals mächtigen Völker unbedauert ganz von der Erde.

Außer den Benennungen der Seen, Berge und Flüsse hinterlassen die aussterbenden Indianer den Europäern nur ein Geschenk, welches in späteren Zeiten noch lange an die ursprünglichen Besitzer des Landes erinnern wird. Die vielen Seen und Flüsse, welche Canada und Labrador nach allen Seiten hin durchkreuzen, erschweren den Verkehr eben so sehr, wie sie ihn erleichtern, wenn der Mensch sich das flüssige Element unterthan macht. Das haben die Indianer, welche keine kostspieligen Brückenbauten auszuführen wissen, in der That trefflich durch vielseitige Anwendung ihrer Birkenkanoes verstanden. Das leichte, elastische Schifflein, das wie ein Pfeil die kataraktenreichen Ströme durchschießt, niemals bricht und stets leicht zu repariren ist, spielt in jenen Gegenden die Rolle des Kameels in der Wüste. Die Rindenkanoes sind ohne

Kiel gebaut, sehen aus wie lange Würste und haben dünne Stäbe und Rippen. Alles ist an ihnen so leicht, daß ein solches Boot, welches 20 Menschen fassen kann, von drei oder vier Leuten auf den Schultern bequem über Land von einem Fluß zum andern und von da wieder in den nächsten See getragen werden kann.

Indianer mit Birkenkanoes.

Neben den größeren besitzt der Indianer gewöhnlich noch ein kleineres Boot, das er ohne andere Hülfe von einem Orte zum andern schaffen kann. Bekommt der Boden ein Loch, so näht man dieses mit Draht wieder zu, wie man einen Strumpf flickt; man setzt Flicken darauf, wie bei einem Stiefel, und picht die Fugen aus, so daß nicht ein Tropfen Wasser einzudringen vermag. Aber nur mit einem solchen Fahrzeug vermochten Europäer und Indianer das Fluß- und Seelabyrinth Canada's und Labrador's zu befahren, wo alle Ströme und Bäche von zahllosen Stromschnellen und Katarakten unterbrochen sind, wo rauhe Behandlung auf Schritt und Tritt zu erwarten ist, wo der Bauch des Schiffleins, zu Lappen zerrissen, schnell wieder zusammenwachsen muß und wo die Boote oft mehrere Male am Tage aus dem Wasser gezogen, meilenweit fort=

getragen und wieder flott gemacht werden müssen. Das Birkenkanoe war der unentbehrliche Gefährte des Indianers schon zur Zeit, als die Europäer das Land entdeckten, und diese selbst haben es als ungemein nützlich beibehalten.

Canada und der Lorenzo=Strom führten einst andere Namen und hatten einst einen anderen Herrn als heutzutage. Der in französischen Diensten stehende italienische Seefahrer Giovanni Varazzani hatte das Land im An= fange des sechzehnten Jahrhunderts für König Franz I. in Besitz genommen und Neu=Frankreich benannt. Dreißig Jahre später fuhr Jakob Cartier den Lorenzo=Strom hinauf, welcher damals nur „der große Fluß von Neufrank= reich" hieß. Canada war durch zwei Jahrhunderte lang eine der bedeutendsten französischen Kolonien, bis es endlich, mehr in Folge von Hungersnoth und Erschöpfung als durch die Erfolge der englischen Waffen, im Jahre 1763 in den Besitz der britischen Krone überging. Menschen und Dinge waren hier im Gegensatz zu den Neu=Englandstaaten, aus welchen die nordamerikanische Union erwuchs, trotz vieler ähnlicher und gleicher Verhältnisse und Bedingungen, ganz andere. In Canada herrschte der Katholizismus, dort wohnten monarchisch gesinnte Adelige und verbreiteten strenggläubige Franziskaner und Jesuiten den römisch=katholischen Glauben mit großer Aufopferung und mancherlei Erfolgen unter den Indianern. Mit Stolz rühmt sich der canadische Land= mann, welcher seine Muttersprache treu bewahrte, der französischen Ab= stammung. — Einige tausend Kolonisten, Soldaten, Reisende, Pelzhändler und andere abenteuernde Menschen waren die ersten Franzosen, welche sich vor 300 Jahren im Lande niederließen. Die Nachkommen dieser Leute, die sich stark vermehrt haben, bilden jetzt als ein ehrliches, bescheidenes, thätiges und harmloses Völkchen, den Kern der canadischen Bevölkerung.

In der alten canadischen Zeit, welche den jetzigen angelsächsischen Landes= besitzern fast nur wie Sage erscheint, wurden Weiße und Rothhäute in dem Zustande größter Unmündigkeit erhalten. Die Buchdruckerei war auf das Strengste verboten, kein Andersgläubiger ward geduldet, der Boden nach alt= französischem Rechte nur an Adelige vergeben, welche die Gerichtsbarkeit übten. Die Priester gründeten Indianer=Gemeinden und stifteten Klöster, in denen französische Bauernsöhne sorgfältig unterrichtet und wodurch ein zahlreicher Stand unbemittelter Gebildeter geschaffen wurde, welcher den Sinn für die Sprache und die Ueberlieferungen der Väter wach erhielt.

Unter den Franziskanern, welche eine segensreiche Thätigkeit unter den Indianern Canada's entfalteten, befand sich auch ein wackerer Deutscher, Emanuel Crespel, ein glaubenseifriger, dabei aber milder und ausdauern= der Mann, der in Hingebung an seinen Missionsberuf viele Jahre lang die größten Mühsale und Entbehrungen ertrug. In seiner Reisebeschreibung, welche im Jahre 1742 in Briefform zu Frankfurt a. M. erschien und die den Titel führt: **Voyages du R. P. Emanuel Crespel dans le Canada et son naufrage en revenant en France. Mis au jour par son frère Louis Crespel,**

schildert er seine Fahrten in Canada und seine Erlebnisse unter den Indianern
nur kurz, desto ausführlicher jedoch seinen Schiffbruch und sein schreckliches
Winterleben an der eisigen Küste von Labrador.

Im Juli 1724 schiffte er sich zu La Rochelle nach „Neu=Frankreich" ein.
Nach zwei und ein halbmonatlicher Fahrt warf das Schiff glücklich vor Quebek
Anker. Bald durchzog er als Prediger die abgelegensten Indianer=Stationen
der Irokesen, Huronen, Nepissings oder Utauaks, bald begleitete er als Feld=
prediger die französischen Truppen während ihrer Kämpfe gegen aufständische
Rothhäute. Er sah den mächtigen Niagara=Fall; lebte an den großen canadi=
schen Seen, lernte Montreal, Frontenac, Detroit, sowie die meisten französi=
schen Ansiedlungen kennen, und machte sich, was in der Folge ungemein wichtig
für ihn wurde, die Sprache der Irokesen und Utauaks zu eigen.

Die aufreibende Beschäftigung, das strenge Winterklima, Entbehrungen
aller Art ließen in ihm nach einer zwölfjährigen Thätigkeit den Wunsch auf=
kommen, wieder in seine Heimat zurückzukehren. Nachdem er von seinen
Ordensvorstehern hierzu die Erlaubniß erhalten hatte, schiffte er sich am
3. November 1736 zu Quebek an Bord der „Renommée" ein. Diese war
ein schönes neues Fahrzeug von 300 Tonnen Gehalt, führte 14 Kanonen
und stand unter dem Befehle eines tüchtigen und erfahrenen Kapitäns,
Freneuse. Passagiere und Bemannung bestanden zusammen aus 54 Köpfen.

Gleich von allem Anfang an hatte die „Renommée" mit widrigen Winden
und harten Stürmen zu kämpfen; die Fahrt ging nur langsam von Statten und
am 14. November scheiterte das Schiff auf einer Felsenbank, die eine Viertelmeile
vom Lande entfernt lag. Man befand sich der Südspitze der Insel Anticosti
gegenüber, welche gerade vor der weiten Mündung des Lorenzo=Stromes liegt.

Im Augenblicke, wo das Unglück geschah, herrschte eine große Verwirrung
an Bord. Alle hielten sich für verloren, und nur der Geschützmeister behielt
so viel Geistesgegenwart, daß er einige Flinten, ein Fäßchen Pulver und ein
Kistchen Patronen zu sich nahm. Schnell begann man das große Boot in
das Meer hinabzulassen. Zwanzig Personen hatten darin Platz gefunden,
doch übersah man im Drange der Gefahr, die Stricke, welche dasselbe hielten,
gehörig zu befestigen. Das am Vorderende angebrachte Tau riß, als man
das Boot gerade hinablassen wollte; es stürzte hinab und ein Theil der
darin befindlichen Personen fand in den Wellen einen raschen Tod. Nach
vieler Mühe gelang es, das Boot wieder flott zu machen; aber es war
arg beschädigt, von allen Seiten drang das Wasser ein, dazu goß der Regen
in Strömen vom Himmel herab, und, von dem wüthenden Meere hin=
und hergeschleudert, verloren die Schiffbrüchigen bald alle Hoffnung auf
Rettung. In dieser Noth bereitete Crespel Alle auf den Tod vor, ertheilte
ihnen Absolution und sprach das Miserere. Dann hüllte er sich fest in seinen
weiten Mantel, betete noch einmal zu Gott und erwartete im nächsten Augen=
blick sein Lebensende. Doch sollte es nicht zum Aeußersten kommen. Die Wuth

der Wogen, welche die Unglücklichen zu vernichten drohte, ward deren Retterin; ein Wasserschwall warf das Boot sammt Bemannung hoch hinauf auf die Küste, und wenn auch Viele unter ihnen verwundet und gequetscht wurden, so waren sie doch augenblicklich vor weiteren Gefahren geborgen. Einer unter ihnen hatte glücklicherweise die Geistesgegenwart, beim Stranden rasch das Schiffsseil der Schaluppe zu ergreifen, welche ohne diese Vorsicht sicherlich wieder von den Wellen entführt worden wäre; trotz des großen Schadens, welchen das Boot erlitten hatte, wurde es ihnen später doch von großem Nutzen.

Als die Schiffbrüchigen ihre Lage übersehen konnten, fanden sie, daß sie sich nicht auf der Insel Anticosti, sondern auf einer größeren Sandbank befanden, welche durch ein tiefes Wässer von jener getrennt war. Nicht ohne Gefahr, doch ohne einen Unfall, durchschritten sie diesen Kanal, brachten die wenigen geretteten Habseligkeiten auf die Insel und zündeten dort ein Feuer an, um die erstarrten Glieder zu erwärmen. Obdachlos befanden sie sich im Freien, und da das Unglück am 14. November stattfand, so machte sich der rauhe Winter jener Regionen überaus empfindlich fühlbar. Obgleich die Insel unter demselben Breitengrad liegt, wie die gesegneten Fluren Süddeutschlands, so erzeugen doch die Polarströmungen, die bis tief in das Frühjahr hinein ungeheure Eismassen an die Küsten treiben, einen strengen und anhaltenden Winter. Auch wird der kurze Sommer so häufig durch Winde und dichte Nebel getrübt, daß an einen erfolgreichen Ackerbau nicht zu denken ist. Wundern wird man sich daher nicht, daß die ganze große Insel, deren Flächenraum 115 Quadratmeilen beträgt, gegenwärtig nur von einigen wenigen Familien bewohnt ist. Zur Zeit, als Pater Crespel aber hier strandete, lebte keine Menschenseele daselbst. Dichte Wälder, Sümpfe und Heidestrecken bedeckten den Boden, und hohe, schroffe Klippen umsäumten das Eiland, das fortdauernd mit einem Kranz weißer, schäumender Wogen umgeben erscheint.

Am Nachmittage des Unglückstages kamen, als die See sich ein wenig beruhigt hatte, noch sechs Leute von der Mannschaft der „Renommée" an's Land. An Bord blieben somit noch siebzehn; die Nahrungsmittel jedoch, welche dort noch vorräthig waren, erschienen den Schiffbrüchigen als die einzige Aushülfe in der Noth, denn das Land selbst bot ihnen nicht das Geringste. Vor allen Dingen mußte daher die Verbindung mit dem Fahrzeuge wieder hergestellt werden, und da hierzu die beschädigte Schaluppe nicht benutzt werden konnte, so entschloß man sich am nächsten Tage, bei ruhigem Wetter mit dem kleinen Kahn dorthin zu fahren. Die Nacht brach herein und mit ihr kam neue Kälte, deren Einwirkungen sich Diejenigen, welche auf dem Lande weilten, kaum zu erwehren vermochten, während die im Schiffe zurück Gebliebenen wenigstens ein Obdach hatten.

Der Morgen brachte in der That ein ruhiges Meer. Das kleine Boot fuhr hinüber zur „Renommée", holte den Rest der Mannschaft, die Werkzeuge des Zimmermanns, Theer, eine Art und Segel. Letztere spannte man sogleich aus und bildete auf diese Weise Zelte, um sich gegen den Schnee zu schützen, der in der vergangenen Nacht allein zwei Fuß dick gefallen war. Gegen den Hunger schien man für's Erste durch die von der „Renommée" mitgebrachten Vorräthe geschützt, doch mußte man sich sehr einschränken, damit die Lebens- mittel nicht zu schnell aufgezehrt würden.

Das Bergen der Schaluppe auf Anticosti.

Jedermann erhielt sechs Loth Fleisch, Bouillon und etwas Gemüse. Am folgenden Tage beschäftigte man sich mit der Reparatur der Schaluppe und holte das hierzu nöthige Holz aus dem nahen Walde. Dann erwog man reiflich die Frage, wohin man sich wenden sollte.

An Bord der „Renommée" befanden sich nur für zwei Monate Lebens-

mittel, die gewöhnliche Provision eines Schiffes, das von Quebek nach Frank=
reich fährt. Der Zwieback war während des Unglücks verloren gegangen
und ein großer Theil des übrigen Mundvorrathes bereits während der kurzen
Reise verdorben. Bei der größten Enthaltsamkeit hatten sie höchstens noch
für fünf Wochen Proviant; das war Alles — konnten sie während dieser Zeit
die wüste Insel nicht verlassen und ein bewohntes Gestade auffinden, dann
stand ihnen der Hungertod bevor. Um diese Jahreszeit fuhren hier keine
Schiffe mehr vorüber, welche etwa ein Feuerzeichen hätten wahrnehmen
können. Frost, Schnee, Eis, Hunger und Krankheit, Alles vereinigte sich, um
die armen Schiffbrüchigen der Verzweiflung nahe zu bringen. Tag und Nacht
fiel der Schnee und hüllte Alles in sein Leichentuch ein; die kleinen Bäche
waren zugefroren, längs der Küste zeigten sich Eisschollen, welche von
Tage zu Tage an Dicke zunahmen und sie ganz vom Meere abzusperren
drohten. Es mußte also ein Entschluß gefaßt werden, wenn man sich nicht
unter der bereits sechs Fuß hohen Schneedecke ganz begraben lassen wollte.
Crespel schlug vor, nach Mingan an der Süd=Ostküste von Labrador zu
schiffen, wo die Franzosen eine Winterstation errichtet hatten, um Robben zu
schlagen. Um dorthin zu gelangen, hatte man 40 Meilen bis zur Nordwest=
ecke Anticosti's in Eis und Schnee zu marschiren und dann noch 12 Meilen
weit das hohe Meer zu durchkreuzen.

Im Augenblicke der Abfahrt stellte sich jedoch dem Unternehmen ein
wesentliches Hinderniß entgegen. Schaluppe und Boot konnten nur dreißig
Menschen fassen, aber Niemand wollte zurückbleiben und ihre Gesammtzahl
betrug vierundfünfzig. Crespel suchte nun alle seine Ueberredungsgabe anzu=
strengen, um eine Vereinbarung herzustellen. Er erklärte, daß man Lebens=
mittel in genügender Menge zurücklassen wolle, ja, daß er selber auf Anticosti
zu bleiben gesonnen sei. Diesem Vorhaben widersprachen aber Diejenigen,
welche um jeden Preis fort wollten, denn im Fall sie auf Indianer stießen,
konnte ihnen nur Crespel als Dolmetscher dienen. Es hielt schwer, zu einem
Einverständniß zu kommen. Erst als der würdige Pater feierlich versichert
hatte, daß er jedenfalls, wenn er am Leben bliebe, Hülfe senden werde, ent=
schlossen sich 24 Personen, auf Anticosti zurückzubleiben.

Zum letzten Male wurden nun Alle zum Gottesdienste vereinigt. Die
durchnäßten Meßgewänder wurden getrocknet, Crespel las die Messe und hielt
dann eine rührende Predigt, in welcher er Alle zum Ausharren aufforderte
und auf eine glückliche Errettung aus der überkommenen Noth hinwies. Unter
Weinen und Schluchzen nahm man von einander Abschied, welcher bei den
meisten der Unglücklichen ein Abschied auf ewig war. Dann schifften sich am
27. November dreizehn im Boote und siebzehn in der Schaluppe ein, um Mingan
aufzusuchen. Die ersten Tage waren ihnen Wind und Wetter günstig; nur
litten sie ungemein von der Kälte; auch ihre Mundvorräthe waren nur gering,
und wenn sie Abends am Ufer landeten, um Nachtruhe zu halten, erwachten

sie am andern Morgen wieder unter einer tiefen Lage von Schnee. Trockner Klippfisch war ihr höchster Leckerbissen, und da seit dem Schiffbruche bereits 14 Tage verflossen waren, so begannen ihre Kräfte mehr und mehr zu schwinden.

Zu allem Unglücke gesellte sich am 2. Dezember noch ein rasender, aus Südosten kommender Sturm, der sie auf die Küste Labradors zutrieb und das Boot von der Schaluppe trennte. Die letztere, auf welcher sich Crespel befand, wartete an einem Vorgebirge bis zum 7. Dezember auf das Boot und machte sich dann, als dieses immer noch nicht erschien, weiter auf den Weg. Am Lande hatte die Mannschaft zwei Eisfüchse geschossen, die eine willkommene Vermehrung ihres Mundvorrathes wurden. An die Stelle des Sturmes, der sich etwas gelegt, trat bald eine neue Gefahr. Mit dem zunehmenden Froste bildeten sich an der Küste immer mehr Eisschollen, welche die Fahrt außerordentlich schwierig machten und die Schaluppe einzuschließen drohten. Muthig kämpften sie hiergegen an; doch eines Morgens, als sie von ihrer kalten Lagerstätte an der Küste sich erhoben, fanden sie ihr Fahrzeug rings von starken Eismassen umgeben, zwischen denen es festsaß. Ihre schwachen Kräfte genügten nicht, um es aus dem massigen Wall zu befreien, und so blieb ihnen denn nur die Wahl, entweder zu Lande durch Eis und Schnee weiter zu ziehen, oder an dieser Stelle das Frühjahr zu erwarten.

Da der Frost und Schnee jedoch in einem Grade zunahmen, daß ein Weiterreisen den sichern Tod herbeigeführt haben würde, so entschloß man sich zum Abwarten. Ein naher Tannenwald lieferte ihnen zugleich Brennholz und Baumaterial. Mit möglichster Sorgfalt wurden drei Hütten gebaut. Eine für den Kapitän Freneuse, Crespel und zwei andere Offiziere; eine größere, nahe dabei, für die Matrosen und eine dritte, ganz kleine, zur Aufbewahrung der Lebensmittel. Von diesen war den muthigen Reisenden, nachdem der größte Theil auf Anticosti zurückgelassen worden war, nur sehr wenig übrig geblieben. Etwas Fleisch und einige Pfund Erbsen waren darunter das Kostbarste. In die Vorrathshütte durfte Niemand anders, als in Gegenwart aller Uebrigen eintreten; diese Maßregel war durchaus nothwendig, denn bei der geringen Menge, welche noch vorhanden war, kam es darauf an, daß Keiner sich auf Kosten der Uebrigen besser nährte. Das Essen selbst wurde auf folgende Weise eingerichtet: morgens früh wurden zwei Pfund Mehl in geschmolzenem Schnee gekocht; am Abend dagegen zwei Pfund Fleisch; ein paar Mal in der Woche erlaubte man sich, zur Abwechslung noch eine Hand voll Erbsen hinzuzufügen. Diese vier Pfund Nahrung mußten dann alle Tage genau in siebzehn Portionen vertheilt werden, damit Keiner zu kurz käme. Das war eine elende, ungenügende Nahrung, aber sie reichte wenigstens hin, sie für kurze Zeit vor dem Hungertod zu schützen; daß aber bald, wenn der Mensch täglich kaum 8 Loth Nahrung zu sich nimmt, Entkräftung und Krankheit eintreten mußte, lag auf der Hand. Trübe schauten die Verlassenen in die Zukunft, und der Tod stand täglich vor Aller Augen. Kaum hatten sie noch so viel

Kraft, bei der grimmigen Kälte den Schnee vor ihren Thüren wegzuschaufeln und das Holz zu fällen, welches sie zum Bau und zur Feuerung nöthig hatten. Ihre Kleider waren in außerordentlich schlechtem Zustande und ein alter Theerkessel das einzige Geräth, in welchem sie kochen konnten. Vermochten sie sich aber trotzdem bis Ende April, also noch vier bis fünf Monate, in diesem Zustande zu erhalten, dann durften sie hoffen, in ihrer Schaluppe weiter fahren zu können, wenn das Eis aufgegangen war.

Die Seele der kleinen Gesellschaft war der fromme Pater, welcher stets mit aufmunternder Zusprache sowie mit guten Rathschlägen bei der Hand war, durch Energie sie vom Verzweifeln zurückhielt, ihnen in Allem mit gutem Beispiel voranging und alltäglich sie zum gemeinsamen Gebete versammelte. Am Weihnachtstage las er eine feierliche Messe und hielt eine Trostpredigt, in welcher er Alle zur Geduld und zum Ausharren ermahnte. Er verglich ihre Leiden mit denen des Heilands und ermahnte sie, sich diesen zum Vorbilde in ihrer Trübsal zu nehmen. Das Jahr 1737, in welchem ihre Noth den höchsten Grad erreichen sollte, begann für sie ungemein traurig. Am Neujahrstage stürzte ein wolkenbruchartiger Regen vom Himmel nieder und durchnäßte ihre wenigen Habseligkeiten in den Hütten. Das war jedoch noch das geringste Uebel. Der fortwährende Regenstrom bewirkte ein Aufthauen des Eises an der Küste und, vom Winde getrieben, nahmen die Schollen die Schaluppe mit hinweg. Noth und Verzweiflung überkam die kleine Gesellschaft, die sich nun ihres letzten Rettungsmittels beraubt sah; Alle jammerten laut auf, und Crespel mußte seine ganze Kraft und Besonnenheit aufwenden, ehe er den Leidensgefährten auch nur einigen Trost einreden konnte. Da er noch ein wenig Wein besaß, so las er am 5. Januar abermals eine Messe, hob dadurch den Muth der Niedergebeugten und brachte es dahin, daß zwei der Kräftigsten unter ihnen, Namens Foucault und Vaillant, zu dem Versuch sich bereit erklärten, in den verschiedenen Buchten der Küste die verlorene Schaluppe aufzusuchen. Sie waren kaum zwei Stunden abwesend, als sie mit vergnügten Mienen und einer guten Neuigkeit zurückkehrten. Nicht weit vom Lagerplatze hatten sie am Rande eines Gehölzes einen Indianer-Wigwam angetroffen, dicht dabei zwei Kähne aus Baumrinde, eine Art und etwas Robbenspeck. Dieser Fund brachte etwas Ruhe in die verzweifelnden Gemüther, denn nun wußte man, daß die Gegend nicht ganz unbewohnt war, und daß man wenigstens im Frühjahr auf Besuch von Indianern hoffen durfte. Am nächsten Tage machten sich die beiden Matrosen abermals auf den Weg; sie waren nicht minder glücklich als Tags zuvor, denn nicht allein fanden sie die Schaluppe in einer kleinen Bucht wieder, sondern auch eine Kiste voll Stricke, die an's Ufer geschwemmt worden war. Am 10. Januar brachen alle Diejenigen, welche noch gehen konnten, auf, um die Schaluppe zurückzuholen; doch waren ihre Anstrengungen vergeblich, die Eisschollen hatten sich wieder geschlossen und hielten das kleine Fahrzeug fest umklammert.

Auf dem Rückwege nach ihren elenden Behausungen überfiel sie ein Mark und Bein durchdringender Frost; Foucault sank um und mußte von seinen Gefährten bis in die Hütte getragen werden, wo er gleich nach seiner Ankunft den Geist aufgab. Am gleichen Tage starb auch der Schiffszimmermann vor Kälte und Entkräftung; noch schrecklicher aber verlief der 16. Februar; zuerst starb Kapitän Frenense, dann zwei Matrosen, Bossemann und Girard, und endlich als der vierte der Geschützmeister. Der 24. Februar war wieder ein Sterbetag; ein junger Matrose segnete das Zeitliche.

Wie diese Schlag auf Schlag folgenden Todesfälle niederdrückend auf die kleine Schaar wirken mußten, kann man sich vorstellen. Sehnsüchtig warteten sie auf das Frühjahr, das ihnen die Fortsetzung ihrer Reise erlauben und die Indianer an der Küste versammeln sollte. Statt dessen brachte ihnen der Monat März neue Prüfungen. Am 6. überfiel sie ein andauernder Schneesturm; das Feuer in den Hütten wurde dadurch ausgelöscht und das Häuschen, in welchem Crespel und einige Gefährten wohnten, dergestalt verschüttet, daß sie nur mit Mühe daraus hervorkriechen und sich in die Hütte der Matrosen flüchten konnten, wo man vier Tage ohne Feuer und fast ohne Nahrung zubrachte; der Schnee fiel in solchen Massen nieder, daß Keiner daran denken konnte, auch nur einen Schritt vor die Thür zu thun. Alte zerrissene Decken waren ihre einzige Hülle, und als am vierten Tage die kleine Portion Essen, welche sie bei sich hatten, zu Ende ging, mußte eine Aenderung in ihrer Lage herbeigeführt oder der sichere Tod erwartet werden. Wie immer erhob auch jetzt Crespel seine Leidensgefährten. Mit drei Matrosen drang er nach der kleinen Vorrathshütte, schaufelte sie aus dem Schnee und schaffte einige Lebensmittel herbei. Ihre Abwesenheit hatte nur eine Viertelstunde gedauert, aber so entsetzlich war die Kälte, daß zwei Matrosen mit erfrorenen Armen und Beinen zurückkehrten und bald darauf ihren Schmerzen erlagen. Sollte nicht Alle ein gleiches Schicksal ereilen, so mußte nothwendiger Weise Feuer angezündet werden. Wieder war Crespel der Mann der That. Mit den zwei Matrosen Fürst und Léger, den Einzigen, welche noch gehen konnten, machte er sich auf den Weg nach dem Walde und brachte etwas Holz zurück. Gegen Abend waren jedoch die ganzen Vorräthe wieder verbrannt und in der folgenden Nacht starb wieder ein Matrose vor Frost.

Nun kam man überein, in die kleinere Hütte, welche weniger kalt war, überzusiedeln. Unendliche Mühe verursachte hierbei der Transport der Kranken; zwei derselben starben gleich nach ihrer Unterbringung in der neuen Behausung und wurden, wie ihre Vorgänger, im Schnee eingescharrt. Mittlerweile machte sich der eingetretene Mangel an Lebensmitteln immer fühlbarer; die Vorrathshütte enthielt nur noch zehn Pfund Erbsen, sieben Pfund Speck, drei Pfund Schinken und sieben Pfund Talgkerzen. In dieser Noth versuchten es Crespel und Léger, dem Froste Trotz zu bieten und hinab zum Meere zu gehen, wo sie Muscheln suchen wollten.

Crespel und seine Gefährten verlassen die Winterhütte.

Dies glückte ihnen auch, und ungeachtet bedeutender Beschwerden, welche sie auszustehen hatten, gab ihnen diese neue Nahrung wieder einige Kraft. Ihre Gefährten aber befanden sich in einem bejammernswerthen Zustande; am ganzen Leibe mit offenen Wunden oder Geschwüren bedeckt, zu Skeletten abgemagert, mit erfrorenen Armen und Füßen, lagen sie wimmernd, hoffnungs=

los — sterbend da und flehten zu Gott um Erlösung aus ihren Leiden. Crespel that als Seelsorger redlich an ihnen seine Pflicht.

Eines Morgens saß der fromme Pater tief betrübt auf einem Baum= stamme, den er am Rande des Waldes gefällt hatte. Da däuchte ihm, er höre einen Flintenschuß. Weil er jedoch schon öfter ein derartiges Geräusch ver= nommen, ohne daß Menschen zum Vorschein gekommen wären, so nahm er zuletzt an, die Töne könnten auch von irgend etwas Anderem herrühren. Er schritt unter seiner Bürde den Hütten zu, wo er nicht wenig erstaunt war, bald darauf Léger mit zwei Indianern, Mann und Weib, ankommen zu sehen. Der Indianer, mit welchem sich Crespel recht gut verständigen konnte, war der Eigenthümer der früher aufgefundenen Kähne aus Baumrinde und er versprach, nachdem er die Noth der Schiffbrüchigen gesehen, ihnen am nächsten Tage frisches Wildpret zuzuführen. Aber während der Nacht entfernte er sich mit dem einen Kanoe und erschien nicht wieder. Zur Erklärung dieser Wort= brüchigkeit, welche die armen Kranken um eine Hoffnung ärmer machte, muß man sich die Furcht der Indianer vor Krankheiten vergegenwärtigen. Der Mann hatte den entsetzlichen Zustand der Leidenden gesehen und fürchtete angesteckt zu werden, eine Furcht, die keineswegs unbegründet erscheint, wenn man an die gräßlichen Seuchen denkt, die von den Weißen den Ureingeborenen Amerika's überbracht wurden. Er floh also lieber aus der Nähe der Kranken. Da man jedoch befürchtete, der Indianer könne auch noch den zweiten Rinden= kahn heimlich entfernen, so verbarg man diesen sorgfältig.

Wieder vergingen Wochen voll Jammer und Elend. Die sechs Kranken starben einer nach dem andern unter unsäglichen Schmerzen dahin, und Crespel, Fürst und Léger blieben allein von all' den siebzehn Männern übrig, welche in Anticosti die Schaluppe bestiegen hatten. — Was war unterdessen wol aus dem kleinen Boote mit seinen dreizehn Leuten, was war aus den vierund= zwanzig Schiffbrüchigen geworden, die auf der Insel zurückblieben? —

Doch verweilen wir zunächst bei den drei Ueberlebenden. Sie nährten sich von den Muscheln, welche sie am Meeresstrande fanden, und betrachteten drei Pfund Schinken, welche ihnen noch übrig geblieben waren, als ihr höchstes Gut. Jeder Tag verschlimmerte indessen ihre Lage. Sie entschlossen sich daher, den Indianer in seinem eigenen Kanoe aufzusuchen, kochten ihren Schinken, um ihn als Reisevorrath zu benutzen, und tranken die Bouillon. In ihrem ausgehungerten Zustande erwachte aber eine solche Begierde nach Fleisch in ihnen, daß sie Alles verzehrten, und dann mit Schmerzen einsahen, wie ihnen weder Lebensmittel zur weiteren Existenz noch ein kleiner Proviant für die Reise übrig geblieben. Als es galt, ihren Vorsatz auszuführen, fühlten sie sich viel zu schwach, um zu Fuße weiter fort zu können. — Ihnen blieb Nichts übrig, als sich zum Sterben vorzubereiten, zum Hungertode. Jeglicher Hoff= nung bar, sprach Crespel für Alle folgendes Gebet: „Großer Gott, ist es Dein Wille, daß wir dasselbe Loos erleiden sollen, wie die vierzehn Männer, welche unter unseren Augen ihre Seele aushauchten, so zögere nicht, Deinen Willen zu vollführen; gestatte nicht, daß die Verzweiflung über uns komme. Rufe uns zu Dir, wir sind bereit, ohne Bedauern dies Leben zu verlassen. Wenn Du aber, o Herr, noch nicht beschlossen hast, daß wir sterben sollen, dann sende uns Hülfe und gieb uns die Kraft, ohne Murren die Leiden zu ertragen, welche Deine Gerechtigkeit uns auferlegt."

„Kaum hatte ich", so erzählt Crespel weiter, „mein Gebet beendigt, als wir einen Flintenschuß hörten, auf welchen wir schleunig antworteten." Der Schuß rührte von einem zweiten Indianer her, welcher das andere Kanoe suchen wollte; da er jedoch von seinem Gefährten wußte, in welchem Zustande die Unglücklichen sich befanden, hatte er den Schuß nur abgefeuert, um sich zu überzeugen, ob sie noch nicht alle todt wären. Da er nun das Gegentheil fand, so machte er sich schnell auf die Flucht und verbarg vorher im Walde ein großes Stück Bärenfleisch, das er als Nahrung mitgenommen hatte. Trotz ihrer Schwäche machten Crespel und Léger sich zu seiner Verfolgung auf, überschritten einen Bach, der sie von dem Indianer trennte, und ereilten ihn gegen Abend, was nicht der Fall gewesen wäre, wenn der Indianer nicht seinen siebenjährigen Sohn bei sich gehabt hätte, der ihm nicht schnell genug zu folgen vermochte. Zwei gegen Einen und wohl bewaffnet standen sie nun vor ihm da und verlangten mit dem Ausdrucke der Verzweiflung Etwas zu essen. Der Indianer vermochte nicht zu widerstehen, fragte jedoch vorher mit ängstlicher Miene, ob die Kranken todt wären? Als er eine bejahende Antwort erhielt und erfuhr, daß er ohne Gefahr sich den Hütten nähern könne, zeigte er ihnen das versteckte Bärenfleisch. Sie verschlangen es halb roh und brachten den Rest dem kranken Fürst, welcher zu schwach war, um ihnen folgen zu können. Nachdem sie, ohne den Indianer frei zu lassen, sich etwas erholt hatten, brachen sie am nächsten Morgen Alle zusammen auf. Durch Wasser, Schnee und Eis führte sie ein außerordentlich beschwerlicher Weg nach dem Meere; damit jedoch der Indianer ihnen nicht wieder entrinnen könne, behielten sie dessen Sohn als Geisel bei sich, während der Alte mit seiner Frau als Führer voranging. Das Meer war erreicht und der Indianer machte das auf der Schulter mitgebrachte Birkenkanoe flott; da jedoch dieses nur vier Personen fassen konnte, so erklärte er, zuerst nur Crespel mit einschiffen zu wollen. Léger und Fürst, welche sich auf diese Weise verlassen fühlten, protestirten hiergegen und gaben erst nach, als Crespel feierlich versprach, nach ihnen zu schicken. Beide setzten indessen ihren Weg längs der Küste fort und behielten das Kanoe im Auge. Nach einiger Zeit landete der Indianer; Crespel, welcher glaubte, daß dies geschähe, um auszuruhen und Feuer anzumachen, stieg aus, nahm seine Flinte, zwei Ruder und einige Stücken Fleisch an sich. Der Indianer aber und dessen Frau schnallten ihre Schneeschuhe an, nahmen den Knaben und das Kanoe auf die Schulter und schossen so schnell über die weiße Fläche dahin, daß es Crespel unmöglich war, ihnen

zu folgen. Bei dem Versuche, die Flüchtigen einzuholen, stürzte er hin und
verwundete sich am Bein. Wieder stand er einsam und verlassen da, als Léger
zu ihm kam, welcher den kranken Fürst allein zurückgelassen hatte. Beide versuchten nun, der Spur des Indianers zu folgen. Sie waren noch nicht weit
gekommen, als sie drei Flintenschüsse hörten. Schnell folgten sie der Richtung,
aus welcher diese erschallten, und gelangten so zu einer großen Indianerhütte.
Ein dort hausender Häuptling redete sie französisch an, empfing sie sehr freundlich, bewirthete sie und erklärte, ihnen auf alle mögliche Art nützlich sein zu
wollen. Dann entschuldigte er seine Leute, welche nur aus Furcht vor der
Krankheit sich zurückgezogen hätten; er selbst aber habe auf ihren Bericht hin
die drei Schüsse abgefeuert, um sie aufmerksam zu machen. Fürst, welchen
man in der Nacht nicht mehr auffinden konnte, langte am nächsten Morgen
an und wurde gleichfalls gut aufgenommen.

Zwei Tage lang brachten die Geretteten bei den Indianern zu, welche
sich einer den andern in Aufmerksamkeiten gegen die armen Halbverhungerten
überboten. Rennthier- und Bärenfleisch waren in Ueberfluß vorhanden, und
nachdem Crespel, Fürst und Léger sich gehörig erholt hatten, bestiegen sie am
1. Mai ein Kanoe und fuhren nach dem nur noch sechs Meilen entfernten
Mingan. Der erste Mann, welchen Crespel hier erblickte, war sein Freund
Volant, welcher ihn bei sich einquartierte und ihn durch sorgfältige Pflege wieder
ganz herstellte. Die Indianer, welche zu seiner Errettung die Hand geboten,
erhielten ein reiches Geschenk an Tabak und Branntwein; dann war es
Crespel's erste Sorge, daß, seinem Versprechen gemäß, ein Schiff nach Anticosti
gesandt wurde, um die Schiffbrüchigen von der „Renommée", welche dort
zurückgeblieben waren, aufzusuchen. Von 24 waren nur noch Vier am Leben;
ihre Leiden waren dieselben, welche Crespel und seine Gefährten selbst durch-
gemacht hatten. Einer von ihnen starb noch auf der Insel, nachdem man ihm
ein Glas Branntwein eingeflößt hatte; die übrigen Drei wurden nach Mingan
gebracht. Auch nach dem kleinen Boot stellte man Nachforschungen an; einige
Leichen aber waren Alles, was man auffinden konnte, so daß schließlich von
den 54 Personen, welche am 3. November mit der „Renommée" Quebek verlassen hatten, am 3. Mai des folgenden Jahres nur noch sechs am Leben
waren. Der canadische Winter hatte unter ihnen eine reiche Ernte gehalten.

Pater Crespel blieb noch sechs Wochen in Mingan, dann ging er nach
Quebek, von wo er am 21. Oktober 1738 mit dem Schiff „le Rubis" nach
Frankreich fuhr. Am 2. Dezember landete er glücklich, wurde bald darauf
Feldprediger in der Armee des Marschalls Maillebois, und schrieb im Jahre
1742 zu Paderborn sein kleines Reisewerk nieder. Ueber seine ferneren
Schicksale ist uns Nichts bekannt geworden.

Hans Staden auf dem Kauffahrer.

Hans Staden von Homberg

unter den kannibalischen Tupinambas.

1547—1554.

Keine andere Gegend auf unserer Erde hat auch nur annähernd eine
solche Urwaldfülle und Mannichfaltigkeit im Pflanzenwuchse aufzuweisen, als
Brasilien. Durch das ganze weite Reich, von den Küsten des Atlantischen
Ozeans im Osten bis zu den schneegekrönten Bulkangipfeln der Cordilleren
im Westen, zieht sich über einen Flächenraum von mehr als 100,000 Quadrat=
meilen die „Selva" hin, ausgezeichnet durch eine merkwürdige Berschieden=
artigkeit des Baumwuchses, so daß kaum zwei Exemplare desselben Baumes
dicht nebeneinander stehen. Nicht selten kommt es vor, daß auf einem Raum
von 20 Quadratruthen dreißig oder vierzig ganz verschiedene Arten von
Bäumen auftreten. Der Zwischenraum ist dann mit allerlei Unterholz aus=
gefüllt und das Ganze von Schling= und Kletterpflanzen zu einem lebendigen
Filz ineinander gewoben, oft so dicht, daß kein Mensch und kaum ein größeres
Thier hindurchdringen kann. Nur an einzelnen Stellen sind Oeffnungen in

dieser grünen Mauer vorhanden, durch welche die Jaguare und andere wilde Waldesbewohner zu ihren Tränkestellen an den Flüssen gelangen.

Durch diese Wälder hindurch, die hier und da von weiten, grasbewachsenen Ebenen, den Llanos oder Pampas, unterbrochen werden, rauschen die größten Ströme der Welt mit außerordentlicher Wasserfülle. Von den Anden her, deren Schneewasser ihn speisen, wälzt sich der König aller Flüsse, der Amazonen-Strom, gleich einem sichtbaren Aequator, wie ein Meer durch die ganze Breite des Kontinentes hin; ihm strömen andere wichtige Wasseradern von Norden und Süden zu, der Rio Negro, der Tokantins, der Araguaya, der Purus, der Madeira, der Ucavale. Es ist eine der schönsten und fruchtbarsten Regionen unseres Erdballes, dieser halbe amerikanische Südkontinent, den wir Brasilien nennen. Und doch müssen wir uns, wie Humboldt so richtig bemerkt, daran gewöhnen, den Menschen hier als unwesentlich in der Natur zu betrachten. Er spielt hier die kleinste Rolle, denn auf dem weiten Raume leben nur zwischen sieben und acht Millionen Einwohner, und diese meist im Küstengebiet des Atlantischen Ozeans; weite Strecken im Innern sind ganz menschenleer, und durch die unendlichen Wälder streifen nur vereinzelte Indianerstämme, die, in ewiger Feindschaft unter einander lebend, ihren allmäligen Untergang sich selbst bereiten oder dahinsinken werden vor der Macht der europäischen Civilisation.

Von den Millionen braunrother Menschen, die zur Zeit der Entdeckung Südamerika's das Amazonenthal, die Küste des Atlantischen Ozeans und das Innere Brasiliens bewohnten, leben vielleicht heute noch 300,000; auch diese, die sich zu keinem seßhaften Leben bequemen, sondern als wilde Jäger- und Fischernomaden umherirrten, gehen der Vernichtung entgegen. Während nach Westen zu andere Stämme auftreten und wir in Peru auf die civilisirten, ackerbautreibenden Inkas treffen, weist uns der Osten Brasiliens eine große Uebereinstimmung unter den dort lebenden Indianern auf. Von den Ufern des Amazonen-Stromes bis an den Plata wird nämlich dieselbe Sprache mit sehr geringen Abweichungen geredet. Die Spanier bezeichnen sie als Guarani, die Portugiesen als Tupi. Von den Europäern zusammengefaßt und weiter verbreitet, wurde diese Lingua geral oder allgemeine Sprache von Weißen und Schwarzen sowol als von den Mischlingen angenommen und gilt nun als eigentliche brasilianische Sprache. Die Verbreitung einer Sprache unter getrennten Stämmen, die so ungeheuer ausgedehnte Räume bewohnen, ist jedenfalls eine bemerkenswerthe Erscheinung, die um so mehr Beachtung verdient, als auch die Körperformen der südamerikanischen Indianer im Allgemeinen einander ähnlich sind. Eine wunderbare Uebereinstimmung in den äußeren Abzeichen dieser Indianer, die augenscheinlich nach einem System modifizirt sind, ist es ferner, die auffallen muß. Entweder sind die Kopfhaare in verschiedener Weise verschnitten oder die mannichfaltigsten Gegenstände von Gold, Stein, Holz, Knochen sind in den Ohren, Nasenflügeln, Backen oder in der Unterllppe

befestigt. Auch der unübertrefflich schöne Schmuck bunten Gefieders, den die
Natur so verschwenderisch in den südamerikanischen Wäldern entfaltet hat,
ist der Aufmerksamkeit des Indianers nicht entgangen, hat ihm vielmehr
Stoff zu mannichfaltigen Zierathen geliehen, und noch heute können wir die
geschmackvollen Federarbeiten bewundern, welche die Eingebornen mit so
großer Geschicklichkeit anzufertigen wissen.

Wie wir von den rothen Menschen Nordamerika's, die gleichfalls der
europäischen Civilisation nicht zu widerstehen vermögen, in nicht allzuferner
Zeit als von etwas Vergangenem reden werden, so ist auch der braune Indianer
Südamerika's, so weit er sich nicht seßhaft machte, dem Untergang geweiht.
Noch vor 300 Jahren lebte er, wenigstens in der Küstenregion, in großer
Menge, während die Bevölkerung des mit Urwald bedeckten Inneren wol
niemals zahlreich war. Als am 24. März des Jahres 1500 der Portugiese
Pedro Alvarez Cabral auf dem Seewege nach Ostindien durch Zufall
an die Küste Brasiliens verschlagen wurde und hierdurch dieses Land entdeckte,
war dort noch kein Mangel an braunen Leuten. Das Land, welches zuerst
den Namen Terra da Santa Cruz erhielt, wurde für den König von Portugal
in Besitz genommen, und alljährlich gingen von nun an zwei Schiffe mit
Verbrechern belastet dorthin ab, welche Farbhölzer, Affen, Papageien und
einige andere Naturprodukte zurückbrachten. Von Madeira aus verpflanzte
man das Zuckerrohr nach Brasilien, dessen Anbau bald von solcher Wichtigkeit
wurde, daß es einen Gegenstand der Ausfuhr bildete. Kleine Forts, gegen die
wilden Eingeborenen, und Zuckerfabriken, sogenannte Engenhos, entstanden
längs der Küste, und endlich beschloß König Johann III., das Land zu kolonisiren. Auf seinen Befehl gründete 1549 Thomas de Souja die Stadt
Bahia, und Jesuiten bemühten sich, die Einwohner zu civilisiren. Konnte das
kleine Portugal mit seiner geringen Einwohnerzahl auch keine großen Men-
schenmassen in das neue, ungeheure Land senden, zumal es noch in Ostindien
viele Besitzungen hatte, so zogen doch jahraus jahrein kühne Abenteurer nach
dem Wunderlande, um dort ihr Glück zu suchen. Sie vermischten sich, da sie
keine Frauen mitbrachten, mit den Weibern der Eingeborenen, und die aus
solchen Vereinigungen hervorgehenden Mischlinge, die anderwärts als Mestizen
bezeichnet werden, erhielten in Brasilien den Namen Mameluken.

Unter den Abenteurern, welche, von dem Rufe des fernen Landes angelockt, in der Mitte des sechzehnten Jahrhunderts sich dorthin begaben,
um Reichthümer zu gewinnen, befand sich auch ein Deutscher, ein ehrlicher,
frommer Geselle und ein für seine Zeit nicht ungebildeter Mann, der allzeit
sein Vertrauen auf die göttliche Barmherzigkeit setzte. Seine Lebensver-
hältnisse im fernen Süd-Amerika gestalteten sich ungemein romantisch, und
er hat als Gefangener unter den menschenfressenden Tupinambas an der
brasilianischen Ostküste zehn Monate lang fast tagtäglich dem Tode in's Auge
geschaut, dabei aber, wie vor ihm Keiner, Gelegenheit gehabt, die Sitten und

Gebräuche jener Kannibalen kennen zu lernen. Endlich nach vielen Leiden und
Gefahren aus der Gefangenschaft befreit, ist er in sein Vaterland zurückgekehrt, woselbst er seine Reisebeschreibung veröffentlichte.

Unser Mann hieß Hans Staden und war aus Homberg in Hessen.
Ueber sein Leben vor und nach der brasilischen Reise wissen wir so gut wie
nichts. Eines ehrlichen und einfachen Mannes Sohn aus dem vorhin genannten Städtchen, lebte er nach seiner Rückkehr als Bürger in Wolfhagen.
So grauenhaft und seltsam seine Erzählungen auch klingen, sie sind alle
unzweifelhaft wahr; denn sie tragen nicht allein den Stempel reinster Wahrheit an sich, sondern Alles ist auch durch spätere Reisende bis auf's Geringste
bestätigt worden. Jean de Léry, ein französischer reformirter Geistlicher, der
als Missionär zwei Jahre später als Staden Brasilien bereiste und eine im
16. Jahrhundert vielgelesene Reisebeschreibung herausgab, sagt, er habe den
Bericht Staden's mit seinen Aufzeichnungen verglichen und gefunden, daß
dessen Beschreibungen so mit den seinigen übereinstimmten, daß man glauben
sollte, sie hätten ihre Erzählungen vorher mit einander verabredet. Im Jahre
1556 schrieb Hans Staden seine Erlebnisse nieder, die schnell hinter einander
zweimal aufgelegt wurden. Sie führen den Titel: „Wahrhaftige Historia
und Beschreibung einer Landschaft der wilden, nackten, grimmigen Menschen-
fresserleute, in der neuen Welt Amerika gelegen, vor und nach Christi Geburt
im Land zu Hessen unbekannt, bis auf diese zwei nächst vergangenen Jahre, da
sie Hans Staden aus Homberg durch seine eigene Erfahrung erkannt und jetzt
durch den Druck an den Tag giebt." Nach diesem jetzt selten gewordenen
Buche wollen wir die Erinnerung an einen deutschen Landsmann wieder auf-
frischen, der es nicht verdient hat, der Vergessenheit anheimzufallen.

———

Hans Staden besaß weiter nichts als seine gesunden Glieder und
seinen Degen. Das war in jener Zeit, als Tausende von Abenteurern, nach
Schätzen und Beute suchend, über das Meer zogen, genug, um zu Etwas zu
gelangen. Da beschloß denn unser Held eines Tages im Jahre 1547, „Indien
zu besehen". Er ging nach Bremen, von dort nach Holland und reiste von
da mit einem Salzschiffe weiter nach Portugal. In Lissabon, wo er in einer
deutschen Herberge eingekehrt war, verschaffte ihm der Wirth eine Stelle als
„Büchsenschütze" auf einem Kauffahrer, der nach Brasilien fuhr, um dort
Farbhölzer einzuhandeln. Nach 84tägiger Fahrt erreichten sie „Brannenbuke",
wie Staden Pernambuco nennt, wo die Portugiesen eine Kolonie angelegt
hatten. Das Schiff war gerade in einer sehr bewegten Zeit angelangt, denn
ringsum im Lande waren die Eingeborenen gegen die portugiesischen Be-
drücker aufgestanden; zu großen Scharen vereinigt, brachen sie aus ihren
Urwäldern hervor und belagerten die einfachen Forts der Europäer, die meist
nur aus Blockhäusern bestanden, um welche man einen dichten Pallisaden-
zaun von Baumstämmen errichtet hatte. Der kleine Flecken Garasu, welcher

auf diese Art befestigt war, wurde gerade von den Indianern hart bedrängt, und auf die Bitte des Gouverneurs von Pernambuco entschloß sich das eben angelangte Schiff, nach Garasu zu segeln, um den Platz zu entsetzen.

Der Ort lag an einem schmalen, tief in das Land einschneidenden Meeresarme. Er war ringsum von dichten Urwäldern umgeben, die hier bis an das Ufer herantraten. In diesen hatten die belagernden Wilden zwei starke Verschanzungen aus dicken Baumstämmen errichtet, um sich des Nachts darin zu verbergen, während sie am Tage die Berennung Garasu's fortsetzten und es gänzlich vom Lande absperrten. Wenn die Europäer hinaus= schossen, antworteten sie mit einem Hagel von Pfeilen, an welche sie brennende Baumwolle und Wachs befestigt hatten, um damit die Dächer des Ortes in Flammen zu setzen. Das Scharmützeln herüber und hinüber dauerte lange Zeit fort, ohne zu einem anderen Ergebniß zu führen, als daß in Garasu die Lebensmittel ausgingen und eine Hungersnoth auszubrechen drohte. Da ent= schloß sich Hans Staden, mit einigen Genossen auf einer Schaluppe nach der nächsten portugiesischen Niederlassung zu fahren und Lebensmittel herbeizu= schaffen. Auf seiner Fahrt hatte er den schmalen Meeresarm zu passiren, den die Wilden von beiden Seiten besetzt hielten; von der Schlauheit dieser Ein= geborenen geben uns die Anstalten den besten Begriff, mit denen sie das Unternehmen zu verhindern suchten. Als die Ebbe eintrat, blieb Hans Staden's Schifflein auf dem Sande sitzen; diesen Moment benützten jene und warfen eine große Menge dürren Holzes neben das Schiff; darauf streuten sie spanischen Pfeffer und setzten nun den ganzen Haufen in Brand. Hell loderten die Flammen empor, und der stechende Dampf, welcher sich aus dem Pfeffer ent= wickelte, drohte die Europäer zu ersticken. Zum Glück trat aber die Flut ein, die Schaluppe wurde flott, ohne beschädigt zu sein, und Hans Staden ge= langte wohlbehalten nach der nächsten Niederlassung, von wo er Lebensmittel zurückbrachte. Als die Wilden ihre Absicht vereitelt sahen, sannen sie auf andere Mittel, um die nach Garasu Zurückkehrenden zu vernichten. Sie durch= hieben die kolossalen Bäume, welche zu beiden Seiten des Meeresarmes standen, am unteren Ende und hielten sie mit Lianenstricken so lange fest, bis die Schaluppe zurückkam; dann ließen sie dieselben niederfallen. Aber auch dieses Vorhaben mißlang; die gewaltigen Stämme mit ihren riesenhaften Laubkronen prasselten dicht vor und hinter dem Schifflein in das Wasser nieder, so daß die Wellen hoch über das kleine Fahrzeug emporspritzten, diesem selbst aber kein Schaden widerfuhr. Garasu war, auf's Neue mit Lebensmitteln versehen, gerettet. Nach diesem glücklichen Ergebniß der Expe= dition zogen die Belagerer ab, und Hans Staden segelte mit seinem Schiffe nach Portugal zurück. Er langte am 8. Oktober 1548 wieder zu Lissabon an, nachdem er sechzehn Monate abwesend war.

Diese erste kurze Reise mit ihren Gefahren und Abenteuern war aber weit davon entfernt, Hans Staden von neuen Unternehmungen abzuschrecken.

Im Gegentheil, die Begierde, „Indiam kennen zu lernen", war noch viel lebendiger in ihm geworden und wiederum sehnte er sich nach einer Gelegenheit, über den Ozean zu gelangen. Doch er wollte andere Länder sehen, und da die Spanier gerade im Hafen Sanct Lucas eine Expedition unter Don Diego Senabria nach den neuentdeckten Ländern am Rio de la Plata ausrüsteten, um dort Gold aufzusuchen, schloß sich Hans Staden dieser an. Zur Osterzeit des Jahres 1549 segelte das aus drei Fahrzeugen bestehende Geschwader ab und erreichte nach mancherlei Mühen und Gefahren die brasilianische Küste.

Am Katharinentage warfen die Schiffe in einem herrlichen Hafen Anker. Spiegelglatt lag die Fläche des Meeres vor ihnen; die Wipfel der hohen Palmenbäume, die das Gestade gleich schlanken Masten umgaben, spiegelten sich in der hellen Flut; das Schreien der Affen und Papageien drang herüber an Bord und sagte den weißen Leuten, daß hier die neue Welt sei, nach der sie ausgezogen. Aber keine Menschenseele war zu sehen; nur wenige verfallene Hütten standen am Ufer. Sie landeten, fällten einige Palmbäume, deren sagoartiges Mark sie verzehrten, und zündeten ein Feuer an. Dann durchstreiften sie die Landschaft. Aber wer schildert ihr Erstaunen, als sie plötzlich auf einer Klippe am Ufer das Zeichen des Christenthums, ein Kreuz, aufgepflanzt erblickten! An das Kreuz war ein Faßboden angebunden und auf diesem waren in spanischer Sprache folgende Worte eingeschnitten: „Wenn ein Schiff hier landet, so soll es ein Geschütz abfeuern; dann wird es Antwort erhalten." Schnell wurde nun eine Kanone gelöst und kurz darauf ruderten aus einer versteckten Bucht fünf lange Nachen voll Wilder hervor; unter ihnen aber befand sich auch ein bärtiger weißer Mann, welcher den Spaniern zurief, daß sie hier im Hafen Santa Catharina wären. So fügte es der Zufall, daß die Europäer gerade am Tage dieser Heiligen an dem Orte gelandet waren, welcher deren Namen trug.

Der vereinzelte Weiße, welcher hier seit drei Jahren unter den wilden Carios lebte, war ein Biskayer Namens Juan Fernando. Er hatte von der spanischen Regierung den Auftrag, die Indianer zur Anpflanzung der Mandioka-Wurzel anzuhalten, aus deren weißen Wurzelknollen sich ein nahrhaftes Mehl gewinnen ließ, welches vorübersegelnden Schiffen zur Verproviantirung diente. Dies kam auch der kleinen Flottille, welche bereits Mangel an Lebensmitteln litt, trefflich zu Statten, denn sie hatte noch eine Fahrt von 300 Meilen vor sich, ehe sie den Rio de la Plata erreichen konnte. Nachdem unsere Seefahrer sechs Monate unter den gastlichen Carios verbracht hatten und eben wieder absegeln wollten, verloren sie in einem furchtbaren Sturme ihre großen Schiffe, nur das kleinste blieb erhalten. Was war nun zu thun? Der Führer der Expedition theilte seine Leute; der größere Haufen sollte, dem ursprünglichen Plane treu, sich durch die Urwälder nach dem Plata-Strom durchschlagen. Die Unglücklichen machten sich auf den Weg, aber die Meisten verhungerten und nur Wenige erreichten das Ziel. Die kleinere Hälfte, und unter diesen Hans Staden, segelte mit dem übrig gebliebenen Schiffe längs der Küste nordwärts, wo die Portugiesen auf der Insel St. Vincent eine Nieder= lassung errichtet hatten.

Schiffbruch bei St. Vincent.

Schon befanden sie sich einige Tage unterwegs und hofften, glücklich ihr Ziel zu erreichen. Einigemal waren sie gelandet, hatten Früchte am Lande gesammelt oder die Eier von Seevögeln genossen; dann segelten sie weiter und mußten nun, ihrer Rechnung nach, ganz nahe bei St. Vincent sein.

Da brauste wiederum ein Orkan daher, wühlte das Meer auf und sandte haushohe Wellen über das gebrechliche Fahrzeug, das unter dem Wüthen der Elemente wie ein Pfeil durch die Wogen schoß. Da kracht es. Alles stürzt zu Boden. Sie sind auf einer Klippe festgefahren. Sämmtliche Habe wird über Bord geworfen, um das Schiff wieder flott zu machen. Es gelingt. Aber neue Wasserberge thürmen sich auf; zuckende Blitze durchkreuzen die Luft, und das dem Steuer nicht mehr gehorchende Fahrzeug wird gegen die Küste geschleudert. Im Tosen der Wellen verläßt die kleine Mannschaft, die vor Anstrengung und Angst bereits halb todt ist, im Boote das Schiff, um die Küste zu erreichen, was nach unendlichen Mühen auch gelingt. Noch wußten sie nicht, an welches Gestade sie das Schicksal geworfen hatte, ob dort kannibalische Wilde ihrer lauerten oder ob ein unfruchtbarer Strand sie dem Hungertode preisgab.

Doch mitten im Unglück zeigte sich noch ein Glücksstrahl. Der Ort, wo sie Schiffbruch gelitten, lag nur zwei Meilen von St. Vincent entfernt. Bereits am nämlichen Tage fanden sie bei den dort angesiedelten Portugiesen gastfreundliche Aufnahme und konnten sich von ihren Drangsalen erholen, wenn sie auch ihr Alles bis auf das nackte Leben verloren hatten.

Bis hierher waren Hans Staden's Schicksale mit denen anderer Menschen verknüpft; in St. Vincent aber beginnt die ergreifendste und abenteuerlichste Periode seines Lebens, während welcher ihn einzig sein festes Gottvertrauen aufrecht erhielt und nicht verzweifeln ließ an endlicher Rettung aus zehn= monatlichen Nöthen und Gefahren.

Die portugiesische Niederlassung St. Vincent lag auf einer Insel, nahe beim festen Lande und von diesem nur durch einen schmalen Kanal getrennt. Auf dem Festlande selbst war das mit Pallisaden umgebene Städt= chen Bertioga oder, wie es Hans Staden nennt, Brikioka, erbaut und auf einem kleinen Eilande diesem gegenüber das Fort St. Maro. Ringsum standen dichte Urwälder und wohnten indianische Volksstämme. Nahe bei der Niederlassung befanden sich die Tupinikins, welche mit den Portugiesen in Freundschaft lebten, im Süden die Carios und im Norden die wilden, feind= selig gesinnten und menschenfressenden Tupinambas. Von Zeit zu Zeit machten diese in das Gebiet der Tupinikins räuberische Einfälle, um sich dort Gefangene zu holen, deren Fleisch sie dann gebraten verzehrten. Dergleichen Heimsuchungen erfolgten gewöhnlich zweimal im Jahre. Einmal im November, wenn in jenen Gegenden die Abatifrucht reifte, aus der die Tupinambas ein berauschendes Getränk bereiteten, und im August, wenn große Schwärme Fische aus dem Meer in die Flüsse steigen, um dort zu laichen. Diese schießen die Tupinambas mit Pfeilen, trocknen oder braten sie an Ort und Stelle und nehmen sie dann als Vorrath mit heim.

Um diese Jahreszeit mußte man also besonders auf der Hut sein. Die Portugiesen beschlossen daher, das Fort St. Maro noch mehr zu befestigen

und eine kleine Besatzung hinein zu legen. Noch fehlte es an einem Komman=
danten. Für diesen Posten wurde bald in Hans Staden, dem „Büchsenschützen“,
der richtige Mann gefunden, denn die Kunst, Kanonen zu bedienen, war damals
keineswegs eine so bekannte Sache, wie heutzutage. Mit fünf Mameluken,
Söhnen eines Portugiesen und einer Eingeborenen, sowie mit einigen
Indianern, erbaute er ein steinernes Blockhaus, richtete seine Kanonen und
hielt eifrig Wacht gegen die Wilden, die mehr als einmal herbeigeschlichen
kamen, um St. Maro zu überfallen.

Im Uebrigen verflossen die Tage einförmig und ohne besondere Gefahr.
Der Wind rauschte in den hohen Wipfeln der Urwaldbäume; die Leuchtkäfer
schwirrten Abends durch das Dickicht, und der fromme Hans Staden wandelte
in den hehren Tempelhallen der Natur, um dort seine inbrünstigen Gebete
an Gott zu richten. Eine liebe Abwechselung in dieser Einsamkeit war es
ihm dann, wenn ihn ein Deutscher, Heliodorus Hesse, besuchte, der in
einer benachbarten Zuckerfabrik als Schreiber ein Unterkommen gefunden.
Sie plauderten dann zusammen von der lieben Heimat und theilten einander
ihre Erlebnisse mit.

Natürlich kam das Gespräch auch auf die Wilden, und Staden erfuhr
von dem Landsmann viel über die Sitten und Gebräuche der Tupinambas,
was ihm später von Nutzen wurde. Das wilde, nomadisirende Volk, das
seine Niederlassungen bald hier, bald da in den Wäldern aufschlug, schien
nicht ohne natürliche Anlagen und Begabung zu sein. Die Männer waren
hoch und schön gewachsen, von braunröthlicher Farbe und schmückten sich mit
Federn und grünen Steinen, die sie in die Unterlippe steckten. Das Haupt=
haar schoren sie ab und ließen nur einen schmalen Rand um den Kopf stehen,
wie bei uns die Mönche. An ihrer Spitze stand ein mächtiger Häuptling; als
Waffen dienten ihnen Aerte, Keulen, Bogen und Pfeile, sowie Lanzen. Feuer
machten sie durch das Aneinanderreiben von zwei verschiedenen Holzarten;
Wildpret, Fische und Mandioka=Mehl, das in irdenen Töpfen gekocht wurde,
diente ihnen als Nahrung. Getränk bereiteten sie nicht allein aus der er=
wähnten Abatifrucht, sondern auch aus gekauten Mandioka=Wurzeln, welche
sie gähren ließen — über Alles ging ihnen aber das Menschenfleisch, und ihre
höchste Regel hieß nicht: „Liebe deinen Nächsten“, sondern „Friß deinen
Nächsten“. Recht viel Menschen erschlagen und gefressen zu haben, galt ihnen
als höchster Lebenszweck, und der Name des Gefressenen wurde zum ewigen
Angedenken dann dem eigenen noch angehängt. Wie es hierbei zuging, sollte
Hans Staden bald Gelegenheit haben, aus eigener Anschauung kennen zu lernen.

Eines Tages hatte er seinen Sklaven, der zum Stamme der Carios
gehörte, in den Wald geschickt, um Wild zu jagen; er selbst wollte ihm am näch=
sten Tage dorthin nachfolgen, um das erlegte Wildpret mit nach Hause schaffen
zu helfen. Schon oft war er als Jägersmann durch das Dickicht gezogen,
hatte hier ein delikates Hoccohuhn erlegt, dort ein Peccari oder Aguti

geschossen, oder er hatte am Strande gefischt, Schildkröten gefangen und war
stets mit reicher Beute und unbelästigt heimgekehrt. Die Pracht des tropischen
Urwaldes verfehlt niemals Eindruck zu machen. Auch das Auge des Hessen
schaute voll Bewunderung auf jene Baumriesen von unglaublichem Umfange,
umschlungen von ungeheuren Reben und bewachsen mit prachtvoll blühenden
Schmarotzerpflanzen, in deren weitverzweigten mächtigen Aesten sich das
bunteste Thierleben regt. Affen jagen durch die blumenumrankten Lauben
und springen neckisch über die knorrigen Astbogen; Eichhörnchen tanzen von
einem Zweige zum andern. Agutis, wilde Schweine und Ferkelkaninchen
tummeln sich wie toll umher und entwischen wieder beim leisesten Geräusch.
Und wie bunt und mannichfaltig zeigen sich die Vögel dieser großartigen
Baumwelt, indem sie die erhabene Einsamkeit und Stille des Urwalds beleben!
„Tukano!" erschallt es melodisch von einem nahen Baume, auf dem eine Schar
schillernder Tukans sich niedergelassen hat, während in dem höheren Gezweige
das Scharren der Spechte vernehmbar wird. Dazwischen hinein lassen Drosseln
ihren Gesang paarweise erschallen, der wie zu einem Lied aus der Kehle eines
einzigen Vogels zusammenschmilzt. Daneben schwatzen Papageien, kreischen
Arras, die nimmer schweigenden Makis pfeifen auf jedem Strauche, Fasanen
rauschen durch das Gebüsch; dann flattern, wie fliegende Edelsteine, kleine
Kolibris umher, golden und purpurfarbig, in allen Farben des Regenbogens
schimmernd. Dann wieder erscheinen Schmetterlinge von der Größe einer
Hand und in dem reichsten Metallblau, und Myriaden anderer buntfarbiger
Insekten umwogen die Blumendolden an den moosigen Baumstämmen. Die
harmlose Eidechse in ihrem glänzenden, goldgrünen Rocke schießt schnell ihrer
Sandhöhle zu, während Heerscharen von Ameisen mit gewohnter Emsigkeit
umherwimmeln. Durch das dichte Blätterdach des Waldes abgehalten,
dämmert das Licht der Sonne hernieder, hüpfende Schatten spielen auf dem
Moosteppich, und ein sanfter Wind säuselt in den Wedeln der schlanken
Palmen. Der deutsche Jäger mit seinem beschaulichen Gemüthe drang immer
tiefer und tiefer in den erhabenen Baumtempel ein, um sich in den Hallen
der Natur zu ergehen.

Indem er hoch erfreut von Allem, was er schaute, sich durch das
Dickicht fröhlich Bahn brach, konnte keine Ahnung von dem Schicksale in
ihm aufkommen, das ihm bevorstand, — da plötzlich — doch lassen wir Hans
Staden sein Unglück mit eigenen Worten erzählen: „Wie ich nun so einher-
schritt, erhob sich zu beiden Seiten des Weges ein großes Geschrei nach der
Art der Wilden. Da erkannte ich sie; von allen Seiten kamen sie auf mich
herangestürzt; ich war eingeschlossen und ihre Pfeile fielen auf mich ein.
Da rief ich: „Nun helf' Gott meiner Seele!" Kaum hatte ich das Wort
gesprochen, so schlugen sie mich nieder, schossen und stachen auf mich ein,
verwundeten mich am Fuße und rissen mir die Kleider vom Leibe; der Eine
das Halstuch, der Andere den Hut, der Dritte das Hemb und so fort."

Auf der Jagd im brasilianischen Urwald.

Der Jubel unter den Tupinambas, daß sie den gefürchteten Kommandanten von St. Maro gefangen hatten, war groß. Unter Treten und Schlagen führten sie ihn in schnellem Laufe nach dem schmalen Kanale, welcher
die Insel vom Festlande trennt, und schafften ihn dort in einen der bereit-
stehenden, am Ufer verborgenen Kähne. Nachdem er mit Stricken gefesselt
und ihm mehr als einmal wie zum Troste zugerufen worden war, daß er
sicherlich bald aufgezehrt werde, ruderten die Tupinambas mit ihrer Beute
eilig von dannen.

Die Fahrt ging zunächst nach einer kleinen Insel, wo die Guaras,
jene purpurrothen prächtigen Reiher, zu Tausenden ihre Nester aufgeschlagen
hatten. Das brennend-glänzende Gefieder dieses Vogels liefert eine der
Hauptzierden der Indianer, und die Tupinambas wollten die günstige Gelegenheit nicht vorübergehen lassen, sich einen größeren Vorrath davon zu
sammeln. Sie landeten bei der Insel und waren eben im Begriff, die Reiher
zu erlegen, als sich eine Flotte der mit den Portugiesen verbündeten Tupinikins zeigte, welche gekommen war, um Hans Staden von seinen Drängern
zu befreien. Dessen Sklave nämlich, der Cario, welcher im Walde wohl
verborgen das Unglück seines Herrn mit angesehen, war schnell in das Fort
zurückgeeilt und hatte begreiflich dort nach Kräften Alarm geschlagen; einige
Portugiesen stellten sich sogleich an die Spitze der Tupinikins und verfolgten
den Feind, den sie glücklich bei der Reiher-Insel einholten. Nun entstand zwischen beiden Parteien eine heftige Seeschlacht; Pfeile flogen herüber und
hinüber, der Kriegsruf der Wilden ertönte, die aus ihrer Ruhe aufgescheuchten
Vögel schwebten gleich einer purpurrothen Wolke über der Kampfesscene,
und das Blut der Kämpfenden färbte die Wellen der Gewässer.

Sowie die Tupinikins mit den Portugiesen befreundet waren, standen
die Tupinambas in einem Bündniß mit den Franzosen. Seefahrer aus der
Normandie erschienen alljährlich in großer Anzahl an der Küste, holten dort
von den Tupinambas Brasilienholz und brachten diesen dafür Gewehre,
Pulver, Aexte, Messer und Spiegel. Als Konkurrenten befehdeten sich die
Franzosen und Portugiesen fortwährend, und mehr als einmal donnerten
im Seegefecht ihre Kanonen in diesen entlegenen Gegenden gegen einander.
Der Häuptling der Tupinambas besaß auch ein französisches Gewehr nebst
Pulver und Blei, das er jedoch nicht zu handhaben verstand. Was konnte
ihm näher liegen, als Hans Staden, der ja sein Gefangener, sein Eigen-
thum war, zu zwingen, mit diesem gegen seine eigenen Befreier zu schießen?
Er ward losgebunden, man drückte ihm die Flinte in die Hand und nun
mußte er auf die Genossen zielen, doch schoß er selbstverständlich so, daß er
Niemand traf.

Als der Kampf sich in die Länge zog, trafen von Bertioga her noch eine
große Anzahl Nachen mit Tupinikins ein; die Tupinambas aber, welche
sahen, daß sie in die Minderzahl geriethen und folglich unterliegen müßten,

brachen das Gefecht ab und ruderten in größter Eile mit ihrer Beute von dannen, ohne daß man sie weiter verfolgt hätte.

Die Nacht brach heran, und die Wilden landeten wiederum an der Küste, um ihr Lager aufzuschlagen. Der helle Schein ihrer Wachtfeuer röthete in grellen Farbentönen die schlanken Wipfel hoher Palmen, zwischen denen sie ihre Innis oder Hängematten aufschlugen. Blutrünstig, mit zerschlagenem Gesichte, so daß er kaum aus den Augen sehen konnte, mit brennender, unverbundener Wunde lag Hans Staden in einer solchen. Um den Hals hatte man ihm einen Strick gebunden und diesen an einem Palmbaum befestigt. Ringsum standen schimpfend und spottend, grauenhaft bemalt und gierig die Zähne nach seinem Fleische fletschend, die braunrothen Gestalten der Barbaren, die ein Mal über das andere riefen: „Schere inbau ende! (Du bist unser gefesseltes Thier!)" Noch ehe die Sonne aus dem Meere emportauchte, waren Alle wieder auf der Fahrt. Da ereignete sich ein Umstand, welcher dazu diente, Hans Staden in den Augen der Wilden ein bedeutendes Ansehen zu verschaffen. Schwarze, drohende Wolken ballten sich am Horizont zusammen, rückten näher und näher, und endlich entfesselte ein rasender Sturm alle Gewalten des Meeres. Wie leichte Federn tanzten die Nachen der Wilden auf den Fluten, und Alle glaubten sich verloren. „Bete zu deinem Gotte, daß er Wind und Wellen Einhalt thue", riefen die Tupinambas Hans Staden zu. Da warf sich der fromme Mann auf die Knice und betete: „O Du allmächtiger Gott, Herr des Himmels und der Erde, der Du von Anbeginn Denen, die Deinen Namen anrufen, geholfen und sie erhört hast unter den Gottlosen, erzeige mir Deine Barmherzigkeit, auf daß ich erkennen möge, daß Du noch bei mir seiest, und die wilden Heiden, so Dich nicht kennen, sehen mögen, daß Du, mein Gott, mein Gebet erhört hast." Als Hans Staden diese Worte gesprochen, legte sich der Sturm binnen Kurzem. Alle waren gerettet. Das Ansehen seines Gottes aber war bei den Wilden befestigt.

Am dritten Tage langte die Flotte bei dem aus sieben großen Hütten bestehenden Dorfe Uwattibi an, wo die Tupinambas ihren Wohnsitz hatten. Alle Weiber und Greise liefen ihnen entgegen, stimmten ein Triumphgeheul an und begannen Hans Staden auf die grausamste Art zu quälen. Die Krieger aber zwangen ihn, den Weibern zuzurufen: „A junesche beeu ermi vramme! (Da komme ich, eure Speise!)" Man kann sich die Lage des armen Hessen darstellen, der nicht anders glaubte, als daß er alsobald verzehrt werden würde. Von den Pfählen, welche das Dorf als Schutzwehr umgaben, grinsten ihm die gebleichten Schädel der früher erschlagenen und gefressenen Feinde entgegen: denn wie noch jetzt die wilden Dajaks auf Borneo und manche Negerstämme ihre Hütten mit den geräucherten Köpfen ihrer Feinde verzieren, so schmückten damals auch diese schaudervollen Trophäen die Dörfer der Tupinambas. Die Krieger zogen sich, nachdem sie ihren Götzen ein Danklied gebeult, in die großen, vielen Familien gemeinschaftlich dienenden Hütten zurück. Hans Staden aber blieb den Weibern überlassen, die ihn bewachten, mit Fäusten schlugen, an dem Halsstricke hin und her zerrten und ihm den Bart auszupfen. Noch nicht genug hiermit, führten sie ihn vor eine ihren Götzen oder Tamerka's ge= weihte Hütte, schoren ihm mit einem scharfen Steine die Augenbrauen ab, beschnitten mit einer französischen Schere seinen Bart und schmückten ihn wie ein Opferthier mit Federn am Hals und auf dem Kopfe. Dann begann das Geheul und der Tanz von Neuem. Wie rasend geberdeten sich die wüthen= den Weiber und zwangen ihn selbst zu tanzen, obgleich er wegen der unver= bundenen Wunde kaum das Bein heben konnte.

Diejenigen, welche Hans Staden gefangen, schenkten ihn gleich nach der Ankunft einem Häuptling, Namens Jpperu Wasu, damit dieser die Ehre habe, ihn zu erschlagen; das Festmahl aber sollte für Alle gemeinsam sein. In Jpperu Wasu's Hütte lag er nun in seiner Hängematte und bereitete sich zum Tode vor. Die Götzen hatten geweissagt, man werde einen Portugiesen fangen, und dieser Fall schien nun eingetreten zu sein. Hans Staden jedoch winkte noch ein Hoffnungsschimmer. Er baute darauf, daß er kein Portugiese war. „Ich bin ein Freund der Franzosen und aus Deutschland, aber kein Portugiese", hatte er oftmals versichert. „Seht nur meinen Bart an; der ist blond, aber alle Portugiesen haben schwarze Bärte." Das machte die Wilden stutzig, denn mit einem Freunde der Franzosen wollten sie es nicht verderben. Hans Staden begann bereits aufzuathmen, als unversehens alle seine Hoffnungen zu nichte gemacht wurden. Eines Tages erschien ein fran= zösischer Matrose von dem Schiffe „Maria Bellete", das sich an der Küste des Handels wegen aufhielt, bei den Tupinambas. Statt aber den armen, in Todesangst schwebenden Gefangenen in seinen Behauptungen zu unterstützen und ihm zur Freiheit zu verhelfen, bestärkte er die Wilden vielmehr in ihren Absichten und schrie: „Er ist ein portugiesischer Bösewicht, euer und mein Feind, schlagt ihn todt und verzehrt ihn!" Da schien Hans Staden's letztes Stündlein gekommen. Betrübt über die französische Herzlosigkeit, schlich er weinend in seine Hängematte und rief als bibelfester Christ die Stelle aus Kapitel 27 des Propheten Jeremias: „Vermaledeiet sei der Mensch, der sich auf Menschen verläßt." Dann sang er mit lauter Stimme das Trostlied:

Nun bitten wir den heiligen Geist
Um den rechten Glauben allermeist,
Daß er uns behüte an unserm Ende,
Wenn wir fahren heim aus diesem Elende!
Kyrieleys! (Kyrie eleison.)

Die Tupinambas aber begannen mit den Zurüstungen zu ihrer kanni= balischen Mahlzeit.

Hans Staden sollte jedoch nicht geschlachtet werden, bevor ihn nicht der berühmte Häuptling Konyan=Bebe gesehen hätte. Dieser Mann, den unser Hesse einen „König" nennt, ist nun verschollen, damals aber zitterte die ganze Küste vor seiner Macht, denn er rühmte sich, allein schon eine Armee von Feinden verzehrt zu haben. Von einem Dorf zum andern schleppte man den Gefangenen bis nach Arirab, der Residenz Konyan Bebe's; auch diese war mit Pfählen umzäunt, von denen fünfzehn gebleichte Menschen= schädel oder „Markayas" auf den braven Deutschen herniedergrinsten, der sich bei diesem Anblick des Gedankens nicht erwehren konnte, daß auch sein Kopf dort bald als Schmuck aufgestellt sein würde.

Die braune Majestät war betrunken, als Hans Staden ihm vorgestellt wurde. Dies hielt den Beherrscher der Tupinambas jedoch nicht ab, mit stolzen Schritten, wenn auch wankend, vor dem Gefangenen auf und ab zu schreiten. Die königliche Gestalt erregte nichtsdestoweniger ein Gefühl von Achtung, denn Konyan Bebe's Muskeln zeugten von ungemein kräftiger Ent= wickelung; in der Unterlippe trug er einen großen grünen Stein und um seinen Hals schlang sich eine lange Kette aus Muscheln. „Du bist kein Fran= zose", herrschte er Hans Staden an. „Du bist ein echter Portugiese und diese alle sind Lügner. Ich allein habe schon fünf von ihnen verzehrt, und so soll es dir auch ergehen." Stolz fragte er, was denn die Portugiesen von ihm dächten, und ob sie seine Macht fürchteten? Hans Staden gab auf Alles Auskunft und wurde dann wieder gebunden abgeführt. Konyan Bebe aber zechte weiter und machte sich über den Dulder lustig, als dieser zu seinem Troste fromme Lieder zu singen begann. Ipperu Wasu, Staden's Gebieter, tröstete ihn jedoch und meinte, daß er so bald nicht verzehrt würde.

Am andern Tage führte man Hans Staden wieder nach Uwattibi zurück, wo er längere Zeit in Ungewißheit über sein Schicksal blieb, bis plötzlich Ereig= nisse eintraten, welche seine Lage vollständig änderten.

Eines Abends waren die Häuptlinge vor ihren Hütten vereinigt und berathschlagten, wann endlich das große Fest vor sich gehen und der Gefan= gene gebraten werden sollte. Der Mond schien mit voller Pracht durch die Wipfel der Bäume herab auf die nächtliche Scene; kein Lüftchen regte sich; ringsum lag die Natur in tiefem Frieden, und die Feuerfliegen schwirrten durch das dunkle Laub, und der unendliche Chor der Insekten schien dem Schöpfer ein Danklied zu summen. Das poetische Gemüth unseres Landsmanns empfand die Wonne einer tropischen Wundernacht; sein Auge hielt er gen Himmel gerichtet und sein Blick wandte sich nach dem matten Scheine des Mondes. Dennoch sandte er ein wie alle Abende seine Gebete aus gläubiger Seele zum Herrn der Heerscharen, von dem er Rettung hoffte.

Einer der Krieger trat auf ihn zu und fragte ihn, warum er gen Him= mel schaue? „Der Mond ist erzürnt wider euch, weil ihr einen Unschuldigen opfern wollt; sein Zorn kommt auf euren Stamm!" antwortete Hans Staden. Diese Worte verursachten eine große Aufregung unter den Tupi= nambas. Jedenfalls dienten sie dazu, seine Abschlachtung zu verschieben.

Besonders verfehlten sie ihre Wirkung nicht bei dem höchst abergläubischen Volke. Man fing an, den Mann zu fürchten, von dem man wußte, daß sein Gott ein mächtiger Geist war, der schon wiederholt Beweise seiner Macht gegeben hatte. Und als nun eine verheerende Epidemie unter den Tupinambas ausbrach, die ganze Familien in wenigen Tagen dahinraffte, da glaubte man, daß der von dem fremden Manne beschworene Mond an Allem Schuld sei, und suchte, diesen zu versöhnen. Hans Staden erblickte darin einen Fingerzeig Gottes und bestärkte die Wilden in ihrem Wahne. Einer der vornehmsten Häuptlinge, Jeppipo Wasu, lag an der Seuche nieder; schon waren seine Geschwister, seine Frau und seine Kinder gestorben und auch ihm schien das letzte Stündlein zu schlagen. Da ließ er in der höchsten Noth Hans Staden zu sich rufen und bat ihn, er möge dem Zorn seines Gottes, der sie mit so harter Hand strafe, Einhalt thun. Gegen das Versprechen, ihn nicht zu tödten, sagte ihm Hans Staden Genesung zu, und ein glücklicher Zufall fügte es, daß Jeppipo Wasu wieder gesund wurde. Mächtig wuchs nun der Einfluß des weißen Gefangenen; er war der Mann, nach dem Alle schauten, und seine Stimme fand fortan Gehör. Alle Weiber, die ihn zuvor beleidigt und geschlagen hatten, baten ihn, daß er sie am Leben erhalten möge, und nannten ihn Scheranire, d. i. Söhnchen. Ebenso kamen die Männer zu Hans Staden und baten ihn um die Auslegung ihrer Träume; sein Rathschlag galt in allen Hütten — mit einem Worte, aus dem Sklaven, der vor Kurzem noch unrettbar dem Tode geweiht schien, war durch eine glückliche Verkettung von Umständen ein eben so gefürchteter wie verehrter Heiliger geworden, dem man Alles gewährte, nur die Freiheit nicht. Daß er kein Portugiese sei, daran zweifelte Niemand mehr; jetzt wies Jedermann auf seinen blonden Bart hin, und als nun eines Tages der französische Matrose wieder in Uwattibi erschien und bemerkte, wie sehr die Verhältnisse sich zu Gunsten des Gefangenen geändert hatten, da stand er nicht mehr an, ihn für einen „Mann aus Allemannien" zu erklären. Alle Versuche Hans Staden's jedoch, seine Freiheit zu gewinnen, mißlangen. Die Tupinambas erklärten dem Franzosen, daß sie den Gefangenen nur herausgeben würden, wenn dessen Brüder selbst erschienen und ein ansehnliches Lösegeld von Aexten, Messern, Spiegeln, Scheren und Kämmen brächten.

Kurze Zeit darauf sollte in einem benachbarten Dorfe, Tickquarippe mit Namen, ein Gefangener geschlachtet werden, und ein großer Theil der Einwohner von Uwattibi brach dorthin auf, um an dem Feste Theil zu nehmen. Auch Hans Staden zog mit dorthin. Der Gefangene, einem andern Indianerstamm angehörend, war längere Zeit bestens gefüttert worden, damit er recht fett würde. Er schien mit seinem Schicksal ausgesöhnt, und Hans Staden, der ihn zu trösten suchte und ihm die Lehre vom wahren Gotte und der Unsterblichkeit mittheilte, erzählt, „daß er darauf solche Reden führte, als ob er zur Kirmes ginge."

Hans Staden beschwört den Mond.

Das kannibalische Fest begann mit einem geräuschvollen Trinkgelage. Thongefäße von besonderer Form waren zubereitet und in diesen befand sich das aus gekauten und gegohrenen Mandiokwurzeln bereitete Kawigetränk. Weiber reichten es herum; große Feuer wurden angezündet, um die man sprang, tanzte und taumelte, bis Alles trunken war und die Morgenröthe anbrach. Der Gefangene nahm an Allem mit Theil, er trank, sprang und tanzte und sang, bis auch ihn die Kräfte verließen; dann wurde er im Gesicht mit Erdfarben bemalt und in eine besondere Hütte abgeführt.

Die hauptsächlichsten Gegenstände, welche beim Schlachten benutzt wurden, waren die Massuruna und die Keule. (Erstere, die Massuruna, bestand aus einem viele Klafter langen Seile von Baumwolle, das man dem Gefangenen um den Leib und Hals schlang; die beiden Enden wurden straff angezogen und von vielen Männern und Weibern festgehalten, so daß das Schlachtopfer nur die Arme bewegen konnte; vor ihm lagen kleine Steine, mit denen er nach seinen Peinigern werfen durfte, als letzte Gnade, die man ihm gestattete. Die Keule, Zwerapemma, war ein mit Federquasten, Schnuren und Eierschalen verziertes Holz, das am Tage zuvor von einem alten Weibe feierlich bemalt worden war.

Unter vielen Ceremonien, unter Tanzen und Brüllen der ganzen Horde ergriff ein Häuptling die Keule, hielt sie dem Schlachtopfer vor das Gesicht und rief: „Hier bin ich, um dich zu tödten, aus Rache, weil die Deinigen so viele von unsern Leuten erschlagen!" Die Antwort lautete: „Nach meinem Tode werden meine Freunde mich wieder rächen!" Der Häuptling holte mit mächtigem Schwunge aus, die Keule fiel nieder, ein dumpfer Schlag ertönte, und am Hinterhaupt getroffen stürzte der Unglückliche röchelnd zusammen. Der schauderhafte Akt war unter lautem Jauchzen vor sich gegangen; aber das fürchterlichste Schauspiel folgte erst noch. Nahe bei der Opferstelle loderte ein großes Feuer. Dorthin schleppten die Weiber den Leichnam, sengten ihn über den Flammen und zogen ihm die Haut ab. Dann schnitt ein Mann dem Opfer Arme und Beine ab und warf diese den vor Lust halb rasenden Weibern zu, welche die blutenden Glieder ergriffen und damit unter Heulen und Jauchzen durch das Dorf tanzten. Der in kleine Stücke zerlegte Rumpf wurde unter die Männer vertheilt, alles Fleischige des Körpers gebraten und verzehrt, selbst die Eingeweide, das Gehirn, die Zunge ꝛc., welche den Frauen und Kindern zufielen.

Mit Grauen sah Hans Staden der scheußlichen Schlächterei zu und suchte Trost in einem geistlichen Buche, das von den Portugiesen herstammte und durch irgend einen Zufall in das Dorf gerathen war. Als nun während seines Lesens plötzlich ein rasender Sturm heransauste, riesige Bäume gleich schwankenden Rohren niederstürzten und die Dächer der Hütten abgedeckt wurden, da glaubten die Tupinambas, der Hesse habe das böse Wetter bei seinem Gotte bestellt, um sie für die Menschenfresserei zu strafen und das

Fest zu verhindern. Eine große Aufregung entstand, und es hätte nicht viel
gefehlt, daß auch er alsobald geschlachtet worden wäre. Bald darauf aber trat
Sonnenschein ein und rettete sein Leben. Der geschlachtete Leichnam wurde
nun größtentheils aufgezehrt und die zu Gaste geladenen Wilden aus Uwattibi
machten sich mit Hans Staden auf den Rückweg, jedoch nicht, ohne einen Vorrath gebratenen Menschenfleisches mitzunehmen. Besonders widerlich erschien
auf dem Heimwege unserem Freunde ein Knabe, der einen Knochen des Ge-
opferten mit sich führte und die noch daran hängenden Fleischfetzen abnagte.

Menschenschlächtereien der Tupinambas. (Nach Hans Staden's wahrhaftiger Historia.)

Schon fünf Monate befand sich Hans Staden unter Noth und Gefahr
in der Gefangenschaft der Wilden. Er lernte alle ihre Sitten und Gebräuche
kennen, pflanzte mit ihnen Mandiokwurzeln, schaffte den Honig der kleinen
wilden Bienen aus hohlen Baumstämmen herbei, sammelte die hochgeschätzten
rothen Federn der Guaravögel, ward von den Vampyren, jenen großen
Fledermäusen, an denen Brasilien so reich ist, gebissen und aß mit den Tupinambas Eidechsen und Capibaras oder Wasserschweine, die man im Ufer-
schilf der Ströme häufig erlegte. Aber je länger er in dieser Lebensweise sein

3 *

Dasein vertrauerte, desto heftiger wuchs seine Sehnsucht nach Freiheit. Ein Versuch von Seiten der Portugiesen, ihn von den Tupinambas loszukaufen, mißlang, denn hartnäckig bestanden Letztere darauf, daß Hans Stadens Brüder kommen und ihn selbst auslösen sollten. Trotzdem stand er in großem Ansehen und galt als „Schicksalsmacher"; dabei begünstigte ihn der Zufall stets so überaus zutreffend, daß alle gegen ihn gerichteten Pläne einzelner Mißvergnügter zu seinen Gunsten ausschlugen. Einmal glaubte er schon das Ende seiner Leiden gekommen, aber er sollte wiederum eine bittere Enttäuschung erfahren. Ein französisches Kauffahrteischiff erschien an der Küste und handelte Brasilholz, Pfeffer, Affen und Papageien ein. Ein Boot landete und Hans Staden bat die Franzosen, ihn aus dem Elend zu befreien. Diese fürchteten jedoch, daß dadurch ihre Handelsbeziehungen gestört werden könnten, und schlugen sein Gesuch ab. Schon spannte das Schiff die Segel, um wieder fortzufahren — „da gedachte ich, o du gütiger Gott", so erzählt Staden selbst, „wenn das Schiff nun auch hinwegsegelt und mich nicht mitnimmt, werde ich doch noch unter ihnen umkommen, denn es ist ein Volk, auf das man nicht vertrauen kann." Die Verzweiflung trieb ihn zum Aeußersten. Verfolgt von den Tupinambas stürzte er sich ins Meer, theilte mit kräftigem Arm die Wogen und schwamm zu dem Fahrzeug hin. Aber grausam stießen ihn die Franzosen zurück, und zum Tode betrübt schwamm der hart Geprüfte langsam wieder dem Ufer zu. Die Tupinambas waren froh, ihn aufs Neue in ihrer Gewalt zu haben und begnügten sich mit seinen Entschuldigungen.

Das nächste große Ereigniß, welches die Einförmigkeit des Waldlebens unterbrach, bildete ein neuer Feldzug gegen die Tupinikins. Es war um die Mitte August des Jahres 1554 und die Zeit nahe, in welcher die Fische in großen Schwärmen vom Meer in die Ströme ziehen, um dort zu laichen. Zugleich mit dem ergiebigen Fischfang wollte man den Menschenfang betreiben; außerdem hatten die Götzen geweissagt, daß der Fehdezug glücklich ablaufe; die Träume, auf welche die Tupinambas ungemein viel geben, waren nicht minder günstig. Die Meisten von ihnen sahen im Traume vor dem Beginn des Krieges große Feuer, auf denen das Fleisch ihrer Feinde briet. Alles gestaltete sich zur Zufriedenheit der Kannibalen. Achtunddreißig lange Nachen aus Baumrinde wurden mit Mandiokmehl wohl verproviantirt und jeder mit 18 bis 20 Kriegern bemannt, so daß der Heereszug gegen 750 Mann zählte; auch der „König" Konyan Bebe mit seinem Gefolge befand sich dabei und Seine Majestät führte den Oberbefehl in eigner Person.

Unterwegs wurde zunächst an einem fischreichen Strome Halt gemacht und ein großer Vorrath Fische eingesammelt. Dann lagerte man auf der Insel San Sebastian, schmauste, sang, tanzte und jubelte. Der stolze Konyan Bebe ging zwischen seinen Kriegern auf und ab und redete sie an, um ihren Muth zu heben. Nachdem die Häuptlinge noch einen Kriegsrath abgehalten, brach man wieder auf. Man hatte indessen noch nicht lange gerudert, als plötzlich hinter einem kleinen Eilande fünf Nachen voll Tupinikins, wie es sich nachher herausstellte, Leute von Bertioga, zum Vorschein kamen. Sie betrieben gleichfalls den Fischfang und unter ihnen befanden sich christliche Mameluken, ehemalige Gefährten Hans Stadens von St. Maro. Alsobald flüchteten diese vor der Uebermacht der Tupinambas, aber eben so schnell folgten diese der Flotte. Die kriegerische Wettfahrt dauerte vier Stunden. Endlich waren die Tupinikins eingeholt. Die Seeschlacht begann, aber ihr Ausgang konnte nicht zweifelhaft sein. Pfeile hagelten herüber und hinüber; die Mameluken erschossen manchen Tupinamba mit ihren Gewehren, doch schließlich mußte sich die kleine Schar, nachdem ihre Pfeile verschossen waren, der Uebermacht ergeben.

Nun erhob sich ein wahrhaft bestialischer Siegesjubel. Die Verwundeten wurden sogleich an's Ufer geschleppt, mit der Keule erschlagen, gebraten und bis auf die Knochen aufgefressen; darunter befanden sich zwei Christen, alte Bekannte Hans Staden's. Man denke sich dessen Seelenpein, als er sich dazu verdammt sah, dem gräßlichen Schauspiele beizuwohnen! Die Ueberlebenden, unter denen vier Mameluken, wurden gebunden und schnell nach San Sebastian geschafft. Mord und Todtschlag, wie wir sie bereits kennen lernten, wiederholte sich nunmehr in großem Maßstabe. Ueberall briet und kochte das Menschenfleisch und vor Allen that sich Seine kannibalische Majestät durch Gefräßigkeit hervor. Vor ihm stand ein großer Korb mit gebratenen Stücken; er nahm einen Knochen daraus hervor, hielt ihn Hans Staden vor den Mund und verlangte, er solle davon essen. Kühn antwortete dieser: „Ein unvernünftiges Thier frißt kaum das andere, wie sollte da ein Mensch den andern fressen?" Konyan Bebe überzeugten diese Worte nicht. Das Fleisch abnagend sagte er: „Ich bin ein Tigerthier, mir schmeckt's trefflich!"

Heimgekehrt nach Uwattibi, begannen die Schmausereien von Neuem. Jetzt bekamen auch Weiber und Kinder ihren Antheil. Das früher gebratene Fleisch wurde jetzt nochmals aufgesotten, anderes in Körben über dem Feuer geräuchert, damit es sich länger halte. Zwei Mameluken entkamen glücklich durch die Flucht ins Gebirge, die andern beiden aber mußte Staden zu erneuertem Entsetzen braten und räuchern sehen. War unser Freund schon fromm, so bewirkten diese Scheußlichkeiten, daß er noch tiefer in sich ging und mehr als sonst sich Gott zuwendete. Vor seiner Hütte errichtete er ein Kreuz und vor diesem lag er oft stundenlang in Andacht versunken. Als er eines Tages auf die Fischerei ausgezogen war und wieder zurückkam, fand er sein Kreuz zerstört. Zu gleicher Zeit stellte sich starker Regen ein, welcher anhielt und die Wilden verhinderte, ihre Mandiokpflanzungen zu bestellen. Ohne ihr Getreideersatzmittel aber wären dieselben dem Hunger preisgegeben gewesen. Daher entstand großes Wehklagen im Dorfe und Alle verwünschten die in Fluten herabstürzenden Regengüsse, die fort und fort der Himmel entlud. Hans Staden benutzte diesen Umstand klug. Er erklärte: sein Gott zürne über den begangenen Frevel und verlange, daß das Kreuz wieder auf-

gestellt würde. Das geschah, und bald darauf hörte auch der Regen auf; schönes
Wetter trat ein und das Ansehen unseres Freundes stieg wiederum bedeutend.

Das Maß seiner Leiden war nun voll; bald nahte die Stunde der
Befreiung. Die letzte Periode seiner Gefangenschaft ging ihrem Ende zu.
Zehn Monate hatte er nun unter den Tupinambas zugebracht, da verschenkten
sie ihn — aus welchem Grunde, wird in der Schrift nicht gesagt — an einen
mächtigen Häuptling an der Küste, der in dem Dorfe Takwara-Sutibi
residirte. Dieser, Abbati-Bossange mit Namen, stand schon seit langer
Zeit mit den französischen Handelsleuten in Verbindung und kannte die europäischen Sitten. Er behandelte Hans Staden wie einen Sohn und erlaubte
ihm, sich mit einem französischen Schiffe in Verbindung zu setzen, welches
vierzehn Tage darauf in der benachbarten prächtigen Bai von Rio-Janeiro
Anker warf. Der französische Kapitän empfand tiefes Mitleiden mit dem
armen Deutschen. Er sandte zwei Matrosen nach ihm aus, die sich gleichfalls
der Lage des Unglücklichen erbarmten und ihm einen Theil ihrer Kleider überließen, um seine Blöße damit zu decken. Denn seit dem ersten Tage seiner
Gefangenschaft war Hans Staden nach Art der Wilden fast ganz nackt gegangen. Zugleich gaben sie sich für seine Brüder aus, welche gekommen
wären, um ihn auszulösen. Abbati-Bossange hatte hiergegen nichts ein-
zuwenden, denn dieser Gebrauch entsprach vollkommen den Ansichten der
Wilden, und es war dem Gefangenen bereits früher versprochen worden, daß
er auf diese Weise seine Freiheit zu erlangen vermöchte. Aber das Löse-
geschenk, das der Häuptling verlangte, war unmäßig groß. Hans Staden
selbst besaß nichts, und der sonst gutwillige Kapitän zeigte sich keineswegs
bereit, einen großen Theil seiner Ladung für die Befreiung zu verwenden.
Man verfiel nun auf eine List. Abbati-Bossange, seine Frauen und ein
Theil des Gefolges wurden nebst Hans Staden unter dem Vorwande auf
das Schiff gelockt, daß dort die Auslösung vor sich gehen solle. Doch was
nun folgt, wollen wir unsern Helden mit eigenen Worten erzählen lassen,
um die Schilderung nicht abzuschwächen.

„Wie nun das Schiff zur Abfahrt bereit war, versammelten sich alle
Franzosen um mich. Abbati-Bossange, seine Weiber und Gefährten standen
auch da. Wir hatten nun beschlossen, daß zehn von den Matrosen sich für
meine Brüder ausgäben und verlangten, ich solle mit ihnen heimkehren.
Diese meine Brüder wollten in keinem Falle, daß ich wieder an's Land
zurückginge. Da sagte der Kapitän zu Abbati-Bossange: er wäre Oberster
im Schiff und hätte gerne, daß ich wieder zu ihm an's Land ginge, doch sei
er nur ein Mensch, und meiner Brüder wären viel, er könne wider sie nichts
thun. Dieser Vorwand geschah nur, damit ich in Frieden von den Wilden
scheiden sollte. Und ich sagte auch meinem Herrn, dem Abbati-Bossange:
Ich wollte gern wieder mit ihm zurück, aber er sähe wohl, daß meine Brüder
mich nicht losließen. Da fing er an zu weinen und sagte, wenn sie mich denn

mit fortnehmen wollten, so sollte ich versprechen, mit dem nächsten Schiffe zurückzukehren, denn er hätte mich als Sohn betrachtet. Und eins seiner Weiber mußte nach ihrer Sitte weinen, und ich weinte selbst nach ihrem Gebrauch. Darauf gab ihm der Kapitän einige Waaren, Messer, Aerte, Spiegel und Kämme, im Werthe von drei Dukaten. Damit zogen sie wieder an's Land in ihre Wohnung. So half mir der allmächtige Herr, der Gott Abrahams, Isaaks und Jakobs, aus der Gewalt der Tyrannen, durch Jesum Christum, seinen lieben Sohn, unsern Seligmacher. Amen."

Und fort zog das Schiff, die „Katharine von Bateville." Hans Staden war frei; er sollte die Heimat wiedersehen, doch nicht ohne vorher noch neue Prüfungen bestanden zu haben. Kurz nach ihrer Abfahrt trafen sie mit einem feindlichen portugiesischen Schiffe zusammen; die Geschütze wurden gerichtet, und es entbrannte ein Kampf, in dem Hans Staden schwer verwundet wurde. Indessen genas er während der lange dauernden Reise wieder. Am letzten Oktober 1554 verlor die „Katharine von Bateville" die Küste aus den Augen und nach einer Reise von fast vier Monaten warf sie am 22. Februar 1555 im Hafen von Honfleur in der Normandie Anker; heute braucht ein Segel= schiff zu dieser Fahrt nur anderthalb Monat.

Von seinem Kapitän nahm Hans Staden nun Abschied. So gern ihn dieser auch behalten und als Dolmetscher bei den Wilden Brasiliens, deren Sitten Hans Staden genau kannte, verwandt hätte, so stand er doch nicht an, ihm einen Paß zur Weiterreise zu verschaffen. Von Honfleur ging er nach Havre und von da nach Dieppe. Dorther stammte das französische Schiff, das einst Hans Staden bei seinem Fluchtversuch so schnöde zurück= gestoßen hatte. Als die Einwohner vernahmen, er komme aus Brasilien, versammelten sie sich um ihn und verlangten Nachricht von dem Schiffe, das man schon seit langer Zeit zurückerwartete. Er erzählte, wie es ihm ergangen, und wie das Schiff zur Strafe für die Grausamkeit seiner Mannschaft wohl untergegangen sein könnte. In der That kehrte es auch niemals zurück.

Nach kurzem Aufenthalt in Dieppe fuhr Hans Staden über den Kanal nach London. Dort fand er ein Schiff, das ihn nach Antwerpen brachte, von wo er in seine Heimat zog und seine Abenteuer niederschrieb.

Hier hat allem Vermuthen nach unser Held in Ruhe und wahrscheinlich in ehrenvoller Zurückgezogenheit den Rest seiner Tage verbracht. Dergleichen Weltfahrer waren damals gerade keine Seltenheit mehr; aber die Seltsamkeit der Erlebnisse unseres wackeren Hessen sicherte ihm ein mehr als gewöhnliches Interesse, ja vielleicht die Bewunderung seiner Zeitgenossen, wie nicht minder unsere ganze Theilnahme. Daß ihn nach seiner Heimkehr wiederum große Sehn= sucht nach den Wundern und Schätzen der neuen Welt beschlichen habe, ist kaum anzunehmen. Seine Schicksale waren der Art, daß selbst die unbezwinglichste Neigung zu Abenteuern an dem von ihm Durchlebten ein Genüge finden könnte, geschweige denn er selbst, dessen inneres Wesen, den eigenen Schilde=

rungen gemäß, sich in Folge der ausgestandenen Gefahren mehr der Beschau=
lichkeit zuwandte. Seine eigene Natur erscheint uns im Hinblick auf die
Schilderungen seiner Fahrten keineswegs im Lichte unwiderstehlichen Kriegs=
oder Religionseifers. Ganz anders stand es mit der Mehrzahl jener un=
bändigen Gesellen, die seit Jahrzehnten schon von Portugals, Spaniens,
Frankreichs und später von Englands Küsten ausgefahren waren, um in
andern Erdtheilen, vornehmlich drüben überm Weltmeere, ihrem kriegerischen
Thatendrange Luft zu machen, hauptsächlich aber um Reichthümern und
Lebensgenüssen nachzujagen, kurz jenem erträumten Erdenglücke, welches sie
in der Heimat nicht zu finden vermochten. Welchem Thatenlustigen fiel es
ein, daheim zu verweilen, seitdem nach Auffindung Amerika's durch Christoph
Columbus fast jedes heimkehrende Schiff bald reiche Schätze, bald Kunde von
neuen Entdeckungen und Erwerbungen von Land und Leuten heimbrachte? In
Scharen zogen fortan muthige Gesellen jahrein, jahraus über den Ozean,
um Theil zu nehmen an den verlockenden Errungenschaften, die ein neuer,
unermeßlicher Schauplatz jedem Geld=, Ruhm= und Ehrbegierigen darbot.

Die meisten jener waghalsigen Glücksritter brachten freilich den fremden
Völkern seltener die Kultur= oder auch nur die Handelsgüter Europa's, ebenso
wenig dachten sie daran, den Zustand der Länder und Menschen der Ferne zu
erforschen; noch weniger fiel es ihnen bei, den Boden der in Besitz genommenen
Gebiete selbst zu bebauen; — alles dieses lag ihnen ferner, — in jedem
Lande, das sie betraten, war ihre vornehmste Frage die nach Gold, Perlen,
Edelsteinen oder kostbaren Gewürzen. Gewann dennoch nur ein kleiner Theil
unermüdlicher Weltfahrer das höchste Ziel ihrer Erdenwünsche, so füllt doch
die Geschichte ihrer oft wunderbaren Thaten viele der denkwürdigsten Seiten
im Lebensbuche der Menschheit. Trotzdem sind es aber immer nur sehr wenig
große Charaktere, deren Namen auf den nur zu häufig mit Blut geschriebenen
Folien der Chroniken jener Periode vortheilhafter hervortreten. Unter denen,
welche jener Zeit angehören und über deren Schicksale Berichte auf uns ge=
kommen sind, machen wenige nur ein echt menschliches Interesse rege, aber
auch unter der Zahl späterer Europamüder verdient kaum Einer in höherem
Grade unsere Theilnahme und Achtung, als unser schlichter, redlicher und christ=
lich ausharrender Landsmann, der biedere Hesse Hans Staden von Homberg.

Iwera Pemme, die Keule der Tupinambas. Nach Hans Staden.

Erster verunglückter Versuch Leguat's und seiner Gefährten,
Rodriguez zu verlassen.

Leipzig: Verlag von Otto Spamer.

Vele's und de la Have's Floßfahrt.

Die Emigranten auf den Maskarenen.

1690—1698.

Der weite Meeresraum zwischen den westlichen Küsten Ostindiens und Australiens und den lang hingestreckten Gestaden Ost=Afrika's erscheint nur spärlich mit Inseln besäet und bildet in dieser Beziehung einen auffallenden Gegensatz zum Stillen Ozean. In diesem liegen die Inselgruppen zu beiden Seiten des Aequators in großer Fülle meist in geringer Entfernung von einander; im indischen Ozean dagegen treten die Eilande nur sehr zerstreut auf; es fehlt hier ein eigentlicher Archipelagus und die wenigen vereinzelten Gruppen sind klein und fast nur im Süden des Aequators gelegen. Dort sehen wir die Seyschellen, etwa anderthalb Dutzend kleine, mit Korallenriffen umzogene Granitinseln; südwestlich von ihnen die elf unbewohnten Amiranten, welche von Schildkrötenfängern besucht werden; nach Süden hin eine Anzahl kleiner Koralleneilande und die Granit=Insel Rodriguez. Endlich finden wir im Osten der großen Insel Madagaskar die beiden Maskarenen: Mauritius und Réunion, die reich an tropischen Produkten aller Art, namentlich an Zucker sind. Als im Jahre 1505 der Portugiese Mascarenhas, nach welchem die Gruppe benannt wird, an den Küsten landete, war das Land nicht von Menschen bewohnt, wol aber vom Dronte oder Dodo, jenem unbehülflichen Riesenvogel, der nun längst von der Erde verschwunden und von welchem nichts übrig geblieben ist, als einige Knochen in den europäischen Museen. Es erscheint seltsam genug, daß beide Inseln unbevölkert waren, obwol Madagaskar so nahe liegt, und arabische Seefahrer Jahrhunderte lang den südwestlichen Theil des indischen Ozeans durchkreuzt haben. Die Portugiesen ließen beide Eilande unbeachtet, und auch die Holländer, welche die nach dem Prinzen Moritz, Mauritius, von Nassau-Oranien benannte Insel 1598 zu besiedeln anfingen, gaben die Kolonisirung 1712 freiwillig auf, um ihre Kräfte mehr am Vorgebirge der guten Hoffnung und im indischen Archipel zusammenzufassen.

Doch den Franzosen, welche einst große Pläne mit Indien im Sinne hatten, war die vortreffliche Welt- und Handelslage dieser Inseln nicht entgangen; sie nahmen 1712 Mauritius in Besitz und nannten dasselbe Isle de France. Bis 1810 blieb die Insel ihr Eigenthum, wurde dann von den Engländern besetzt und später diesen abgetreten. Sie stellten den alten Namen Mauritius wieder her. Das heutige Réunion, welches den Franzosen noch jetzt gehört, wird seit 1649 als deren Eigenthum betrachtet; man nannte es früher Isle Bourbon. Beide Maskarenen sind in mehr als einer Beziehung von Wichtigkeit; vor Allem liefern sie eine große Menge Zucker in den Welthandel. Auf Réunion waltet das französische Element vor, auf Mauritius dagegen jetzt schon das britische. Auf dem Ueberlandwege über Suez und durch das Rothe Meer erreicht man die Inseln in 26 bis 28 Tagen, während der Waarenverkehr noch immer um's Kap der guten Hoffnung geht.

Beide Inseln sind vulkanischen Ursprungs. Mauritius bietet eine große Mannichfaltigkeit landschaftlicher Reize dar. Von den Bergen strömen Bäche in Menge herab, welche zum Theil prachtvolle Kaskaden und Wasserfälle bilden und die Thäler und Ebenen befruchten. Keiner von den vielen, zum Theil sehr eigenthümlichen, meist kegelförmig gebildeten Bergen übersteigt die Höhe von 2700 Fuß. Ganz anders zeigt sich uns das Gebirgssystem auf dem von heißen Schwefelquellen durchzogenen Eilande Réunion. Hier steigen die majestätischen, immer noch thätigen Vulkane bis zu 9000 Fuß an, und es gedeiht in den höheren Lagen die Fichte und Eiche, während tropische Pflanzen in unendlicher Fülle die heißfeuchten Niederungen und Ebenen bedecken.

Diese Inseln, deren Lage und Beschaffenheit wir hier kurz geschildert haben, wurden gegen Ende des 17. Jahrhunderts der Schauplatz eines Trauerspiels, das unsere Theilnahme im höchsten Grade erweckt. Ein idyllisches Stillleben auf meerumkränztem Felseneilande, gefahrvolle Seereisen, Noth und Entbehrung, Rettung aus Todesgefahr und barbarische, grauenhafte Behandlung der Geretteten wechseln hier in bunter Folge mit einander ab.

Der Held der geschichtlichen Thatsache ist der französische Edelmann Franz Leguat, welcher nach der Aufhebung des Ediktes von Nantes, das den Protestanten freie Ausübung ihrer Religion gestattet hatte, um des Glaubens willen sich gezwungen sah, nach Holland zu flüchten. Kurz nach seiner Ankunft daselbst erfuhr er, daß der Marquis Duquesne mit der Erlaubniß der Generalstaaten und des Direktors der Ostindischen Compagnie die Gründung eines Handelspostens auf der Insel Mauritius beabsichtige. Müde der Verfolgungen, welchen er ausgesetzt war, und voller Abscheu vor dem religiösen und politischen Getreibe Europa's, bat Leguat um die Erlaubniß, sich der Unternehmung Duquesne's anschließen zu dürfen. Sein Wunsch wurde gewährt.

Der Mann, welcher auf diese Weise sich freiwillig zu einem abenteuerlichen Leben bestimmte, stand nicht ohne alle Verdienste da. Er war 52 Jahre alt und hatte schon manche bittere Leiden ertragen. Sein Entschluß war jedoch keineswegs eine vorübergehende Laune, sondern das Ergebniß eines wohldurchdachten Planes. Nach seiner Rückkehr in die Heimat hat er seine Abenteuer im Jahre 1708 zu Amsterdam in einem zweibändigen Werke herausgegeben, aus dem wir ersehen können, daß er ein gebildeter, feinfühlender und tiefreligiöser Mensch war.

Eine kleine Fregatte, die „Schwalbe", welche sechs Geschütze führte und mit zehn Matrosen bemannt war, sollte die Emigranten hinüberbringen. Fünfundzwanzig erklärten sich zu der Fahrt bereit; als aber der Tag der Abreise herankam, da sank den meisten der Muth und nur wenige blieben dem Unternehmen treu, das vor 200 Jahren mit ganz anderen Schwierigkeiten als heutzutage verknüpft war. Nur zehn Männer erklärten fest, die Fahrt antreten zu wollen. Diese waren: Franz Leguat, der Führer derselben; Peter Bele, der 20jährige Sohn eines Kaufmanns aus Metz; Jakob de la Case, ein früherer brandenburgischer Offizier, 30 Jahre alt; Johann Testard, Droguist aus St. Quentin, 26 Jahre alt; Isaak Boyer, Apotheker aus Nérac, 27 Jahre alt; Johann de la Haye, Goldschmied aus Rouen, 23 Jahre alt; Jakob Guiguer, ein 20jähriger Kaufmann aus Lyon; Johann Pagny aus Rouen, 30 Jahre alt; Robert Anselin, Sohn eines Müllers aus der Picardie, und ein gewisser nur zwölf Jahre alter Pierrot aus Rouen.

Die „Schwalbe" verließ Amsterdam am 10. Juli 1690. Ohne alle besonderen Vorfälle ging die Reise von Statten; nur Johann Pagny starb gegen das Ende derselben am Storbut. Am 25. April 1691, nachdem man über neun Monate unterwegs gewesen war, erblickte man endlich die Felsen-Insel Rodriguez, das Reiseziel. Umstände hatten veranlaßt, daß man auf die eine der Maskarenen verzichtete und die Kolonie zunächst auf Rodriguez anzulegen beschloß. Diese kleine Insel liegt unter 19° 40' südlicher Breite

und unter 80° 44' östlicher Länge; dieselbe ist vier Meilen lang, nur eine
breit und gehört jetzt den Engländern.

Leguat und seine Gefährten wurden am 30. April an der Nordwestecke
des Eilandes ausgeschifft, da, wo ein kleiner Strom durch ein schönes Thal
zum Meer hinabströmte. Nachdem sie die ganze Insel durchforscht hatten,
zeigte sich, daß der Zufall ihnen bei ihrer Landung gerade den lieblichsten
Platz derselben angewiesen hatte. Sie beschlossen deshalb, an dieser Stelle zu
bleiben und sich hier ihre Hütten zu bauen.

Die „Schwalbe" blieb noch vierzehn Tage bei der Insel liegen, so lange,
bis die Emigranten sich ein wenig eingerichtet hatten. Diese wurden noch mit
den nothwendigsten Lebensmitteln und Werkzeugen versehen; namentlich mit
Zwieback, Gewehren, Pulver und Blei; ferner mit Ackerbaugeräthschaften und
Zimmermannswerkzeugen, Sägen, Beilen, Hämmern, Bohrern und Meißeln;
auch Küchengeschirr und Fischnetze fehlten nicht. Jeder Einzelne besaß außerdem noch seine besonderen Kleider und Lebensmittel. Nur Arzneien vergaß man
ihnen zurückzulassen, und wenn sie auch nicht in den Fall kamen, diese gebrauchen zu müssen, so verursachte ihnen das Fehlen derselben doch einige Sorgen.

Durch den Tod des Johann Pagny war ihre Zahl auf neun herab-
geschmolzen; doch wurde dieser Verlust jetzt ausgeglichen, indem einer der
Schiffsmatrosen, Namens Peter Thomas, sich freiwillig entschloß, bei ihnen
zurückzubleiben, da er sich mit dem Kapitän der „Schwalbe" überworfen
hatte. Dieser dagegen veranlaßte wiederum zwei der Emigranten, Jakob
Guigner und den jungen Pierrot, ihm statt des Peter Thomas zu folgen,
so daß nur acht Männer auf der einsamen Insel zurückblieben.

Zur Kolonisirung wurde am Ufer des Baches eine geeignete Stelle
gewählt. Leguat entwarf den Plan zu den Wohnungen. Zwei Hütten errichtete man am linken Ufer; eine am Meer, in welcher Peter Bele und Isaak
Boyer wohnten; eine andere weiter landeinwärts für Johann Testard. Nahe
bei dieser wurde der gemeinschaftliche Garten angelegt, welcher 50 Fuß breit
und 60 Fuß lang war. Man umgab ihn dann mit mannshohen Pallisaden,
um ihn gegen schädliche Thiere zu schützen. Außer diesem Hauptgarten besaß
jeder Kolonist noch seinen besonderen kleinen.

Bei dem großen Garten führte eine Brücke nach dem anderen Ufer des
Flusses hinüber. Sie ging über eine kleine Insel weg, die inmitten des Wassers
lag, und auf der Peter Thomas sich sein Hüttchen einrichtete. Thomas war
ein lebensfroher Bursche, der sich bald die Zuneigung aller seiner Gefährten
erwarb. Er war außerdem der einzige Raucher unter ihnen. Als sein
Tabaksvorrath zu Ende war und die Noth ihn erfinderisch machte, suchte er
Baumblätter verschiedener Art auf, die er trocknete und statt des Tabacks
benutzte. Manchmal geschah es, daß der Fluß mächtig anschwoll und die kleine
Insel ganz mit seinen Fluten bedeckte; dann flüchtete sich Thomas vor den
Wellen auf einen Baum, wo er ein Liedchen sang oder auf seiner Flöte spielte.

Thomas' Belustigungen auf Rodriguez.

Die Brücke endigte am rechten Flußufer bei dem Hauptgebäude der kleinen Kolonie, das bedeutend größer war als die übrigen Hütten und von Leguat das „Rathhaus" getauft wurde. In ihm wohnte Robert Anselin; dort befand sich auch die Küche, der Speisesaal und das Zimmer für gemeinschaftliche Unterhaltungen. Doch verkehrte man daselbst nur bei schlechtem Wetter. Vor dem Rathhaus am Ufer des Flüßchens stand ein mächtiger, schattenspendender Baum, unter dem eine runde Speisetafel aufgeschlagen war, um bei schönem Wetter an derselben ihre einfachen Mahlzeiten einzunehmen. In dem harten Stammholze des Baumes selbst höhlten die Kolonisten eine Nische aus, in welcher sie ihre Tagebücher und andere Dinge verbargen, als sie später die Insel wieder verließen. Nahe beim Rathhaus wohnte auch der Goldschmied Johann de la Have, der dort einen Amboß aufgestellt hatte. Wenn er an demselben bei Bearbeitung der Metalle taktmäßig seinen Hammer auf letzteren niederfallen ließ, pflegte er Psalmen dazu zu singen, denn er war frommen Herzens. Noch etwas weiter landeinwärts endlich lagen die Wohnungen von Leguat und Jakob de la Case.

Eine jegliche dieser Hütten glich der anderen. Die Wände waren aus den Stämmen der Lataupalme gezimmert und die großen Wedel dieses Baumes dienten zur Dachdeckung. Ringsumher dichter Wald; ein großer Theil desselben wurde niedergehauen; nur die schönsten Bäume ließ man stehen, damit sie in der heißen Sonne Schatten spenden könnten.

Nachdem unsere Einsiedler sich auf diese Art häuslich eingerichtet hatten, war die Bestellung des Gartens ihre erste Sorge. Das Getreide, welches sie aus Holland mitgebracht hatten, war jedoch verdorben und ging gar nicht auf; glücklicherweise hatten sie auch einiges am Kap der guten Hoffnung, wo sie unterwegs sich aufhielten, angekauft; dasselbe hatte sich besser gehalten. Außerdem pflanzten sie gewöhnliche und süße Melonen, Weizen, Cichorie, Artischocken, Portulak, Rüben und Senf. Die Rüben gediehen gar nicht und die Artischocken auch nicht besonders. Die Cichorie dagegen wuchs vortrefflich, nur schmeckten ihre Wurzeln sehr bitter; der Weizen schoß blos in die Halme, ohne Körner zu liefern, und so blieb ihnen schließlich außer einer ährentragenden Grasart nichts übrig, aus dem sie hätten Brot backen können. Dafür entschädigten sie denn die Melonen einigermaßen, welche in außerordentlicher Üppigkeit und Fülle gediehen und zu solcher Größe gelangten, wie dergleichen in Europa niemals vorkommt. Aus alledem folgerten unsere Insulaner ganz richtig, daß die Natur nicht jedes Gewächs für jede Weltgegend geschaffen hat, und daß europäische Pflanzen trotz des vortrefflichen Bodens nicht immer in den Tropen fortkommen.

Um so mehr that der Bach seine Schuldigkeit. Er lieferte nicht nur köstliches Trinkwasser, sondern auch große, armdicke Aale, die in solcher Menge darin umherschwammen, daß man nur ein Netz hineinzuwerfen brauchte, um für eine Mahlzeit reichlich versorgt zu sein. Palmen wuchsen zu Tausenden

auf Rodriguez, namentlich Latanpalmen, deren genießbare Früchte ihre
Mundvorräthe vermehren halfen. Meer- und Landschildkröten fanden sich
schließlich in so ungeheurer Anzahl vor, daß sie allein hierdurch schon auf
immer vor Hungersnoth geschützt waren. Die Landschildkröten erreichten oft
ein Gewicht von einem Centner; sie zeigten sich manchmal in Heerden
von zwei- bis dreitausend Stück, welche so nahe nebeneinander marschirten,
daß man über ihre Panzer, wie über eine Brücke, hinwegschreiten konnte. Die
noch größeren Meerschildkröten kamen kaum minder zahlreich vor. Doch
kümmerten sich unsere Emigranten um dieselben weniger, da ihnen das Fleisch
der ersteren besser mundete. Das Meer wimmelte von Fischen, die mit Angeln
und Netzen leicht zu fangen waren. Aber die Natur schien ihnen selbst diese
kleine Mühe ersparen zu wollen. Denn am Ufer nahe bei ihren Hütten
bildete das Meer zwei kleine Buchten, die nur während der Flut mit tiefem
Wasser gefüllt waren. In der einen befand sich eine große Austernbank; vor
dem Eingang der andern brauchten sie nur ein Netz auszuspannen, um den
dort massenhaft versammelten Fischen den Rückzug nach dem Meere abzuschneiden.

Raubthiere ließen sich auf Rodriguez nicht erblicken. Dagegen mangelte
es nicht an kleinem Gethier, welches den Kolonisten das Leben verbitterte.
Myriaden von Fliegen stürzten auf die Nahrungsmittel los; ganze Wolken
von Stechmücken fielen auf ihren Spaziergängen über die Wanderer her und
brachten diese durch empfindliche Stiche oft zur Verzweiflung. Auf den Palm-
bäumen wimmelte es von verschiedenartig gestalteten Eidechsen, deren Schup-
penfell in den schönsten Farben schimmerte. Die größte Plage waren jedoch
unstreitig die Ratten. Diese Thiere hatten sich auf der Insel in unglaublicher
Menge vermehrt und zogen scharenweise umher. Sie drangen in die Hütten
und verzehrten gierig die Vorräthe, ja selbst in die Gärten, wo sie die
kaum gesäeten Körner vernichteten. Wetteifernd mit ihnen traten die Land-
krabben auf, die mit ihrer Gefräßigkeit binnen wenigen Stunden die Pflanzungen verwüsteten. Manchmal zogen die Kolonisten mit Stöcken bewaffnet
aus, um dem Ungeziefer eine Schlacht zu liefern. Aber wenn sie auch an
einem Abend dreitausend Krabben erlegt hatten, so spürten sie doch keine
Abnahme der Plage. Vom Februar bis in den April gesellten sich zu diesen
unangenehmen Gästen dann noch Legionen kleiner grüner Raupen, welche
die Melonen verzehrten, und endlich brausten die tropischen Stürme über die
Insel mit entsetzlicher Gewalt unter Gewittern dahin. Auch diese verwüsteten
die Pflanzungen und zerstörten oft die Hütten.

Bei alledem war die Lage der Emigranten keineswegs eine unglückliche.
Sie lebten in Eintracht, machten ihre gemeinsamen Spaziergänge und Aus-
flüge, bauten ihre Gärten und fischten im Meere.

In ihren Mußestunden, an welchen es nicht fehlte, spielten sie Schach,
Damenbret oder Federball. Auch das Gebet wurde nicht vernachlässigt und

zu diesem Zwecke vereinigten sie sich Tag für Tag zu gemeinsamer Andacht. Fast Jeder ersann ein besonderes Mittel, um der Langeweile abzuhelfen; sie richteten Papageien zum Sprechen ab, erzählten sich Abends die Geschichten ihres Lebens, und Léguat, dem die Geschichte des ersten europäischen Ansiedlers auf den Maskarenen bekannt war, gefiel sich darin, immer wieder auf die Erlebnisse ihres Vorläufers zurückzukommen. Dieser, ein hochgebildeter und aus guter Familie stammender Franzose, Namens Payen, hatte sieben Jahre lang auf Madagaskar gelebt. Hier hörte er von der zaubervollen Natur der Insel Bourbon und beschloß nach dieser hinüberzusegeln, um dort den Rest seines Lebens in Einsamkeit und Beschaulichkeit zuzubringen. Das geschah im Jahre 1665. Allerhand nützliche Werkzeuge und Sämereien führte er mit sich. Und nach dem Spruche der Bibel: „Es ist nicht gut, daß der Mensch allein sei", wählte er sich nicht etwa eine Gefährtin, sondern einen treuen Neger, welcher ihn als Diener begleiten sollte. An einer abgelegenen Stelle, bei einem frischen Quell, unter hohen, schattigen Bäumen ließ sich Payen nieder, baute Tabak an und errichtete Einzäunungen, in denen er Schweine und Ziegen hielt. Doch die schöne Insel lockte mehr und mehr Ansiedler an; sie wurde schnell bevölkert und mit Payen's Einsamkeitsträumereien war es vorbei. Nachdem er vier Jahre auf Bourbon verbracht hatte, kehrte er nach Frankreich zurück, wo er im Jahre 1687 noch lebte.

Doch bald hatte jeder der Ansiedler zum Besten gegeben, was er von ähnlichen Fahrten und Abenteuern wußte oder selbst erlebt hatte. Die Unterhaltung begann ins Stocken zu gerathen. Besonders waren es die Abende, an welchen sich die Langeweile einstellte. Zwar zündete man, sobald es dunkelte, die Lampe an, welche, statt mit Oel, mit Schildkrötenfett gefüllt wurde. Indessen verfloß ihr Leben einförmig, wenn auch ungetrübt; daß sie kein Brot besaßen, war ihnen freilich nicht gleichgiltig; doch hatten sie noch zwei große Fässer voll Zwieback, den sie nur sparsam genossen.

In dieser Weise war ein Jahr dahingeschwunden; ein Jahr, das ihnen unendlich lang erschien. Die alten Mittel zur Zerstreuung waren verbraucht, neue wollten nicht verfangen, und so begann die Langeweile ihre Herrschaft zu üben und allerlei Pläne in den Köpfen der unternehmendsten unter ihnen auszubrüten. Man hatte ihnen versprochen, alle Jahre ein Schiff von Holland mit Nachrichten zu senden. Doch das Jahr war längst dahin und kein Segel am fernen Horizonte erschienen, welches ihnen Kunde von Europa gebracht hätte. Das Meer brandete Tag und Nacht an ihre Felsenküste, die Sonne tauchte unter in der blauen Flut und stieg wieder aus derselben empor — doch kein Fahrzeug ließ sich sehen. Da ergriff sie Muthlosigkeit, die fast an Verzweiflung grenzte, sie glaubten sich auf immer und ewig verlassen, einsam und verbannt im fernen Weltmeer, fern von ihren Lieben auf der kleinen Insel, wo sie nach einander wol dahinsterben würden, ohne daß am Lager des Letzten von ihnen ein tröstender Freund stehe, der ihm die Augen schließen könnte.

Der Einsiedler Payen auf Bourbon.

Sie erkannten den Werth der Gesellschaft und sehnten sich wieder nach Men=
schen. Namentlich die Jüngeren unter ihnen dachten sehnsuchtsvoll an die traute
Heimat und brachten eine Menge Pläne zum Vorschein, in der Absicht, solche
doch wieder zu erreichen. Nur Leguat, der Aelteste, blieb fest bei seinem einmal
gefaßten Entschlusse, auf der Insel auszuharren, doch konnte seine Stimme
der Mehrzahl gegenüber nicht durchdringen. Trotz aller seiner Abmahnungen
faßte man den tollkühnen Gedanken, ein Schiff zu bauen und nach der 160
Meilen weit entfernten Insel Mauritius hinüber zu fahren. Aber zur Verwirk=
lichung des Planes fehlte nicht mehr denn Alles. Niemand unter ihnen ver=
stand Etwas von der Schiffsbaukunst; die Werkzeuge, welche sie besaßen,
waren schlecht und ungenügend, Segel, Anker, Tauwerk, Kompaß und
tausend andere nöthige Dinge gar nicht vorhanden. Doch die Noth macht
erfinderisch; ihr sehnliches Verlangen, die Insel zu verlassen, überwog schließ=
lich alle Schwierigkeiten, und muthig gingen sie an das schwierige Werk.

Einige Sägen und Nägel waren ihnen noch verblieben. Johann de la
Haye, der Goldschmied, übernahm die Leitung des Baues und fertigte auf
seinem Amboß einige nothwendige Instrumente. Auch der Zufall kam unseren
Emigranten zu Statten. Das Meer warf einen großen, viereckig behauenen
Eichenstamm an ihre Küste, den sie zu Brettern zersägten. Da jedoch ihre
Sägen sehr schlecht und die Arbeiter ungeübt waren, so fielen die Planken
ungleich in der Dicke aus. Allmälig wuchs der Schiffsrumpf dennoch
zusammen. Das Boot war 22 Fuß lang, 4 breit und 6 hoch. Alte Leinwand,
die mit Baumharz und Schildkrötenfett getränkt war, diente als Kalfater=
material, um das Schiff wasserdicht zu machen und die Ritzen zu verstopfen.
Stricke fertigte man aus den Fasern von Palmblättern; ein Segel wurde aus
Leinwand bereitet und statt des Ankers diente ein anderthalb Centner schwerer
Stein.

Ueber dieser Arbeit war wiederum ein Jahr verronnen. Das Schifflein
lag fertig auf den Wellen und brauchte nur noch mit Lebensmitteln versehen
zu werden. Auch dieses geschah. Dann schrieben alle in französischer oder
niederdeutscher Sprache ihre Schicksale auf, versteckten die Papiere in dem
dicken Baume, unter dem sie so oft gemeinschaftlich gesessen, beteten zu Gott
und traten am 19. April 1693, gerade zwei Jahre nach ihrer Landung auf
Rodriguez, die gefahrvolle Reise an. Noch einmal warfen sie den Blick zurück,
auf die Insel, auf ihre Hütten, auf den kleinen Garten und den rauschenden
Fluß, dann stießen sie vom Lande und segelten dahin.

Sie sollten nicht weit gelangen. Als sie die Brandung hinter sich hatten,
welche einen großen Theil der Insel umgiebt, stieß die Barke auf und füllte
sich mit Wasser. Schon glaubten Alle ertrinken zu müssen. Da jedoch das
Meer hier nur sechs Fuß tief und das Land nur eine kleine Stunde entfernt
war, so gelang es ihnen unter großen Beschwerden, während der Ebbezeit ihre
Insel zu gewinnen. Am andern Tage erreichten sie ihr Schifflein wieder und

machten es flott, indem sie eine Menge schwerer Gegenstände über Bord warfen. Doch hatten sie eine solche Noth ausgestanden, daß sie froh waren, das Leben gerettet zu haben. Ja, Einer von ihnen, Isaak Boyer, mußte das Unternehmen mit seinem Leben bezahlen. Er war der größte und stärkste unter Allen; ganz nackt wieder auf die Insel zurückgekehrt, hatte er sich ermüdet auf den glühend heißen Sand geworfen, in Folge dessen er sich ein heftiges Fieber zuzog, dem er am 8. Mai unterlag. Er war erst 29 Jahre alt.

Dieser Todesfall brachte einen tiefen Eindruck auf alle Gefährten hervor, doch änderte er ihre Absicht keineswegs, und ungeachtet des üblen Ausganges des ersten Versuches entschlossen sie sich, ihr nur leicht beschädigtes Fahrzeug wiederum auszubessern und nochmals das Wagstück zu unternehmen. Leguat widersetzte sich dem vergeblich: er unterlag abermals dem Willen der Mehrzahl. Am 21. Mai machten sie ihr Boot zum zweiten Male flott und gelangten nun glücklich über die Brandung hinaus.

Ihre Lage auf dem Meere war keine beneidenswerthe. Das Schifflein gehorchte dem Steuerruder nicht; auch besaß man nur zwei Ruder, von denen das eine bald zerbrach, so daß man das Fahrzeug mit dem Segel lenken mußte, so gut es eben gehen wollte. So irrten sie sieben Tage unter Noth und Entbehrungen auf dem Weltmeer umher, das durch einen gewaltigen Sturm in seinen Tiefen aufgewühlt wurde und das Fahrzeug gleich einer Nußschale hin und her schleuderte. Wie durch ein Wunder entgingen sie abermals dem Verderben. Doch der Sturm gereichte ihnen zum Heile, er trieb sie schnell der Insel Mauritius zu, von der sie sich noch weit entfernt glaubten. Nach neuntägiger Fahrt erreichten sie endlich die Küste, da, wo der „Schwarze Fluß" in's Meer fällt. Hier trafen sie einige holländische Ansiedler, von welchen sie sich gut aufgenommen sahen. Am gastlichen Herde derselben verweilten sie einen Monat lang.

Nachdem sie sich von ihren Mühseligkeiten einigermaßen erholt hatten, beschlossen die sieben Abenteurer, ihre Ankunft dem Gouverneur zu melden. Dieser war ein Genuese, Namens Rudolph Diodati, der in dem „Friedrich-Heinrich" genannten Orte residirte. Fünf von unseren Emigranten machten sich auf den Weg, um sich ihm vorzustellen, indessen Leguat mit einem andern an dem Landungsplatze zurückblieb, wo er das Ergebniß des Besuches abwarten wollte. Während seine Gefährten noch abwesend waren, kam der Gouverneur auf seiner jährlichen Rundreise nach dem Orte, wo sich Leguat befand. Dieser sah sich gut von jenem aufgenommen und erhielt die Versicherung, daß den Ankömmlingen kein Leid widerfahren solle. Doch trotz aller gastlichen Zusagen mußten unsere Emigranten ihr Gepäck zu Fuße mitten durch die unwegsamen Wälder nach der 28 Meilen entfernten Residenz des Gouverneurs schleppen. Dort angelangt, fanden sie einen ihrer früheren Kameraden, den Jacob Guiguer, der mit dem holländischen Kapitän Rodriguez verlassen hatte und auf Mauritius zurückgeblieben war.

4*

Der Gouverneur hatte Leguat versprochen, ihn bei der ersten Gelegen=
heit nach Europa zurückzusenden. Trotzdem änderte er jedoch bald seine
Absichten und trat ungemein feindlich gegen die armen Verlassenen auf.
Der Grund dieser Sinnesveränderung wird von Leguat in seiner Reise=
beschreibung nicht angeführt, und wir können darüber auch jetzt keine Auf=
klärung mehr erlangen. Wahrscheinlich hatte einer der Abenteurer sich irgend
Etwas zu Schulden kommen lassen, was Grund zu der Erbitterung gab,
mit welcher von jetzt ab gegen sie verfahren wurde. Mag dem nun sein wie
ihm wolle, die Behandlung, welche sie zu erdulden hatten, war von der Art,
daß man sie nur als empörende Barbarei und herzlose Grausamkeit bezeich=
nen kann. Ihre einsame, stille Insel lag weit hinter ihnen, und der Abgrund
von Elend, der sich nun vor ihnen aufthat, ließ sie mit manchem stillen
Seufzer an die Vergangenheit zurückdenken.

Johann de la Haye, der Goldschmied, welcher noch viele feinere Werk=
zeuge besaß, verkaufte dieselben an einen Handwerksgenossen, mit dem er
zusammentraf. Er besaß außerdem ein großes Stück graue Ambra, die er
auf Rodriguez gefunden hatte und deren bedeutenden Werth er nicht kannte.
Damals galt die Ambra, welche bekanntlich ein krankhaftes Produkt des
Pottwals ist, noch für ein besonders kräftiges Heilmittel, das theuer bezahlt
wurde. De la Haye hatte sie für eine Art Gummi angesehen und demgemäß
sehr billig an den Goldschmied verkauft. Als er nun einsah, daß er getäuscht
worden war, wollte er die Ambra zurückhaben; der Andere verweigerte dies,
und die Sache kam vor den Gouverneur, der zu Ungunsten de la Haye's
entschied und von diesem Augenblick an noch feindseliger gegen alle sieben
Emigranten sich zeigte. Leguat meint, daß der Gouverneur mit jenem Gold=
schmied unter einer Decke gespielt habe und in Folge dessen die armen Fremd=
linge habe los sein wollen, von denen er eine spätere Klage fürchtete.

Wie dem aber nun auch sein mag, der Gouverneur gefiel sich in nicht
zu entschuldigenden Willküraktеn. Zunächst ließ er die so mühsam erbaute
Barke der Flüchtlinge verbrennen und verschenkte deren Segel an seine
Jäger, damit diese sich Zelte davon machen möchten. Peter Thomas und
Robert Anselin wurden gezwungen, in den Dienst der Holländischen Compa=
gnie zu treten; den übrigen Fünf wies man eine elende Hütte als Wohnung
an, von der sie sich keine tausend Schritt weit entfernen durften.

In Folge dieser Härte entschlossen sich zwei der Abenteurer, La Case und
Testard, zu entfliehen, es koste, was es wolle. Da sie von ihren übrigen drei
Gefährten Widerstand fürchteten, so verheimlichten sie diesen ihren Plan und
zogen dafür einen Soldaten, Namens Johann Namur, mit in ihr Komplot,
von dem sie wußten, daß der Gouverneur ihm gram sei. Die Drei woll=
ten sich gemeinschaftlich einer Schaluppe bemächtigen und auf dieser nach dem
nur 35 Meilen entfernten Bourbon (jetzt Réunion) hinübersegeln. Namur
aber verrieth diesen ganzen Plan dem Gouverneur, der in Folge dessen alle

fünf Emigranten in der Nacht des 19. Januar 1694 verhaften und vor sich bringen ließ. Er erklärte ihnen, daß er sehr gut die Unschuld Leguat's, Bele's und De la Haye's kenne; dann fragte er La Case und Testard aus, welche die Absicht zu entfliehen eingestanden, dabei aber bemerkten, daß sie nur ein Schiff hätten nehmen wollen, welches weniger werth gewesen sei, als das ihnen verbrannte, eine Thatsache, die selbst der Soldat Namur zugeben mußte. Ohne auf diese Einwendungen zu hören, warf man nun alle Fünf in ein finsteres Loch, wo man sie zwei Tage und zwei Nächte ohne Nahrung in Ketten gefangen hielt. Dann ließ man die drei Unschuldigen los, La Case und Testard jedoch nicht. Aber auch die drei in Freiheit Gesetzten verlor man nicht aus den Augen; von ihrer ganzen armseligen Habe, die sie von Rodriguez mit herüber gebracht hatten, durften sie nur ihre Kleider und einige Bücher behalten. Darauf warf man sie in eine bereit gehaltene Schaluppe, in der schon Testard und La Case saßen, und segelte mit ihnen davon, ohne ihnen zu sagen wohin.

Zwei Meilen weit von Mauritius erhebt sich mitten aus den Wogen ein vereinsamter kahler Felsen von etwa 200 Schritt Länge und 100 Schritt Breite. Kein Baum, kein dürftiger Grashalm ist dort zu sehen, Alles ist traurig und öde. Dorthin brachte man die fünf Unglücklichen. Auf dem Felsen stand eine alte zerfallene Hütte, welche sie nicht einmal ausbessern konnten, da ihnen hierzu alles Material fehlte. Lebensmittel erhielten sie nur alle acht Tage einmal nach diesem Orte hinübergebracht, später gar nur alle vierzehn Tage und endlich in noch größeren Zwischenräumen. Diese Lebensmittel bestanden hauptsächlich in gesalzenem und oft verdorbenem Fleisch, sowie in Reis. Das Wasser, das man ihnen überließ, war stinkend und unzureichend. Als sie um Netze baten, um fischen zu können, und um ein Faß, in dem sie das Regenwasser auffangen könnten, verweigerte man beides. Leguat, den diese entsetzliche Lebensweise ganz entkräftete, wurde heftig von der rothen Ruhr befallen und glaubte schon sterben zu müssen. Vergebens erklärte ein Arzt, der zu ihnen herübergeschickt worden war, daß der Aufenthalt auf der Insel Mauritius für sie unumgänglich nothwendig sei: der Gouverneur blieb unbeugsam bei seinem Entschlusse und verbot sogar, dem Kranken frisches Fleisch zu senden. Schließlich wurden auch La Case und Testard von derselben Krankheit befallen, so daß nur Bele und De la Haye gesund blieben.

Diese jammervolle Lage der fünf Unglücklichen dauerte schon vier Monate lang, als das holländische Schiff „Die Beharrlichkeit" in Mauritius anlangte, um von dort, den Landesgesetzen gemäß, alle Angeschuldigten und Verbrecher nach dem Kap der guten Hoffnung oder Batavia zu bringen, wo sie vor Gericht gestellt werden sollten. Schon dämmerte ein Hoffnungsstrahl in der Seele der Verbannten auf, aber auch dieser sollte zu Schanden werden, denn sie erfuhren von ihren Verfolgern, daß sie mit diesem Schiffe nicht mit fortgeführt werden sollten; denn, so hieß es, der Gouverneur wolle um jeden Preis alle gerichtlichen Auseinandersetzungen vermeiden. Da beschlossen denn Leguat, Bele und De la Haye, nach Mauritius hinüber zu fahren und dem Schiffskapitän ihre Noth zu klagen. Aber wie sollten sie diesen Vorsatz ausführen, wie zwei Meilen weit über das Meer ohne Schiff hinüber gelangen? Sie spannten alle ihre ganze Erfindungsgabe an, um sich ein Fahrzeug zu verschaffen, und verfielen endlich auf den Gedanken, aus ihren leeren Wassertonnen und dem vielen Seetang, welcher an den Ufern ihres Felsens wuchs, eine Art Floß herzustellen. Bele und De la Haye, die jüngsten und kräftigsten unter ihnen, welche zugleich gute Schwimmer waren, wollten das Wagstück unternehmen; sie vertrauten sich dem zerbrechlichen Flosse an und kamen glücklich in 12 Stunden nach Mauritius hinüber.

Dort fanden sie den Schiffskapitän beim Gouverneur, der über so viel Kühnheit wie versteinert schien. Als sie ihre Klage vorgebracht hatten, antwortete Diodati, daß auf dem Felsen allerdings drei Unschuldige und zwei Schuldige sich befänden, daß er sie jedoch nicht von einander trennen könne, denn sie seien unter sich eng verbunden und allesammt Franzosen. Dann schickte er die Beiden in das Gefängniß, ließ ihnen Ketten anlegen und sandte sie am andern Tage wieder auf den Felsen zurück. Um aber zu verhindern, daß sie wieder Fässer zum Floßbau vorräthig haben möchten, ließ er ihnen von jetzt ab nur eine einzige und zwar oben offene Tonne mit Wasser herüberfenden.

Der Schiffskapitän hatte nicht das Recht, Etwas gegen den Willen des Gouverneurs zu unternehmen; er begnügte sich damit, die Unglücklichen auf ihrem Felsen zu besuchen, und, gerührt von ihrem Elend, ließ er ihnen eine Kiste mit 300 Pfund Reis, etwas Zwieback, einige Flaschen Branntwein und etwas spanischen Wein dort zurück. Diese Lebensmittel kamen ihnen sehr zu Statten, denn, wenn sie sich in der Folge krank fühlten oder Mangel an Nahrung hatten, griffen sie zu diesen Vorräthen.

Als „Die Beharrlichkeit" absegelte, schien für die Unglücklichen der letzte Hoffnungsstrahl geschwunden zu sein. Noch war das Schiff nicht weiter als eine Stunde von ihrem Felsen entfernt, als La Case, der ein ausgezeichneter Schwimmer war, den tollkühnen Entschluß faßte, ihm nachzuschwimmen. Seine Gefährten zerschlugen die Ketten, welche ihn noch fesselten, mit Steinen, und kühn stürzte er sich in die Flut, um mit den Wellen zu ringen. Bangend und voll Grauen schauten sie ihm nach und oft glaubten sie ihn, wenn eine Welle über ihm zusammenschlug, nicht wieder zu sehen; doch stets erschien sein weißer Nacken wieder aus der Flut und die Kräfte fingen erst an ihn zu verlassen, als er in die Nähe des Schiffes gekommen war. Die Matrosen desselben kamen ihm in einem Boote entgegen und fischten ihn auf, als er schon dem Ertrinken nahe war. Man brachte ihn an Bord und erlaubte ihm, seine Kräfte wieder herzustellen; doch der Kapitän, welcher fürchtete, daß es ihm schaden könne, wenn er La Case bei sich behielte, ließ ihn wieder nach seinem Felsen zurückrudern und segelte weiter.

Am andern Morgen erblickten die Verbannten das Schiff nur noch in der Entfernung. Aber trotzdem La Case zurückgewiesen worden war, glaubten sie in der Verzweiflung, noch einen Versuch wagen zu müssen. In der höchsten Noth verfielen sie auf ein sonderbares Mittel, um nach dem Schiffe zu gelangen. Sie banden ihre Koffer zusammen und setzten sich, als die Nacht gekommen war, darauf, um noch das absegelnde Schiff zu erreichen. Aber Wind und Wellen schlugen ihnen mächtig entgegen und sie mußten endlich froh sein, als sie ihren elenden Aufenthaltsort wiedergewonnen hatten.

Kurze Zeit nach diesen traurigen, mißglückten Versuchen verheirathete sich der Gouverneur. In Folge dessen schien ein Funken von Milde in sein hartes Herz zu fallen. Er erlaubte Leguat, auf die Insel zurückzukehren, und sandte den übrigen vier Verbannten frisches Fleisch, das ihnen ein Labsal dünkte, denn sie litten sämmtlich an der rothen Ruhr. Die Hoffnung, welche sie neu belebte, war jedoch nicht von langer Dauer. Ein entsetzlicher Sturm brauste über den Felsen dahin und riß Alles mit sich fort. Die baufällige Hütte wurde gänzlich zerstört, die wenigen Habseligkeiten der armen Leute in das Meer geschleudert und sie selbst würden dieses Schicksal getheilt haben, wenn sie sich nicht nach vieler Mühe und Noth noch in die Höhlung des Felsens hätten flüchten können. Einige Tage darauf wurde auch Leguat nach dem Verbannungsorte zurückgebracht, wo er seine Gefährten ganz entkräftet vor Hunger und Elend antraf.

Die Noth war nun auf's Höchste gestiegen. Obdachlos irrten sie auf dem kahlen Gestein umher und schauten auf das weite blaue Meer; aus dem Kerker, den ihnen ungastliche Menschen bereitet, sehnten sie sich nach ihrem friedlichen Eilande Rodriguez zurück und klagten Gott ihr Leid. Dann wieder rafften sie sich auf und schmiedeten neue Pläne, wie sie sich zur Milderung ihres Elends einige Zerstreuung verschaffen könnten. Auf jeder Seite ihres Felsens befanden sich Korallenbänke, die zuweilen bei sehr niedriger Ebbe zugängig waren und auf denen einige Palmen wuchsen. Dorthin begaben sie sich, holten Palmblätter und flochten aus diesen Strohhüte, welche ihre Beaufsichtiger so hübsch fanden, daß sie ihnen dafür von Zeit zu Zeit einige Lebensmittel besserer Art, als gestattet war, zukommen ließen. Auch fanden sie zu ihrer Freude einen großen Nagel in einem Stücke Bret, das man ihnen zum Feuermachen hinüber geschickt hatte. Diesen bogen sie krumm und verfertigten auf diese Art eine Angel, mit der sie fischen konnten; auch gelang es ihnen einmal, eine Meerschildkröte zu fangen, die ihnen mehr als ein vortreffliches Mahl lieferte.

Durch diese gelungenen Versuche kühner gemacht, dachten sie wieder daran, ein Fahrzeug zu bauen, mit dem sie dem nächsten Schiffe, welches sich zeigte, zurudern wollten. Für die Palmenhüte, welche sie noch immer flochten, erhielten sie von ihren Aufsehern einige Stangen und mehrere Büffelhäute,

aus denen sie sich Decken und Kleider machen sollten, ebenso etwas Theer.
Aus den Stangen und den ausgespannten und getheerten Häuten fertigten sie
dann ein leichtes, zerbrechliches Floß, das sie jedoch in Theile zerlegten und
sorgsam versteckten, damit es die Leute von Mauritius nicht entdeckten.

Doch kein Schiff ließ sich sehen, auf das sie hätten zusteuern können.
Dumpfe Verzweiflung ergriff sie wieder, und Testard, der immer kränker und
schwächer wurde, entschloß sich, nach Mauritius hinüber zu fahren, um dort
in den Wäldern zu leben. Seine Gefährten versuchten, ihm diesen Entschluß
auszureden. Doch er ließ sich nicht abhalten und baute sich aus Stangen,
Fellen und Seegras ein neues Floß. Während er seinen Leidensgenossen
Lebewohl sagte und sich zur Abfahrt anschickte, stieg die Flut und führte
sein eben fertig gewordenes Floß auf das offene Meer hinaus und zwar in
einer Richtung, welche der Insel Mauritius gerade entgegengesetzt ist. Hätte
Testard sich darauf befunden, er wäre sicherlich damals schon in den Wogen
umgekommen. Leguat suchte ihn auf das Gefährliche seines Unternehmens
aufmerksam zu machen und die übrigen Gefährten hielten ihn mit Gewalt
von einem neuen Versuch zurück. Aber Alles half nichts. Seine Sehnsucht
zu entkommen ließ sich nicht niederhalten. Scheinbar unterwarf er sich nun
dem Willen der Andern, aber nur, um desto sicherer seinen Plan auszuführen.
Eines Nachts nahm er sich von dem größeren, ihnen Allen gemeinschaftlich
gehörenden Floße, Stangen und Felle; bereitete daraus ein kleines Floß,
versah sich mit Feuerzeug, einigen Riemen und seinem Gebetbuche und schiffte
sich heimlich am 10. Januar 1696 ein. Erst am andern Morgen bemerkte
man seine Abwesenheit. Zwei Briefe, einen für den Gouverneur, einen für
seine Gefährten, das war Alles, was er zurückließ. Man hat nie wieder Etwas
von ihm gehört. Vergeblich wartete man auf Feuerzeichen von der Insel
Mauritius, nichts war zu sehen, und Testard hat sicherlich sein nasses Grab
im Indischen Ozean gefunden.

Nun waren von den zehn Genossen, die im Jahre 1691 von Amsterdam
absegelten, nach so vielen Leiden noch allein vier übrig. Das unglückliche
Schicksal Testard's hielt sie jedoch nicht ab, daran zu denken, wie sie auf
irgend eine Weise die Freiheit wieder erlangen könnten. La Case, der kühne
Schwimmer, entschloß sich zuerst, nach Mauritius hinüber zu fahren und
dort Das auszuführen, was Testard mißglückte. Er versah sein Floß mit
einem aus Palmblättern geflochtenen Segel, das ihm gute Dienste that, und
gelangte glücklich, doch nicht ohne mancherlei Gefahren, an's Ufer. Seine
Ankunft zeigte er durch das Anbrennen eines Feuers seinen zurückgebliebenen
Gefährten an. Dann irrte er, vom entsetzlichsten Hunger geplagt, acht Tage
lang in den Wäldern unter unsäglichen Leiden umher und glaubte schon an
einem Bache verschmachten zu müssen, als er glücklicherweise in diesem einen
Aal fing, den er roh verzehrte. Andern Tags fanden ihn einige Einwohner,
die ihn dem Gouverneur auslieferten.

La Case giebt ein Feuersignal.

Dieser war durch das wiederholte Entrinnen von der sicher geglaubten Felseninsel ganz bestürzt und fürchtete, daß auch die übrigen Drei entweichen könnten. Er ließ sie deshalb Alle zurückholen. Leguat verbarg in einer Höhle des Felsens noch sein Tagebuch und verließ diese dann, indem er Gott für seine Befreiung aus dieser Qual dankte. Sie hatten drei Jahre lang in der schrecklichen Einsamkeit zugebracht.

Ihr Aufenthalt auf Mauritius sollte nicht lange mehr dauern. Der Kapitän des Schiffes „Beharrlichkeit" hatte die Leiden der Unglücklichen der holländischen Regierung mitgetheilt, und diese sandte das Schiff „Suraag" ab, um sie nach Batavia zu führen. Auf der Ueberfahrt wurden sie als Gefangene behandelt und in Batavia in das Gefängniß gesetzt, bis ihre Angelegenheit vor Gericht verhandelt worden war. Einige Zeit darauf ließ man sie frei, zwang sie jedoch, als gemeine Soldaten Dienste zu leisten, und machte nur mit Bele eine Ausnahme. Da dieser holländisch sprechen und schreiben konnte, wurde er zum Festungsschreiber ernannt.

Nachdem sie sechs Monate lang gedient hatten, erlangten sie ihre gänzliche Freiheit wieder, und es wurde ihnen gestattet, sich mit dem ersten Schiffe, das nach Holland ging, dorthin zurückzubegeben, wo sie den Gouverneur von Mauritius verklagen könnten, wenn sie es für rathsam hielten; in Batavia erklärten sich die Gerichte für diesen Fall nicht kompetent. Nun ging die jahrelange Noth zu Ende. Sie schauten voll neuer Hoffnung der Zukunft entgegen, und die alten Plänemacher hatten nun Stoff genug zu neuen Entwürfen. Doch war der Kelch ihrer Täuschungen noch nicht völlig geleert. Ihre Freude verwandelte sich in neue Trübsal, als De la Haye ernstlicher erkrankte und seinen Leiden erlag, bevor noch die Abreise angetreten werden konnte.

Jetzt waren es nur noch ihrer Drei. Die am Leben Gebliebenen segelten am 28. November 1697 von Batavia ab. Nachdem sie sich am Kap der guten Hoffnung und auf St. Helena noch aufgehalten hatten, landeten sie wohlbehalten am 28. Juni 1698 zu Vliessingen. Sie hatten acht Jahre und zwölf Tage ein Robinsonsleben geführt, wie es prüfungsreicher schwerlich gedacht werden kann.

So erreichten von den zehn Emigranten nach unsäglichen Leiden nur drei Europa wieder. Pagny starb, wie wir wissen, schon auf der Ueberfahrt; Guiguer und Pierrot gingen mit dem Kapitän des ersten holländischen Schiffes nach Mauritius zurück; Boyer starb auf Mauritius; Anselin und Thomas mußten auf Mauritius Dienste nehmen; Testard ertrank bei seinem Fluchtversuche im Ozean; De la Haye starb nach seiner Befreiung in Batavia: nur Leguat, Vele und La Case entrannen den wiederkehrenden Gefahren und dem jahrelangen Elend. Leguat schrieb später die Geschichte seiner Leidenszeit nieder, und ihr sind wir bei dieser Erzählung gefolgt.

Hütten auf Rodriguez.

Fisternäsfet in Südgrönland.

Hans Egede,
der Apostel Grönlands.

1721—1736.

Durch Nebel und Wogendrang zieht im nordischen Meere ein Schifflein seine Bahn. Die es birgt, sie achten nicht den Kampf mit dem aufgeregten Elemente, noch die Eisschollen, die immer drohender gegen ihr schwaches
Fahrzeug anstürmen und es zu zertrümmern drohen. Von Islands rauher
Küste kommen sie gefahren, um eine neue Heimat aufzusuchen, denn in der
alten, wo Blutschuld auf ihnen lastete, war nimmer ihres Bleibens. Sehnsüchtig schauen sie aus, ob nicht inmitten der sie umgebenden Eismassen ein
Land auftauche, das ihnen ein Asyl gewähren könne. Lange dauert die Fahrt,
und das Fahrzeug, ein Wikinger Drache, landet endlich an einem Gestade,
wo neben mächtigen Gletschern grüne Wiesenmatten an den Strand sich
hinabziehen. Erich der Rothe (Erik Rauda) springt mit seinen Gefährten an's Ufer, nimmt von dem Lande Besitz und tauft es nach den Wiesen:
„Das grüne Land." So ward im Jahre 982 Grönland zuerst von
weißen Menschen betreten, nachdem bereits ein Jahrhundert früher der
Normanne Gunnbjörn die Küsten gesehen, aber nicht erreicht hatte.

Aus der Verbannung nach Island heimgekehrt, wußte Erich Rauda viel von Grönlands Fischreichthum, seinen prächtigen Häfen, den grünen Wiesen, den zahlreichen Robben und großen Renntbierherden zu erzählen. Man lauschte begierig seinen Berichten und eine bedeutende Anzahl Normannen entschloß sich, ihm nach dem neuen Lande zu folgen. So entstanden die ersten grönländischen Kolonien, sowel auf der Ost= als der Westküste. Schon im Jahre 1000 zählte man 190 Wohnsitze und mehrere Klöster, später errich= tete man sogar einen Bischofssitz zu Gardar (Frederikshaab) an der Westküste. In dem eisigen Lande mit dem rauhen Klima und der kümmerlichen Vege= tation entwickelte sich ein für jene nordischen Breiten hohes und erfreu= liches Kulturleben. Ortschaften wurden gegründet, Kathedralen streckten ihre Thürme stolz in die Luft und ein lebhafter Handel mit den Landesprodukten fand nach Norwegen und Dänemark hin Statt.

Schon Erich Rauda's Sohn, Leif, hatte die heidnischen Normannen Grönlands zum Christenthum bekehrt. Seitdem wurde jene abgelegene Domäne der katholischen Kirche von den Päpsten mit besonderer Vorliebe behandelt, denn in keinem Theile der Erde besaß damals der christliche Glaube so entfernte Kinder. Das verhinderte aber den Papst keineswegs, von den Grönländern Tribut zu fordern. So finden wir, daß Papst Johann XXII. im Jahre 1326 einen gewissen Bertrand von Ortoli nach Grönland sandte, um den kirchlichen Zehenten einzuheben. Er kam im folgenden Jahre mit 127 Pfund Walroßzähnen zurück, die er, wie noch heute aus den Vatikanischen Kirchenrechnungen ersichtlich, an einen flandrischen Kaufmann für 12 Pfund 14 Sol Silber zu Gunsten der päpstlichen Kasse verkaufte. Weiterhin ersehen wir, daß im Jahre 1433 Papst Eugen IV. den Bruder Bartholomäus de St. Ypolito zum Bischof von Grönland ernannte — aber damit sind auch die Nachrichten über die alten grönländischen Kolonien so ziemlich zu Ende. Sie scheinen verschwunden, wie von einem Erdbeben verschlungen, und was wir über ihren Untergang wissen, beruht zum größten Theile auf Ver= mutbungen; falsch aber ist die Ansicht, als habe zunehmende Kälte ihre gänzliche Ausrottung herbeigeführt.

Einiges Licht fällt auf dieses Räthsel durch den Brief, welchen Papst Nikolaus V. an die Bischöfe von Skalholt und Holum auf Island im Jahre 1448 ergehen ließ. Er schreibt darin, daß die jammervollen Klagen seiner lieben grönländischen Kinder sein Mitleid auf das Tiefste erregt hätten, denn vor etwa dreißig Jahren seien heidnische Ausländer von den benachbarten Küsten mit einer Flotte auf Grönland angekommen, hätten das dort wohnende Volk überfallen, das Land selbst aber und die heiligen Gebäude mit Feuer und Schwert verwüstet, ohne irgend Etwas übrig zu lassen, als unansehn= liche Gemeinden, die weit entfernt auf steilen Felsen wohnten. Alle übrigen christlichen Einwohner waren in die Sklaverei abgeführt worden. Woher diese Flotte gekommen, darüber läßt sich aus dem Briefe des Papstes nichts erſehen, aber den Uebriggebliebenen wollte Nikolaus einen neuen Prieſter ſenden. Daß dies wirklich geſchehen, wird nirgends erwähnt, und von nun an deckt tiefe Nacht die alten Normänner=Anſiedelungen.

Unter den Eingeborenen ſelbſt hat ſich die Tradition erhalten, daß die weißen Männer ihre Vorfahren, die Skrälinger oder Schrellinger, überfallen und ermordet hätten; vielleicht richtete auch der ſchwarze Tod ſeine Ver= wüſtungen an, und als das Reformations=Zeitalter alle Kräfte in der alten Heimat in Anſpruch nahm, als ein Dynaſtiewechſel, als Kriege und Revo= lutionen dort das Land zerrütteten, da blieb Grönland für Europa auf lange Zeit vergeſſen. Neue goldreiche Gegenden in dem Wunderlande Amerika feſſelten die Aufmerkſamkeit der Menſchen, an das eiſige Land hoch oben im arktiſchen Meere dachte Niemand mehr.

Später tauchte es jedoch von Neuem in der Erinnerung auf. Erich Walkendorf, Erzbiſchof von Drontheim, rief das Andenken an die ver= ſchollenen Grönländer wieder wach, und es kam in der That eine Reihe von Expeditionen zu deren Aufſuchung zu Stande, welche jedoch alle ergebnißlos verliefen. König Friedrich II. von Dänemark ſchickte 1578 den Mogens Heinſon, einen berühmten „Seehahn“ ab, welcher Grönland wieder auf= ſuchen ſollte. Er bekam es wirklich nach mancherlei ausgeſtandenen Gefahren zu Geſicht, konnte es jedoch nicht betreten, „weil ihn unterſeeiſche Magnet= klippen feſſelten.“ In das ſiebenzehnte Jahrhundert fallen hierauf die Ent= deckungsfahrten des Admiral Götke Lindenow, die Expeditionen unter Carſten Richards und Danell, unter Jens Munch, Chriſtian Früs, Otto Arelſon u. A. — aber alle verfehlten den Hauptzweck, Nachricht von den alten normänniſchen Anſiedelungen zu bringen.

Schon traute man den alten Berichten nicht mehr und glaubte, die Kunde von den Kolonien der alten Skandinavier auf Grönland gehöre in das Reich der Fabel. So viele Anſtrengungen waren ihrethalben gemacht worden, ohne zum Ziele zu führen, keine Spur war entdeckt worden und dann, was konnte Grönland, die verrufene Welt des Eiſes, auch bieten? Grund genug, um den Gedanken an daſſelbe gänzlich fallen zu laſſen.

Während ſo die Ruhe des Grabes über das nordiſche Land ausgebreitet ſchien, ward der Gedanke an daſſelbe wieder lebhaft in der Feuerſeele eines einzelnen Mannes wach. Hans Egede, Pfarrer zu Wogen im Stifte Drontheim in Norwegen, glühte vor Begeiſterung, das alte Räthſel zu löſen und den heidniſchen Einwohnern das Evangelium zu bringen. „Auf der einen Seite,“ ſo ſchreibt er, „ſtärkten mich die Ehre Gottes und das Heil dieſer armen Völker; auf der andern ſchreckte mich die Furcht vor den vielen damit ver= knüpften Schwierigkeiten und Gefahren.“ Aber der Entſchluß ſtand bei ihm feſt, der Apoſtel Grönlands zu werden, und ſo ſehen wir ihn denn ſeit dem Jahre 1708 mit eiſerner Zähigkeit und bewundernswürdiger Willensſtärke an ſeinem großen Plane arbeiten, den er dann auch erfolgreich durchführte.

Damals war Hans Egede ein junger Mann von 22 Jahren, kaum erst
als Prediger angestellt. Auch lebte er in behaglichen Verhältnissen, die er
nun aus christlicher Liebe mit einer ungewissen und gefahrvollen Zukunft
vertauschen wollte. Briefe, welche er in seiner Angelegenheit an die pro-
testantischen Bischöfe von Bergen und Drontheim schrieb, wurden zwar
ermunternd beantwortet, führten indessen kein thatsächliches Ergebniß herbei.
Mit Bitten und Weinen drangen seine Frau und seine Verwandten in ihn,
von seinem Vorhaben abzustehen, er aber blieb fest und antwortete mit den
Worten des Evangeliums: „Wer Vater oder Mutter, Frau, Kind, und
Bruder oder Schwestern mehr liebt, denn mich, der ist mein nicht werth.“
Als seine Frau nun einsah, wie eisern des Gatten Entschluß sei, ließ sie ab,
demselben die Sache zu verleiden; sie trat vielmehr als treueste Unterstützerin
seiner Pläne in des geliebten Mannes Fußtapfen, und als ihn selbst eines
Tages Zweifel plagten, trat sie zu ihm heran und tröstete ihn mit den Worten:
„Warum zweifelst Du jetzt? Warum läßt Du den Muth sinken, da es nun
nicht mehr an der Zeit ist, davon abzustehen?“

Noch waren aber eine Menge Schwierigkeiten zu überwinden. Um ganz
seinem heiligen Berufe leben zu können, gab Hans Egede seine Pfarrstelle im
Jahre 1717 auf, nahm von seinen Pfarrkindern Abschied und begab sich
nach Bergen. Unbeugsam förderte er von hier aus sein Vorhaben weiter,
das weder der Spott der Menschen, noch die Theilnahmlosigkeit der Behörden
zu hintertreiben vermochten. Endlich im Jahre 1721 erhielt er die Nachricht,
daß sowol das dänische Missions-Kollegium als der König seinen Plan gut-
geheißen hätten. Es wurde ihm von Friedrich IV. die Erlaubniß ertheilt, eine
grönländische Handelsgesellschaft zu gründen, welche das Land bis
zum 64. Grade kolonisiren, während Egede selbst als Missionär das Evangelium unter den Eingebornen zu verbreiten unternehmen sollte. Er erhielt
300 Reichsthaler Jahresgehalt und außerdem 200 Thaler Reiseunterstützung.

Das Kapital der Handels-Gesellschaft war auf 10,000 Thaler angewachsen. Mit diesem schaffte man drei Schiffe an, deren größtes „Haabet“,
„die Hoffnung“, getauft wurde. Die Expedition lichtete am 2. Mai 1721 von
Bergen aus die Anker. Die „Hoffnung“ hatte alle Ausrüstungsgegenstände
nebst vierzig Personen an Bord, darunter Egede’s Familie. Ein kleiner
Walfischfänger war vorausgesandt worden, verlor jedoch seinen Mast auf
der Fahrt und mußte umkehren; das dritte Schiff endlich, eine Galliot, war
dazu bestimmt, die Nachricht von der glücklichen Ankunft der kleinen Flotte
in der Heimat zu verkünden.

Nach vierwöchentlicher Fahrt bekam man Staten-Huck an der Südspitze
Grönlands zu Gesichte, und hier begann, nachdem die Reise bisher glücklich
verlaufen, ein harter Kampf mit Eis und Schnee und den Unwettern der
arktischen Regionen, wodurch die Schiffe an den Rand des Abgrundes gebracht
wurden. Nach vielen Gefahren landeten sie endlich am 3. Juli im Baals-

Revier an der Westküste unter dem 64. Breitengrade. Aber noch ehe Egede
Anker werfen konnte, begegneten ihm zwei Meilen vom Lande drei Kajaks,
lederne Boote der Grönländer, die man in der Ferne für Seehunde hielt.
Für Egede war dies ein herzrührender Anblick. Das waren also die Leute,
um derentwillen er so Vieles gewagt und geduldet, denen er nun das Evan=
gelium predigen wollte! Die Kajaks schossen mit außerordentlicher Schnellig=
keit heran; bald schienen sie oben auf den Wellen zu schweben, bald ver=
schwanden sie wieder unter denselben.

Grönländer im Kajak.

Endlich waren sie da, ruderten ein paar Mal um die „Hoffnung" herum,
und die Insassen wagten sich an Bord, wo sie mit Angeln und Nähnadeln be=
schenkt wurden. Seitdem bestand zwischen den ankommenden Kolonisten und
den Eingebornen ein freundschaftlicher Verkehr, der nur dann und wann ein
Mal vorübergehend getrübt wurde. Hans Egede erzählt, die Grönländer hätten
es nie versucht, Jemandem ein Leid zuzufügen, wofern sie sich nicht dazu ge=
zwungen sahen. „Außerdem fürchteten sie sich auch sehr vor uns," sagt er, „weil
sie uns als Leute ansahen, welche ihnen an Stärke und Muth überlegen waren."
Die Aussichten schienen gut. Man landete und begann mit dem Bau
einer Hütte aus Erde und Brettern, wobei die Grönländer bereitwillig halfen.
Sie glaubten Anfangs, daß Egede ein Schiff bauen wolle, und schleppten das

nöthige Holz herbei. Als sie aber ein Haus entstehen sahen, das mit einer Mauer aus Stein und Rasen umgeben wurde, wiesen sie auf die Sonne und den Horizont, zitterten, schlossen die Augen, legten die Hand auf den Kopf, zeigten auf das Eis, von dem sie andeuteten, daß es das Schiff zerquetschen, und auf den Schnee, daß er das Haus überdecken würde. Unzweideutig ging aus alledem hervor, daß sie die Abfahrt der Fremden wünschten. Als das Gebäude vollendet war, aus dem später die Kolonie Gothaab, „gute Hoffnung", entstand, hielt Hans Egede darin seine erste Predigt am 31. August über den 117. Psalm: „Lobet den Herrn alle Heiden! preiset ihn alle Völker! Denn seine Gnade und Wahrheit waltet über uns in Ewigkeit!"

Die Kenutniß des Landes, seines Volkes und der Sprache sich zu verschaffen, darin bestand die erste Sorge Egede's, und in der That verdanken wir auch ihm, sowie seinem Sohne und Nachfolger Paul, die zuverläßigste Kunde von Grönland. Namentlich die Westküste, die ein weit milderes Klima vor dem Osten begünstigt, wurde von ihnen bis nördlich von der Disko-Bucht erforscht. Der Norden des Landes liegt für uns heute noch völlig in Dunkelheit, wenngleich durch Kane's Nordpol-Expedition die Westküste bis zum 81. Grade bekannt wurde und Scoresby der steilen Ostküste entlang bis über den 71. Grad hinaus fuhr. Aber von dem Innern des über 30,000 Quadratmeilen umfassenden Landes, das wir fast als einen Kontinent für sich betrachten können, wissen wir so gut wie Nichts. Tiefe Föhrden, Fjorde, dringen, prächtige Häfen bildend, von allen Seiten in dasselbe ein. Versucht aber der Schiffer, sie weiter landeinwärts zu verfolgen, so hindern unübersteigbare Eisbarren jedes fernere Vorschreiten. Wild und zerrissen, ost in phantastischen Formen aufsteigend und den größten Theil des Jahres von Eisbergen und mächtigen Schollen umlagert, erheben sich die Küsten mit ihren oft über 3000 Fuß hohen Gebirgszügen. Groteske Felspartien, wie der Suttertoppen oder Zuckerhut an der Ostküste bei der gleichnamigen dänischen Kolonie, oder Kap York in der bei den Nordpolfahrern übel berüchtigten Melville-Bai unter dem 76. Grade nördl. Breite, wetteifern in ihrer Erscheinung mit den romantischen Scenerien der Gebirgsnatur. Geheimnißvolles Dunkel, das wol nie völlig aufgehellt wird, ruht also über den weiten Gebieten, die jedoch nicht so arm an Produkten des Mineralreiches erscheinen, als man auf den ersten Blick glauben möchte. Die steil emporragenden Berge liefern Kupfer, Zink, Eisen, Steinkohlen und den werthvollen Kryolith, der schiffsladungsweise in unsre chemischen Fabriken gesandt wird; auch findet man Halbedelsteine und Zinn. Dem arktischen Charakter des Landes entspricht seine spärliche Vegetation und dürftig vertretene Thierwelt. Krautartige Gewächse, Heidelbeerarten, Löffelkraut, fußhohe Fichten, Birken und verkrüppelte Weiden bedecken den meist gefrorenen Boden. Der Schneehase, der Eisfuchs, der Polarbär und das Rennthier kommen in großer Individuen-Anzahl vor. Landvögel giebt es wenig, dagegen wimmelt

das Meer von Schätzen aller Art. Walfische, Schwertfische, Finnfische, Kache-
lots, Narwale, Walrosse, verschiedene Seehunde und Robben, sowie eine
Menge eßbarer Seefische, liefern den Grönländern Nahrung, Kleidung und
Handelsgegenstände, die in Fellen, Eiderdunen, Thran, Fischbein und Walroßzähnen bestehen. Was endlich die Einwohner selbst, die zur großen Eskimo-
familie gehören, betrifft, so werden wir sie an der Hand von Egede's Bericht
nach ihren Sitten und Gebräuchen genügend kennen lernen.

Kap York in der Melville-Bai.

Das nächste Bestreben des würdigen Gottesmannes war dahin gerichtet,
sich Kenntniß von der grönländischen Sprache zu verschaffen. Bei der Schwie-
rigkeit, dieselbe zu erlernen, ging dies nicht so leicht von Statten, und als Egede
sie sich zu eigen gemacht, mußte er sich sagen, daß sie wenig geeignet erschien,
darin höhere Begriffe auszudrücken oder gar zu predigen. Dagegen ist die
grönländische Sprache reich an Bezeichnungen für solche Dinge, die das Land
in großer Fülle bietet, wie denn für Schnee und Eis allein wol ein Dutzend

verschiedener Ausdrücke im Gebrauche sind. Da bekanntlich die Jugend schneller eine neue Sprache lernt als das Alter, so hielt Egede seine beiden Knaben Paul und Niels an, dieselbe zu erlernen, damit sie ihm Anfangs als Dolmetscher dienen könnten. Sie wurden beide in der Nähe der Kolonie bei Grönländern untergebracht, wo sie denn auch bald ganz merkliche Fortschritte machten, ja in Sitten und Gebräuchen sogar Mancherlei von den Landeskindern annahmen. Sie lernten gleich diesen im Kajak rudern, mit Bogen und Pfeil schießen und spielten die grönländischen Kinderspiele mit. Eines derselben, Ajegack, erinnert an unsern „Schwarzen Peter". Es handelt sich hierbei darum, einen Pflock, der an einer Sehne aufgehängt ist, genau in ein Loch zu schwenken. Wer das Ziel verfehlte, wurde mit Lampenruß im Gesichte schwarz gemalt, und so theilten denn Pauia und Nese, wie die Grönländer Paul und Niels nannten, häufig dieses Schicksal, bis sie den Inbegriff des Spieles weg hatten.

Nachdem Egede einige Fortschritte in der Sprache gemacht hatte, begann er seine Predigten. Er ging dabei von dem ganz richtigen Grundsatze aus, daß er dem Volke erst die Kenntniß irdischer Dinge beibrachte, sie mit einem Worte zu bilden strebte, ehe er ihnen das Christenthum predigte, welchem sie ohne Vorbereitung sicherlich fremd geblieben sein würden. Ein großes Hinderniß dabei bot ihr abergläubisches Wesen sowie der Einfluß der Zauberer oder Angekots, welche feindlich gegen Egede auftraten, weil sie wohl einsahen, daß er schließlich ihre Macht schmälern würde. Die Religion des Volkes bestand, als Egede das Land betrat, aus einem reinen Naturalismus. Ueber Entstehung von Himmel und Erde besaßen sie nicht die geringste Vorstellung, doch glaubten sie an die Unsterblichkeit der Seele und an eine Art höheres Wesen. Nach ihrer Lehre ist die Seele ein feines, unfühlbares Ding ohne Nerven und Knochen, das nach dem Tode zu einem bessern Leben eingeht. Das höchste, mit übernatürlicher Kraft ausgestattete Wesen ist der Torngarsuk, der bald gestaltlos, bald als Bär auftritt. Einige stellten sich den Bärgott groß und mächtig, mit nur einem Arme vor, während Andere ihn zwerghaft und sterblich dachten. Seine Wohnung ist unterirdisch oder im Wasser, aber stets an einem Orte, wo Wildpret und Vögel im Ueberflusse vorkommen. Die Luft hat wieder ihre besonderen Geister, deren einer, Erloersortok, eine magere, ausgehungerte Gestalt mit eingefallenen Wangen, sich von den Eingeweiden der Todten ernährt. Auch jedes andere Element hat seinen besonderen Schutzgeist. Verkünder dieser Religion sind die Priester oder Zauberer, Angekoks, welche etwa die Stellung einnehmen, wie die Medizinmänner bei den nordamerikanischen Indianern. Wer Angekok werden will, begiebt sich auf das Feld hinaus, setzt sich dort auf einen großen Stein und ruft den Torngarsuk an. Dieser erscheint in so schrecklicher Gestalt, daß der Anrufer sofort zur Erde niedersinkt und drei Tage lang in Ohnmacht verharrt. Wenn er nach dieser Frist wieder aufsteht, ist er Angekok und ein

Mann voll Weisheit. Dann vermag er durch bloße Worte Kranke zu heilen, kann in Hölle und Himmel reisen, um dort mit Torngarsuk zu verkehren, und lebt nun gemächlich auf Kosten seiner Landsleute.

Egede predigt den Grönländern.

Auch giebt es verschiedene Grade der Angekots; ein solcher, der einmal von einem Eisbären gefressen wurde, dessen Glieder sich aber später mit der Seele wieder vereinigten, heißt ein Angekok Poglit und ist begreiflicher Weise ein überaus angesehener Mann.

Daß Hans Egede einen harten Stand hatte, diesen Aberglauben aus= zurotten, und daß es ihm schwer wurde, die feindlich gesinnten Angekots, denen

5*

er das tägliche Bret verkümmerte, sich fern zu halten, kann man sich
leicht vorstellen. Doch ging er mit Eifer an sein Werk und bewies in allen
Gefahren und Nöthen unbeugsamen Muth. Es fehlte einigemal nicht viel,
so wäre ein von den Angekots angeregter Aufstand gegen die Kablunats,
wie die Grönländer alle Fremden nennen, in lichterlohen Flammen ausge=
brochen; brachte doch einer der Feinde Egede's, Elit mit Namen, eine förm=
liche Verschwörung zu Stande, um Egede und seine Familie zu ermorden,
während seine Leute, auf Handelszügen begriffen, abwesend waren. Der Plan
wurde glücklicher Weise verrathen und Egede beschloß, dem Angekot zuvorzu=
kommen. Mit sieben Bewaffneten drang er in dessen Hütte, wo nach kurzem
Handgemenge der Zauberer ergriffen, nach der Niederlassung der Weißen
gebracht, dort gehörig durchgeprügelt und in Ketten geschlagen wurde. In
Folge dessen entstand ein kleiner Auflauf, mehr als 200 Grönländer umring=
ten das Haus, in welchem der Gefangene saß, und verlangten dessen Freigebung.
Als sie jedoch sahen, daß dieser nicht getödtet wurde, beruhigten sie sich und
versuchten niemals wieder, mit Gewalt gegen den Missionär aufzutreten.

Je mehr sich Egede Kenntnisse in der Landessprache erwarb, desto größer
wurde auch sein Einfluß, desto mehr schwand die Macht der Zauberer, und
namentlich die Weiber hingen ihm an, da er ihren Männern die übliche Viel=
weiberei untersagte. Es gelang ihm, Viele zum Christenthum zu bekehren,
doch wurde es ihm schwer, den Getauften ein rechtes Verständniß von der
Lehre Christi beizubringen. So erzählte Einer, Gott sei ihm in einem
Kajak erschienen und habe ihm glücklichen Seehundsfang versprochen, seitdem
habe er auch reiche Beute gemacht. Der Seehund spielt überhaupt bei den Be=
wohnern Grönlands eine Hauptrolle, und wenn Egede ihnen die Glückseligkeit
des Himmels pries, fragten sie allemal, ob es dort auch viele Seehunde gebe?

Bei den Predigten, welche der Missionär oder sein Gehülfe Top hielten,
ereigneten sich dann auch oft seltsame Mißverständnisse. Nannte der Pre=
diger das Kapitel der Bibel, welches gerade den Text bildete, so glaubten
sie, es sei von ihren Kapitaks, Pelzen, die Rede, und kam ihnen die Predigt
zu lang vor, so ersuchten sie Egede, daß er aufhören möge. Er mußte dann
am Arme abmessen, wie groß das Stück sei, das noch übrig war, und wenn
ihnen dies gezeigt worden, setzten sie sich wieder und schoben die Hand so
lang an ihrem Arme hin, bis sie endlich mit Schluß der Predigt an den Finger=
spitzen anlangten. Auch der Gesang behagte ihnen nicht immer und sie
stopften mehr denn ein Mal dem Vorsänger den Mund mit einem Handschuh,
wenn er ein neues Lied beginnen wollte. Den Versuch Egede's, mit Gewalt
die Grönländer und namentlich deren Kinder zu sich heranzuziehen, um sie
zu bekehren, erwiederten diese damit, daß sie ihm sein Söhnchen Paul,
gewissermaßen als Gegenpfand, raubten und ihn dadurch zwangen, einen
der Knaben wieder herauszugeben. Als vortreffliche Gelegenheits-Dichter und
Leute, die einen guten Theil Mutterwitz besitzen, verfaßten sie nun ein Spott=

gedicht auf Egede, welches folgendermaßen lautet: „Es ist ein fremder Mann
über das große Meer von Westen gekommen, der Knaben stiehlt und ihnen
dicke Suppe mit einem Felle darauf zu essen giebt (so nannten sie den groben
Mehlbrei) und getrocknete Erde aus seinem eigenen Lande (Schiffszwieback)."

Ueber Alles, was ihnen gepredigt wurde, dachten sie ernstlich nach. Doch
konnten sie die Dreieinigkeit nicht begreifen und Einer, der sie sinnbildlich
darstellen wollte, verfiel dabei auf folgende von Scharfsinn zeugende Idee.
Er theilte das einzige Feuer seiner Lampe in drei Theile und glaubte, Gott
sei wie dieses Feuer, das aus einem entstanden, doch nun drei gesonderte
Flammen habe. Vor der Flamme steckte er dann sein Messer in die Erde,
welches, ebenfalls an sich einfach, gleichwol drei Schatten warf.

Nichtsdestoweniger gewann das Christenthum an Boden und breitete
sich mehr und mehr aus, wenn auch Egede diese Früchte nur unter den größten Gefahren, im Kampfe mit dem Klima, mit Krankheit und Hungersnoth
reifen sah. Seine apostolische Laufbahn war eine harte, sorgenvolle, und all'
die Mühsale, die er in der Heimat zu besiegen gehabt, ehe er seinen Plan
durchführen konnte, erschienen winzig gegenüber den Prüfungen, die er in
Grönland selbst zu bestehen hatte.

Zunächst machte ihm jahraus jahrein das entsetzliche Klima zu schaffen.
Wenn im Sommer das Thermometer auch zuweilen 12 Grad zeigte, so sank
es doch im Winter sehr häufig auf 32 Grad unter Null. Zwar stürmte es
nicht und auch Gewitter waren selten, dagegen bedeckten Nebel während der
kurzen Sommerzeit das Land weit und breit, und die Kälte wurde im Winter so
heftig, daß die Enden der Ofenröhren, durch welche der Rauch austritt, oft
gänzlich zufroren. Auf den Betten bildeten sich zolldicke Reifkrusten, Wein
und Branntwein gefroren und sprengten ihre Flaschen, die Butter mußte mit
Hammer und Meißel aus den Töpfen herausgeschlagen werden, und das
gekochte Fleisch war im Innern häufig noch gefroren, wenn man es zerschnitt.
Eine Folge der großen Temperatur-Unterschiede in verschiedenen Luftschichten
sind die zu jeder Zeit in Grönland beobachteten Luftspiegelungen. Keineswegs selten erscheinen Ringe um Sonne und Mond, Nebensonnen und vor
Allem farbenprächtige Nordlichter, welche nach dem Aberglauben der
Grönländer vom Ballspielen der Todten herrühren sollen. Fast jede Nacht
konnte man sie stärker oder schwächer beobachten. Bald erblickte man ein
mattes, verschwommenes Licht oder einzelne leuchtende Flocken, bald Strahlen,
die in blendendem Weiß erzitterten und den ganzen Himmelsraum durchliefen;
sie gehen vom Horizont aus, halten manchmal im Laufe still, sind gleichsam
nur halb vollendet und erreichen den Zenith nicht. Gleichzeitig erscheint aber
das Nordlicht auf einem andern Punkte, ein Strauß von Feuerbündeln,
welche sich dann fächerförmig ausbreiten, nach und nach bleicher werden und
wieder verschwinden; oder lange vergoldete Lichtgewänder falten sich zusammen oder strömen in Feuerwellen, als ob sie vom Winde bewegt würden.

Sie schweben scheinbar nicht hoch in der Luft und man möchte sich wundern, daß man das Rauschen der Falten nicht vernimmt. — Sehr häufig auch tritt das Nordlicht als strahlender Bogen auf; dieser erscheint als ein blendendes Weiß oder funkelndes Roth, welches Strahlen schleudert, an Größe zunimmt, sich theilt und bald einen leuchtenden Fächer im Norden bildet. Ein solcher Bogen steigt allmälig zum Zenith auf; dort vereinigen sich die Strahlen und bilden eine feurige Kuppel, die, in Blau, Grün, Roth, Gelb und Weiß spielend, allmälig unter Zuckungen wieder erlischt. Das Nordlicht verendet.

Aber die Augenweide, welche das Nordlicht gewährt, war auch das Einzige, was unsern Missionär in dieser arktischen Natur mit Entzücken zu erfüllen vermochte.

Nachdem Egede bereits fünf Jahre gewirkt hatte, während welcher Zeit er öfters mit Mangel kämpfen mußte, blieben 1726 die Proviantschiffe von Norwegen aus und eine förmliche Hungersnoth drohte die kleine Kolonie zu vernichten. Das ungewohnte Seehundsfleisch mundete ihnen nur schlecht und verlieh außerdem keine Kraft. Die Kolonisten waren froh, wenn die Grön=länder ihnen einige Eier schenkten, oder wenn sie, statt mit Butter, ihr See=hundsfleisch mit Walrath aus dem Gehirn des Kachelot braten konnten. In dieser Noth unternahm Egede eine beschwerliche Reise nach der Süd=Bai, wo er zwölf holländische Schiffe fand, die sich bereit erklärten, einen Theil der Kolonisten aufzunehmen. Aber immer blieben 21 in Gothaab zurück und unter diesen stieg der Nahrungsmangel schließlich so, daß die Grütze zur Seehundssuppe auf einer Silberwage abgewogen werden mußte. Da es indessen an Pulver und Blei gleichfalls fehlte, so konnte man sich auch durch die Jagd nicht helfen und war auf die Gnade der Grönländer angewiesen. Endlich erschien ein Proviantschiff und die Noth erreichte ihr Ende. Egede selbst jedoch, der gelernt hatte, wie Paulus zufrieden zu sein, mochte ihn hungern oder dursten, dachte nur an seine Familie, an die Landsleute, die ihm so weit gefolgt und deren Murren ihm das bittere Elend noch mehr ver=bitterte. Um für die Zukunft vor ähnlichen Nöthen geschützt zu sein, versuchte er Rüben und Mohrrüben anzupflanzen. Erstere erreichten jedoch nur die Größe eines halben Guldens und die letzteren wurden nicht stärker als ein Federkiel. Alle ferneren Pflanzversuche mußten deshalb aufgegeben werden.

Neuer Jammer brach herein und drohte die letzten Hoffnungen zu ver=nichten. Im Jahre 1730 war König Friedrich IV., der Unterstützer Egede's, gestorben, und sein Nachfolger Christian VI. zeigte gar keine Neigung, Handel und Mission auf Grönland auch fernerhin zu unterstützen. Der Erstere hatte nur geringe Erfolge geliefert, denn außer Hemden, Strümpfen, Messern, Nadeln, Spiegeln und Kesseln brauchten die Einwohner nicht viel, und da die Anzahl der alljährlich nach Grönland geschickten Handelsfahrzeuge sich stark vermehrte, so waren die Grönländer bald auf Jahre hinaus mit allem Noth=wendigen versehen und der Waarenumtausch begann zu stocken.

Robinsonaden.

Norblicht.

Leipzig: Verlag von Otto Spamer.

Als praktischer Mann sandte Christian VI. zwei Schiffe nach Gothaab, welche die Kolonisten zurückbringen, den Prediger dagegen sammt seiner Familie und so viel Matrosen, als bei ihm bleiben wollten, zurücklassen sollten. Alle fernere Unterstützung von Dänemark aus wurde jedoch verweigert.

Man kann sich denken, wie dieser Schlag auf den Mann wirken mußte, der nach so viel Mühsal und Noth plötzlich sein ganzes Werk zerstört sah! Doch konnte Egede sich nicht entschließen, seine neugetauften Christen zu verlassen; er entschied sich vielmehr auszuharren, bat um Proviant für ein Jahr und überredete mit vieler Mühe acht Mann, bei ihm zurückzubleiben. Dann schrieb er tiefbewegt einen längern Brief an den König, worin er seine jammervolle Lage vorstellte und hervorhob, daß unfehlbar der von ihm ausgestreute Same des Christenthums in alle Winde zerstreut würde, wenn der König das begonnene Werk nicht länger unterstütze. Die Schiffe segelten ab, und trostlos, in die ungewisse Zukunft schauend, blieb unser Apostel zurück. Endlich nach einem Jahre kam freudige Botschaft. Der König sandte ihm ein eigenhändiges Schreiben, lobte ihn wegen seines Eifers und Gottvertrauens und setzte — was die Hauptsache war — jährlich 2000 Reichsthaler zur ferneren Unterhaltung der Kolonie und Mission aus.

Nun nahm Alles wieder einen frischen Aufschwung. Neue Kolonisten kamen an, und nachdem der glaubenseifrige Graf Zinzendorf, der Stifter der Herrnhuter Brüdergemeinde, von der Mission auf Grönland gehört hatte, sandte er drei Brüder dahin, welche vom Könige die Erlaubniß erhielten, sich im Lande anzubauen und das Evangelium zu predigen. So entstanden die Herrnhuter Niederlassungen auf der Westküste Grönlands, die ihre eifrige Thätigkeit bis auf den heutigen Tag fortsetzen. Neu=Herrnhut entstand dicht bei Gothaab (1733), Lichtenfels 1758, Lichtenau 1774, Friedrichsthal 1824. Einfach und schlicht, wie zu Egede's Zeiten, leben die frommen Brüder auch heute noch. Der berühmte Nordpolfahrer Kane besuchte im Jahre 1853 die Herrnhuter Station Lichtenfels, welche er als eine saubere, altmährische Behausung, überragt von unregelmäßig vertheilten Schornsteinen, das schwarze, vorspringende Dach mit Klappfenstern besetzt und mit einem antiken Glockenthurm gekrönt beschreibt.

„Bei unserer Landung wurden wir von ein paar ernsten alten Männern in Zobeljacken und mit eng anliegenden Sammtkäppchen empfangen, wie sie Van Dyck und Rembrandt etwa gemalt haben würden; sie hießen uns mit gemessenen Worten, aber herzlich willkommen. Das ganze Innere der Wohnung, das einfache Hausgeräthe, die Hausfrau, selbst die Kinder hatten dasselbe nachgedunkelte Ansehen. Die mit Sand bestreute Flur wurde von einem jener mächtigen weißen Kachelöfen erwärmt, wie sie vor Menschenaltern im nördlichen Europa in Gebrauch waren. Die geradlehnigen Stühle rührten augenscheinlich aus den ersten Tagen der Ansiedlung her. Wir erfuhren, daß das Haus noch aus den Zeiten Mathias Stach's herstamme

und ohne Zweifel aus den Baumstämmen erbaut sei, die einige zwanzig
Jahre nach Egede's Landung wie von der Vorsehung hierhergeführt wurden.
Die Brüder, die uns empfingen, wohnten der eine seit 27, der andere seit
29 Jahren hier. Der Betsaal war im Gebäude selbst und sah mit seinen
leeren Bänken freudlos genug aus. Ein paar Waldhörner hingen zu Seiten
des Altars. Hierzu zwei Wohnstuben, drei Kammern und eine Küche, Alles
unter demselben Dache — das war Lichtenfels."

Herrnhuter Niederlassung Lichtenfels.

An demselben Fjord wie Lichtenfels, und gleichfalls noch zu Egede's
Zeit begründet, liegt die kleine Kolonie Fiskernaesset (siehe S. 59),
welche einen beneidenswerthen Ruf wegen ihres gesunden Klima's genießt.
Die Quellen, welche hier durch das Moos rieseln, frieren öfter das ganze
Jahr hindurch nicht zu. Die Anlage aller bis dahin genannten grönländischen
Kolonien wurde mit Rücksicht auf den Handel gewählt. Die südlichen Plätze
Julianshaab und Frederikshaab versorgen den dänischen Markt mit See=
hundsfellen, Sukkertoppen (Zuckerhut) und Holsteenborg mit Rennthierfellen,
Disko und die weiter nördlich liegenden Distrikte mit Thran. Die kleine
Ansiedlung von Fiskernaesset erfreut sich ihrer Stockfisch=Industrie und führt
ebenso die übrigen Stapelartikel der oberen Küste.

In dem Maße, als die Kolonien und Missionsanstalten anwuchsen, nahm
auch die Verbreitung des Christenthums unter den Grönländern zu. Zwar
hat es in ihrem Innern nicht so Wurzeln geschlagen, wie die Missionäre selbst

es wünschten, allein der sittliche Zustand der Grönländer läßt wenig zu
wünschen übrig; sie sind ruhige und treue Unterthanen, die ohne Polizei und
Militär die gesetzliche Ordnung aufrecht erhalten und deren Kinder regelmäßig
die Schulen besuchen, wo sie lesen und schreiben lernen. Daß ohne Zucht
und strenge Vorschrift dies nicht erreicht werden könne, darauf hatte schon
der alte Egede hingewiesen, welcher fand, „daß die Grönländer Kinder eben so
geschickt wie unsre eigenen sein, Dasjenige, was man sie lehrt, zu begreifen.“

Ein wesentliches Hinderniß der Civilisirung dieses Volkes ist jedoch vor
Allem, daß sie sich zu einem seßhaften Leben niemals bequemen wollen, noch
können. Denn zur Erringung ihres Unterhaltes sind sie gezwungen, als Jäger-
oder Fischernomaden bald hierhin, bald dorthin zu ziehen, wo ihnen gerade
reiche Beute winkt. Im Sommer wie im Winter schlagen sie ihre Wohnungen
an verschiedenen Stellen auf, und, wie bei den meisten Völkern der Polarregion,
sind die Winterhütten von den Sommerbehausungen in Form und Bauart
durchaus verschieden. Flach gewölbt, aus Torf und Steinen errichtet, höchstens
sechs Schuh hoch und halb in die Erde hineingebaut, erscheint die Winterhütte.
Der Eingang ist niedrig und so nahe am Boden, daß man auf Händen und
Füßen in das Innere hineinkriechen muß. Licht erhält der Raum durch ein
Fenster, das jedoch keineswegs aus Glas, sondern aus dünnen Seehunds-
därmen oder aus der Blase des Puttfisches verfertigt ist. Gegenüber dem Ein-
gange ziehen sich die Schlaf- und Bettstellen hin, welche aus langen, einen
Fuß über der Erde auf Balken ruhenden Brettern bestehen, die mit See-
hunds- oder Rennthierfellen belegt sind. Auf diesem Gestelle sitzen gewöhnlich die Frauen, mit ihrem Nähwerk und anderen häuslichen Arbeiten beschäftigt,
während der Herr Gemahl ihnen faullenzend den Rücken kehrt. Außer den
Fenstern, die nur einem trüben Schimmer den Eintritt in die Hütte erlauben,
sorgt die Lampe für Licht und zugleich für Wärme. Sie ist der wichtigste
Gegenstand im Grönländer Haushalt, ohne sie könnte er gar nicht existiren.
Die Lampe ist sehr groß, in der Form eines Halbmondes, und dient zugleich
als Kochofen, der einen Kupfer- oder Messingkessel zu heizen hat. Stets
wird die Lampe mit Robbenthran gespeist, der jedenfalls einen unerträglichen
Dampf und Geruch verbreiten müßte, wenn der Docht nicht auf eine sehr
sinnreiche Art zubereitet wäre. Sie verfertigen denselben nämlich aus ge-
trocknetem und fein gestoßenem Moos, das sie in einer dünnen Schicht auf
dem Thran ausbreiten und dann anstecken. So lange die Moosdecke auf dem
Thrane liegt, brennt dieser mit niedriger, aber gleichmäßiger und niemals
qualmender Flamme. Trotzdem ist jedoch ein wahrhaft betäubender, namentlich den Europäern beschwerlich fallender Dunst in den Grönländer Hütten
unvermeidlich. Halb verfaulte und gedörrte Fische, Seehundsspeck, alte Felle
und die vielen in den engen Raum zusammengepferchten Menschen verderben
die Atmosphäre gründlich, so daß Egede, der seine Grönländer lobt, wo er
nur kann, selbst gestehen muß:

„Es ist kein groß' Vergnügen vor reinliche Leute, bei denen Grönländern
zu sein." Unsauberkeit ist ihnen zur zweiten Natur geworden. Sie waschen sich
selten oder überlassen dem Regen und Seewasser dieses Geschäft; ja, sie tragen
kein Bedenken, aus Gefäßen, aus welchen kurz vorher Hunde gefressen haben, zu
speisen, ohne sie nur vorher abzuwaschen. Etwas reinlicher ist ihre Kleidung beschaffen, die aus gut gegerbten Rennthier- und Seehundsfellen bereitet wird; darunter tragen sie ein Hemd aus Leinwand, welche sie von den Dänen erhandeln.

Hütte im Schneesturm.

Ehe diese jedoch, oder holländische Walfischfänger, ihnen diesen Stoff
brachten, verfertigten sie die Unterkleider aus zusammengenähten Seehunds-
därmen. Die Kleidung der Männer und Frauen ist übrigens ziemlich gleich;
nur ist jene der letzteren am Rücken zu einem förmlichen Sacke erweitert, in
welchem die kleinen Kinder getragen werden, da die Wiege bei den Grönländern ein völlig unbekanntes Ding ist.

Etwas reinlicher und lustiger sind die Sommerwohnungen beschaffen.
Gegen Ende März verläßt der Grönländer sein Winterloch und zieht bis
zum Herbste in seine Sommerhütte, die in Zeltform aufgeschlagen wird. Einige
Stangen oder Latten werden kegelförmig zusammengestellt und darüber eine
doppelte Hülle von Fellen gedeckt: inwendig Seehunds-, auswendig Rennthierfelle, und die grönländische Sommervilla ist fertig. Was die innere Ein-

richtung betrifft, so entspricht sie dem urthümlichen Aeußern: eine Bettstelle aus Brettern, die unentbehrliche Lampe und ein Thürvorhang aus Seehunds= därmen, welcher das Tageslicht durchscheinen läßt, vollenden die Wohnung.

Inneres einer Hütte.

Vor dem Regen sind sie solchergestalt geschützt, doch bringen sie den Tag über nur bei schlechtem Wetter in diesem Zelte zu. Ihre Beschäftigung ruft sie im Sommer hinaus in's Freie, namentlich auf die Reunthierjagd, zu der Mann, Weib und Kind auszieht. An den Orten, wo solche Thiere sich aufhalten, wer= den förmliche Treibjagden veranstaltet. Man bildet z. B. einen großen Kreis um das Wild, der, wenn nicht genug Leute vorhanden sind, durch aufgestellte Stangen, an die man Torfstücke befestigt, geschlossen wird. Vor diesen scheuen sich die Rennthiere und eilen, von den schreienden Grönländern getrieben, engen Schluchten und Durchgängen zu, wo aufgestellte Schützen mit Bogen und Pfeil sie niederschießen. Die Felle werden zur Kleidung benutzt; nie aber hat es der Grönländer, wie die Völker Sibiriens oder die Lappen, verstanden, das Rennthier zu zähmen und als Zug= und Hausthier zu verwenden.

Statt deſſen benutzt er den Hund. Die Grönländer Hunde ſind ſehr groß, eben
ſo wechſelnd in der Farbe wie ihre Verwandten in Europa, doch unterſcheiden
ſie ſich weſentlich dadurch, daß ſie nie bellen, ſondern nur heulen. Man ſpannt
4, 6, zuweilen 8 bis 10 Hunde vor einen Schlitten, auf welchem 5 bis 6 Seehunde und auch noch der Grönländer ſelbſt liegen können. Biel ſchneller als
unſere Pferde ziehen die Thiere dieſe Ladung über die Schneefläche dahin, ſo
daß ſie an einem Tage oft fünfzehn deutſche Meilen zurücklegen. Ungeachtet die
Grönländer ohne ihre Hunde, ihre einzigen Gefährten und Hausfreunde,
kaum exiſtiren können, behandeln ſie dieſelben doch ſehr ſchlecht. Die Thiere
müſſen ſich die abgenagten Knochen zuſammenſuchen, erhalten die Gräten der
Fiſche und freſſen Muſcheln am Meeresufer; im Sommer gehen ſie den
Krätebeeren nach. Die Schlitten, vor welche man die Hunde ſpannt, ſind
von ſehr einfacher Konſtruktion. Sie beſtehen aus zwei Kufen von Walfiſch-
rippen, denen man durch Begießen mit Waſſer eine Eiskruſte ſtatt der Verſtäh-
lung giebt, welche beſſer hält, als wir uns mit unſerm zahmen Begriffe von Eis
vorſtellen können. Riemen aus Seehundsfell halten den Schlitten zuſammen.

Was dem Grönländer auf dem Lande der Schlitten, das iſt ihm auf
der See ſein Boot, der Kajak, mit dem er förmlich zuſammengewachſen
erſcheint, den er meiſterhaft zu lenken verſteht und mit dem er ſelbſt beim
größten Sturme ſich zur Fiſcherei hinaus wagt auf das wilde, aufgeregte
Element. Der Kajak beſteht aus einem leichten Gerippe von Holz oder Fiſch-
bein, das rundum mit gegerbtem Seehundsfell überzogen iſt. Das Ganze
hat etwa 18 Fuß Länge, läuft vorn und hinten ſpitz aus und ragt, wenn
der Ruderer darin ſitzt, kaum über den Waſſerſpiegel empor; etwa 30 Pfund
ſchwer, kann der Kajak auf dem Lande bequem transportirt werden, während
er im Waſſer den Schiffer wie eine Schwimmblaſe umgiebt. Selten ver-
unglückt ein Eingeborener in dem gebrechlichen Fahrzeuge, das wie ein Pfeil
die Waſſerfläche durchſchneidet, getrieben von einem einzigen Ruder mit
breiter Schaufel. Ohne anzuhalten erlegt der Grönländer mit einem leichten
Wurfſpieß den Seevogel im Fluge oder im Momente des Tauchens. Aber
dies iſt nur ſeine beiläufige Beute, ſein Hauptwild bleibt der Seehund und
ihn zu überraſchen und zu erlangen der größte Genuß.

Das Weib, welches beim Grönländer eine niedrige Stellung einnimmt
und dem mit Ausnahme der Jagd alle Arbeit aufgebürdet iſt, darf niemals
den Kajak beſteigen. Ein eigenes Boot, der Umiak oder Konebaader, dient
zur Aufnahme der Frauen. Es gleicht einem gewöhnlichen flachen Fahrzeuge,
iſt oft mit Maſt und Segel verſehen und gleichfalls vermittels Seehundsfellen
zuſammengefügt. Der Mann, welcher es für einen Schimpf anſieht, den
Umiak zu beſteigen, bedient ſich deſſelben nur im Nothfalle und beim Wal-
fiſchfange. Fünfzig oder mehr Perſonen beſteigen, alle feſtlich geſchmückt,
den Umiak und rudern dem Koloß der Meere entgegen. Lautes Gejauchze
ertönt in die nordiſche Luft, wenn es einem der Männer geglückt iſt, mit

seiner Harpune das gewaltige Thier zu treffen, das schleunig untertaucht,
jedoch bald wieder gezwungen wird, an die Oberfläche zu kommen, da eine
große Luftblase aus Seehundsfell, die mittels eines 2 Fuß langen, gleichfalls
aus Seehundsfell hergestellten Seiles an der Harpune befestigt ist, es am
gänzlichen Untertauchen hindert. Geschickt und vorsichtig rudern die Grön=
länder heran. Ein Lanzenstich bringt dem überraschten Walfisch den Todes=
stoß bei. Nun erst beginnt die eigentliche Lust und Arbeit. Die im Boote
befindlichen Weiber, welche stets mit Nadeln und Zwirn versehen sind, haben
die Spring=Kiortle der Männer in Stand gebracht. Diese bestehen aus einem
wasserdichten Ueberwurfe von Seehundshaut, der Mütze, Schuhe, Rock und
Hosen in einem Stücke enthält. Schnell schlüpft der Mann in dieses blasen=
artige Kleidungsstück, nachdem er es aufgeblasen, und springt, nur mit einem
Messer bewaffnet, mit einem Satze in's Meer. Der Walfisch ist erreicht, und
von dem Spring=Kiortle getragen, beginnen die Männer ihn unter Wasser
zu zerlegen; der Speck wird „abgeflenst" und schließlich die leichter gewordene
Beute mit den Booten an's Land gezogen, wo noch lange Zeit das faulende
Fleisch die Grönländer mit Braten versieht, die als Delikatesse gelten.

Auch dem geselligen Weißfisch, dem Narwal, dem Delphine und dem
Hai jagt der Grönländer nach. Diese ganze Beschäftigung aber, und ebenso
die Rennthierjagd, bedingt naturgemäß die zerstreute Lebensart der ohnehin
nur dünn gesäeten Bevölkerung. Das Meer, welches ihn mit allem Nöthigen
versieht, bleibt immer die Haupterwerbsquelle des Grönländers und bietet
ihm mannichfachen Ersatz für die Armuth seines Landes. Daß aber hier kein
Boden für Europäer ist, — denn nur Wenigen wird der Aufenthalt in Folge
gleich feurigen Missionseifers eines Egede etwas erträglicher dünken —, geht
schon daraus hervor, daß ihre Zahl nach Dutzenden zählt, während 1863
die dreizehn dänischen Kolonien an der Westküste, die bis fast zum 73. Grad
hinaufreichen, über 9000 Einwohner, Grönländer und Mischlinge, beherbergen.
Der Handel, welchen Christian VI. im Jahre 1730 zu Egede's Leidwesen auf=
zugeben sich entschloß, ist jetzt zu neuem Aufschwung gelangt. Er wird von der
dänischen Regierung auf dem Wege des Tausches betrieben und liefert jährlich
im Durchschnitte 30,000 Reichsbankthaler Reinertrag in die Staatskasse.

Das Alles ist Egede's Werk. Ihm allein und seiner Zähigkeit ist es zu
verdanken, daß die Kolonisirung Grönlands nicht wieder in's Stocken gerieth.
Auch in den letzten Jahren seines Aufenthaltes hat er nicht viel Freudiges
erlebt, außer daß er seine saure Arbeit gedeihen und sich festigen sah. Ent=
setzliche Verheerung richteten die Blattern unter den Weißen und Eingeborenen
an. Viele Hunderte wurden weggerafft, während der Missionär und seine
Familie selbst wie durch ein Wunder verschont blieben. Dann erlebte er den
Kummer, am 21. Dezember 1735 seine treue Lebensgefährtin zu verlieren. Sie
hatte ihm redlich und mit ausharrender Treue zur Seite gestanden, alle Noth,
allen Kummer mit ihm getheilt; sie war es gewesen, die ihn oft durch ihren

Trost aufrecht erhielt, wenn schwere Sorgen Gemüth und Geist niederdrückten und er an dem Gelingen das begonnenen Werkes zu verzweifeln anfing.

Nach diesem trauervollen Ereigniß und nach fünfzehnjähriger aufopferungsvoller Thätigkeit fühlte der treffliche Missionär das Bedürfniß nach Ruhe. Auch verlangte die Ausbildung seiner Kinder die Heimkehr. Egede verließ jedoch seine „geliebten grönländischen Kinder" nicht, ohne für deren ferneres geistliches Wohlergehen gesorgt zu haben. Schon seit längerer Zeit war ihm sein heranwachsender Sohn Paul eine wesentliche Stütze bei seinen

Eingeborner mit Eskimo-Hund.

zahlreichen Arbeiten gewesen, und obgleich derselbe Lust hatte, Seemann zu werden, entschloß er sich doch auf des Vaters Wunsch, Theologie zu studiren und dessen Nachfolger zu werden. Im Jahre 1728 schiffte sich Paul Egede nebst fünf zum Christenthum bekehrten Grönländern nach Kopenhagen ein, um dort seine Studien zu vollenden. „Diese erste Trennung von meinen Eltern", schreibt Paul, „ging mir sehr nahe. Grönland, wo ich mehr Böses als Gutes erfahren hatte, ja mehr als Jemand glauben sollte, war mir jetzt so lieb, daß nichts Besseres mir vorgestellt werden konnte, besonders jetzt, da uns die Lebensmittelzufuhr gewisser zu sein schien als zuvor und wir nicht zu fürchten hatten, zu verhungern, welche Gefahr uns oft gedroht hatte."

Ohne Unfall kam er am Orte seiner Bestimmung an. Seine Schützlinge staunten über das Land ohne Berge, über die großen Häuser und die vielen Menschen; denn wenn ihrer einige Hundert in Grönland versammelt waren, sahen sie dies schon als etwas Außerordentliches an. Ihr Entzücken erreichte jedoch den Gipfel, als sie dem Könige vorgestellt und im Schlosse vor der königlichen Familie gespeist wurden. Egede diente als Dolmetscher, und die guten Leutchen, welche sich in ein Zauberland versetzt fühlten, befanden sich recht wohl; sie lernten es, sich in die europäische Lebensart zu schicken, und Einer, Namens Karl, der in Grönland bei der Rennthierjagd als Läufer gedient hatte, wurde zum königlichen Läufer ernannt. Er verstand es, seine Stellung gewinnbringend zu machen. Auf einen Stock ließ er sich die Worte einschneiden: „Ich armer Karl habe kein Geld." Diesen zeigte er allen Bekannten, die sofort in die Tasche griffen und ihn reichlich beschenkten. Alle fünf Grönländer nahmen jedoch in Kopenhagen ein trauriges Ende. Sie erlagen den Blattern, und der erwähnte Karl, welcher wohl einsah, daß der königliche Leibarzt ihm nicht helfen könne, wurde auf diesen so böse, daß er ihm im grönländisch-dänischen Gemisch zurief: Mase Grönlandme brav, Mase Kiben-hame Kanalie! (Arzt Grönländer brav, Arzt Kopenhagener Ca-naille!)

Mutter und Kind.

Nachdem Paul Egede seine Studien vollendet, begab er sich 1734 nach Grönland zurück, zunächst nach der Diskobucht, wo er eine neue Missionsstation, „Chri-stianshoffnung", anlegte. Bald darauf sah er auch seine Eltern in Gothaab wieder. Dann aber ver-folgte er seine eigenen Wege und trug das Evangelium als frommer Glaubensbote von Fjord zu Fjord, von einer eisigen Küste zur andern. Er wurde in jeder Beziehung der würdige Nachfolger seines edlen Vaters und schließlich Bischof von Grönland.

Der alte Egede aber rüstete sich zur Abreise, nachdem sein Sohn ihn abgelöst und in den verschiedenen Stationen sechs neue Missionäre und zwölf Katecheten angestellt waren. Sein großer Lebenszweck, das Missionswerk, war gesichert, aber auch seine Bestrebungen, das Schicksal der alten normännischen Kolonien aufzuhellen, waren nicht ohne Erfolg geblieben. Er forschte zunächst nach norwegischen Worten in der Landessprache, doch außer einigen Anklängen konnte er keine Uebereinstimmung entdecken. Aber Reste von alten Gebäuden, Kirchen und Klöstern, ja altes Glockenmetall und Runen-Inschriften fand er in Menge. Reichere Ausbeute boten dagegen die Traditionen der Grönländer,

aus welchen unzweifelhaft hervorging, daß einst Kämpfe zwischen diesen und
den alten Normännern stattgefunden haben mußten. Nordöstlich von Got=
haab liegt ein Meerbusen, welchen die Eingeborenen Pisiksarbik, d. h. Ort
des Bogenschießens, nennen. Dort, erzählen sie, fechten auf zwei hohen Bergen
die Kablunakt, fremde weiße Männer, und die Strälinger, die alten Grön=
länder, mit einander. Noch deutlicher redet davon folgende Sage. Ein
Innuk, grönländischer Mensch, kam einst in einem Kajak an die Küste ge=
rudert und warf seinen Speer nach den dort nistenden Vögeln. Ein Kablunak,
welcher ihm zusah und bemerkte, daß der Grönländer das Ziel verfehlte,
spottete seiner und rief: „Wirf den Speer doch einmal nach mir; denke, ich
sei eine Alke." Der Innuk ruderte näher, warf seinen Spieß und traf Jenen
tödtlich. Hieraus entstand eine blutige Fehde zwischen den Kablunaks und den
Innuks, in welcher alle Ersteren erschlagen und ihre Wohnungen vernichtet
wurden. Daß darunter die alten Normänner zu verstehen sind, wird nicht
bezweifelt, und es hat diese Sage wol einen geschichtlichen Hintergrund.

   Endlich, im Jahre 1736, verließ Hans Egede das ihm lieb gewordene
Grönland. Die Gefühle, mit welchen er schied, wer wollte sie beschreiben?
Lag dort nicht in eisiger Erde die theure Gattin? Trauerten nicht seine „grön=
ländischen Kinder" um ihn, wie um einen Vater? Aber Ruhe war ihm nach
solcher Mühsal zu gönnen. Mit Stolz konnte er auf das trotz so vieler
Hindernisse durchgeführte Werk zurückschauen, und seine Ernennung zum
Superintendenten der grönländischen Missionen im Jahre 1740 war nur ein
wohlverdienter Lohn. Auch in Kopenhagen wirkte er fort und fort mit Rath
und That für die Entwickelung Grönlands, bis der Tod am 5. Nov. 1758 ihn
im Alter von 72 Jahren von der Erde abrief.

Grönländer von der Robbenjagd heimkehrend.

Indianer-Lager.

Die Gefangene unter den Komantschen.

1853.

In den Bürgerkriegen der Republik Meriko, während der Kämpfe dieses Staates gegen die Amerikanische Union und erst vor Kurzem wieder in den Kriegszügen und Guerrillafehden zwischen den Anhängern der Republik unter Juarez und dem gewaltsam eingesetzten Kaiser Marimilian, spielten die wilden und freien Indianer, welche im Norden Meriko's vom californischen Meerbusen bis nach Teras hinein hausen, allzeit eine bedeutende Rolle. Immer auf ihren Vortheil, auf Raub und Beute bedacht, dienen sie heute Diesem, morgen Jenem; aber wo sie auch erscheinen, überall sind sie der Schrecken der ganzen Gegend. Ihnen gilt es gleich, ob Krieg oder Frieden im Lande herrscht; sie, die Feinde unserer gesellschaftlichen Ordnung, sind stets auf der Lauer gegenüber dem weißen Manne. Wie der Wind erscheinen und verschwinden sie wieder: Brand, Mord, Raub und Schändlichkeiten aller Art bezeichnen dann die wüste Stätte, über welche sie hinrasten gleich einem Wirbelsturme. Der strafende Arm der Gerechtigkeit erreicht sie selten in diesen menschenarmen Gegenden; sie sind nach allen Richtungen verstoben und beginnen an einem fernen Punkte ihr räuberisches Handwerk von Neuem.

Der präriebedeckte Nordwesten von Teras, die metallreichen merikanischen Staaten Chihuahua und Sonora, sowie das Gebiet von Neu-Meriko sind

so recht eigentlich der Schauplatz ihrer Thaten. Jene meist dürren, sandigen
und steinigen Ebenen dehnen sich hier zu beiden Seiten der Felsengebirge aus,
nur wenige große Wasseradern durchschneiden das Land. Die günstiger gelegenen weiten Grasflächen durchstreift noch herdenweise der Büffel, die Anti-
lope, der Steppenwolf. Dort wirft der hamsterartige Präriehund seine kleinen
Hügel zu Hunderttausenden auf, dort schweifen wilde Pferde, die Mustangs, in
großen Trupps umher. Dort wächst als Charakterpflanze die Mesquite, eine
akazienähnliche Algarrobe, unter deren Gebüsch die Klapperschlange sich gern
birgt. Die Yucca, das sogenannte spanische Bayonnet, entfaltet ihre schwert-
förmigen Blätter auf festem, steinigem Boden und eine unendliche Fülle von
Agaven und fleischigen Kaktuspflanzen entwickeln ihre bunten Blüten im
angenehmen Gegensatz zu dem dürren Boden.

    Durch diese nordamerikanischen Gegenden, in welchen rohe Willkürherr-
schaft mit trostloser Barbarei abwechseln, ziehen häufig Karawanen von
Texas aus nach dem Stillen Weltmeere zu. Der Hauptstrom des Menschen-
und Waarenverkehrs geht allerdings über den weit sicherern Isthmus von
Panama; allein wer die hohen Kosten dieses Weges scheut, der wagt sich
durch die unwirthbaren und unsichern Wildnisse des Innern. Gewöhnlich
sind es jedoch nur größere Gesellschaften, die, wohlausgerüstet und wehrhaft,
in langen Karawanen die Indianer-Gebiete durchziehen. Die stark und dauer-
haft gebauten Wagen werden mit sechs bis acht Maulthieren bespannt und
stark beladen, so daß sie nur langsam vorwärts kommen. Voran und hinten
reiten die bewaffneten Männer, stets eng beisammen und auf der Hut vor
einem Ueberfall. In der Nacht stellt man die Wagen so zusammen, daß sie
eine Wagenburg bilden, bringt die Maulthiere in den innern Raum und
zündet Lagerfeuer an. Die Wachen schreiten auf und ab und spähen nach
den Indianern aus, denen es dennoch bisweilen gelingt, sich dicht bis zur
Wagenburg heranzuschleichen. Manchmal genügt freilich ein Schuß, um sie zu
verjagen, — dann sind sie jedoch wie der Blitz in der Dunkelheit verschwunden, und nur das Heulen der Präriewölfe antwortet dem Knall der Büchse.

    Vor den wilden Horden, welche die Prärie durchstreifen und den Kara-
wanenzügen auflauern, sind aber die Städte eben so wenig sicher. Es ist
früher und gerade jetzt in dem Kriege zwischen Maximilian und Juarez hun-
dertmal vorgekommen, daß die Indianer mitten in Städte, wie Hermosillo,
Linares ꝛc., eindrangen und dort gar manchem Bewohner die Schädelhaut ab-
zogen. Das Joch der Weißen, unsere ganze Civilisation ist ihnen aus voller
Seele verhaßt. Sie fügen sich nur mit Ingrimm und gezwungen in geordne-
tere Verhältnisse; auch hat der verkommene, elende Zustand Mexiko's nicht
wenig dazu beigetragen, sie immer waghalsiger und beutelustiger zu machen.
Bald hier, bald dort ertönt ihr gellender Kriegsruf; im gestreckten Galopp
rasen sie mit ihren flinken Rennern viele Meilen weit über die Grassteppen
oder Sandflächen hin, jetzt mit dem Menschenraub, dann mit der Jagd

beſchäftigt. Sie trinken das warme Blut des eben erlegten Büffels, genießen die Leber roh und benutzen deſſen Galle als würzende Zuthat. Schon dieses allein giebt uns einen Begriff von der Rohheit jener barbariſchen Horden, über welche uns der Amerikaner Bartlett, die Deutſchen Möllhauſen, Fröbel und Wislicenus werthvolle Mittheilungen gemacht haben.

Fröbel erzählt, daß er ſelbſt in der unmittelbaren Nähe der Stadt Chi= huahua nicht ohne Waffen auszugehen wagte. Wenige hundert Schritte von den letzten Häuſern ſah er Kreuze am Wege; man hatte damit die Stellen be= zeichnet, wo Menſchen durch wilde Indianer ermordet worden waren. Er ſah, daß die Hirten mit der Flinte auf der Schulter das Vieh weideten. Schon im Jahre 1850 wußten die Regierungen der nordmerikaniſchen Staaten ſich der wilden Indianer nicht mehr zu erwehren; ſie ſetzten, eine Grauſamkeit der andern entgegenſtellend, einen Preis auf jeden Skalp eines Wilden, der ihnen eingeliefert wurde, und ihre Soldaten hauſten vielfach noch ärger als die „Indios Barbaros". Eine erwachſene Rothhaut, todt oder lebendig, wurde mit 200 Peſos bezahlt. Im erſteren Falle mußte man ſich durch Einlieferung eines Skalpes und eines Paar Ohren zum Empfange der Belohnung aus= weiſen. Für eine lebendige Indianerin bekam man 150 Peſos, für einen getödteten Knaben nur 100. Der Hauptführer einer ſolchen merikaniſchen, gegen die Indianer ausgeſandten Bande war ein gewiſſer Glanton. Er machte ſich die Erlangung des Preiſes leicht. Ohne Umſtände ſchoß er fried= liche Leute von brauner Farbe nieder, zog ihnen die Schädelhaut ab, lieferte ſie als von Indianern herrührend ein und nahm das Blutgeld in Empfang.

Die beiden gefährlichſten Indianervölker, welche auf dieſe Weiſe Neu= Meriko, Chihuahua und einen Theil von Teras unſicher machen, ſind die Apatſchen und Komantſchen. Beide leben in unverſöhnlicher Feind= ſchaft mit einander und reiben ſich gegenſeitig auf. Die Komantſchen dulden auf ihrem weit ausgedehnten Gebiete keinen andern Indianer und eben ſo wenig Anſiedelungen weißer Leute. Beim Angriff auf die Karawanen, welche ihr Gebiet durchziehen, iſt der Häuptling allemal kenntlich an ein Paar Büffel= hörnern, welche er auf dem Kopfe trägt; auch zieht er im Streite voran. Alle wiſſen mit Flinte, Pfeil, Streitart und Lanze gleich gut umzugehen und ſprengen ſo raſch auf den Feind ein, daß dieſer oft das Schießgewehr nicht gebrauchen kann, ſondern ſich mit blanker Waffe wehren muß.

Das Loos der Gefangenen, welche unter die Indianer gerathen, iſt ein entſetzliches. Die Männer werden gewöhnlich gleich ſkalpirt, während man die Frauen als Sklavinnen mitſchleppt und ſie die härteſten Arbeiten ver= richten läßt. Die Erzählung der Frau Adeline Wilſon, welche einem ſolchen Schickſal anheimfiel und deren Erlebniſſe wir nachſtehend ſchildern, iſt nicht allein um deßwillen intereſſant, weil ſie uns in das Leben und Treiben der Komantſchen einen tieferen Einblick gewährt, ſondern auch weil wir dem Muth, der Ausdauer und Charakterſtärke einer jungen Frau volle

6*

Anerkennung zollen können, während die unsäglichen Leiden, die sie zu erdulden hatte, unser ganzes Mitleid erregen.

Kaum 16 Jahre alt, hatte sie sich im Jahre 1850 mit dem 19jährigen Farmer James Wilson verheirathet. Das Pärchen lebte zu Paris in Texas in ganz angenehmen Verhältnissen vom Ertrage der Landwirthschaft, als die Nachrichten von den großen Goldentdeckungen in Californien zu ihnen drangen und in ihnen den Wunsch aufkommen ließen, etwas schneller reich zu werden. James Wilson verkaufte seine Wirthschaft und schloß sich mit seiner jungen Frau einer Karawane an, die quer durch das Innere nach Californien zu ziehen beabsichtigte. Der Zug bestand aus 52 Männern, 12 Frauen und vielen Kindern, die theils zu Pferde, theils auf 22 von Maultthieren gezo= genen Wagen sich gegen Westen hin, dem neuen Dorado zu, bewegten. In El Paso, einem kleinen merikanischen, am Rio Grande gelegenen Städtchen, wurde ein längerer Halt gemacht. Hier, wo die Staaten Neu=Merito, Chi= huahua und Texas zusammenstoßen, befand man sich mitten im Gebiete der räuberischen Komantschen. Aber die weißen und farbigen Merikaner, welche dort in dem elenden Orte wohnten, waren nicht besser als die rothen Räuber draußen in der Prairie. Sie betrachteten die durchziehenden Karawanenzüge der Amerikaner als gute Beute und auch sie raubten dieselben bei passender Gelegenheit aus. So verlor auch James Wilson seine ganze Habe zu El Paso. Von allen Mitteln entblößt, konnte er nicht weiter reisen, gab daher den Zug nach Californien auf und beschloß, wieder nach Texas umzukehren. Kaum war er von Paso aus wieder am jenseitigen Ufer des Rio Grande angelangt, als er nebst seinem Vater von einer Horde Komantschen überfallen und weggeführt wurde. Seine Frau und seine drei jungen Brüder entgingen demselben Schick= sal nur dadurch, daß sie auf dem Wege etwas zurückgeblieben waren. Frau Wilson hat aber seit jenem Tage nie wieder das Geringste von ihrem Gatten gehört. Ohne männlichen Beschützer eilte sie nach El Paso zurück, wo sie bis zum 8. September 1853 blieb. Dann brach sie wieder, begleitet von ihren drei jungen Schwägern, fünf Amerikanern und einem Merikaner nach Texas auf. Der Anfang der neuen Reise ging auch glücklich von Statten, bis Einer von der Truppe einem gewissen Hart drei Stück Rindvieh stahl und sich damit aus dem Staube machte. Hart machte sich auf, den Dieb zu verfolgen, der älteste Schwager der Frau Wilson schloß sich ihm an und sämmtliche Ameri= kaner folgten. So blieb die junge Frau mit ihren beiden kleinen Schwägern und dem Merikaner allein. Muthig setzten sie jedoch ihren Marsch fort, denn schon waren sie nur noch drei Tagereisen von dem Militärposten Mont= Fantome entfernt. Dort war alle Gefahr vorüber. Aber kurz vor dem rettenden Ziele sollten die Leiden der armen Frau erst beginnen. Wir lassen sie dieselben hier nach ihrem im Jahre 1854 im „New=Yorker Herald" ver= öffentlichten Berichte selbst erzählen:

— — „Als wir uns außer Gefahr glaubten, sahen wir plötzlich zwei

Komantschen vor uns drohend auftreten, während zwei andere uns von hinten angriffen. Wir waren zum Tode erschreckt; der Merikaner stieg vom Wagen herab, ging auf die Indianer zu und versuchte, sich freundschaftlich mit ihnen zu verständigen. Unsere Maulthiere, welche durch das Kriegsgeheul der Wilden erschreckt waren, begannen mit allen Kräften auszureißen; unglücklicherweise stürzte jedoch eines und die andern wurden hierdurch aufgehalten.

Ueberfall durch die Komantschen.

„In Folge dieses Zwischenfalls kamen uns die Komantschen wieder nahe, welche nun dem Merikaner befahlen, die Maulthiere auszuspannen. In diesem Augenblicke stieg ich in der größten Todesangst vom Wagen herab.

„Nachdem unsere Maulthiere ausgespannt waren, rissen die Komantschen dem Merikaner die Kleider herab, banden ihm die Hände auf den Rücken und hießen ihn auf die Erde niedersitzen. Einer der Indianer näherte sich ihm dann von hinten und schoß ihm eine Kugel in den Rücken, während ein anderer

ihn mehrere Mal mit einem langen Messer stach. Der Mann brach zusammen,
und obgleich er noch nicht ganz todt war, zog man ihm die Schädelhaut ab
und legte sie in seinen eigenen Hut, den einer der Mörder sich aneignete. Ich
war vor Schrecken über dieses fürchterliche Schauspiel ganz erstarrt und glaubte,
daß ich nun auch ermordet werden würde; doch die Indianer, welche wohl
wußten, daß sie von mir nichts zu befürchten hatten, beschäftigten sich nur
mit der Sicherstellung ihrer Beute.

„Dann befahlen sie uns, auf die Maulthiere zu steigen; wir mußten
ihnen folgen, um in nördlicher Richtung weiter zu ziehen. Am Abend wurde
Halt gemacht. Während das Nachtlager aufgeschlagen ward, vertheilte man
meine Decken, Kleider, Lebensmittel und eine kleine Geldsumme, die ich bei
mir führte, unter die Indianer. Meine Kleider wurden mir fast alle ausgezogen, und ich behielt kaum so viel, um meine Blöße zu bedecken. Meine
beiden kleinen Schwäger, deren einer zwölf, der andere zehn Jahr alt war,
bekamen jeder einen anderen Herrn; ich wurde einem Dritten überwiesen.
Einer unserer Peiniger war von Geburt ein Merikaner, den die Komantschen
in seiner frühesten Jugend geraubt hatten; derselbe zeigte jedoch die nämliche
wilde Gemüthsart wie die Anderen. Der Skalp unseres so grausam hingemor-
deten Gefährten wurde auf einen Stock gesteckt und am Feuer getrocknet. Dann
gab man uns einige Bissen zu essen, band uns der Sicherheit halber die
Arme und wies uns an, zwischen je Zweien von ihnen uns zum Schlafen nieder-
zulegen. Man kann sich vorstellen, daß ich, in der beständigen Furcht auch
ermordet zu werden, kein Auge schloß.

„Am nächsten Tage begann man damit, meine beiden kleinen Schwäger
in Indianer umzuwandeln. Man bemalte ihnen das Gesicht, ordnete das
Haar nach Indianerart an, gab ihnen Bogen und Pfeile und ließ sie auf
Pferde steigen. Was mich betraf, so schnitt man mir meine schönen langen
Haare ab. Wie sehr war ich empört, als ich sie gleich darauf als Schmuck auf
dem Kopfe des grausamen Häuptlings erblickte, abgesehen davon, daß ich
nun von den glühenden Sonnenstrahlen gar sehr zu leiden hatte.

„Unsere Reise wurde in nördlicher Richtung fortgesetzt; zehn Tage hindurch begegnete uns keine Menschenseele. Dann stießen zwei Indianer, Mann
und Weib, zu unserer Truppe. Nach diesem Zusammentreffen erlitt ich eine
immer schlechtere Behandlung, so daß mir von Stunde zu Stunde mein Leiden
immer unerträglicher wurde. Die Indianerin, von der ich als Frau einiges
Mitgefühl erwartet hatte, wurde im Gegentheil erst recht mein Quälgeist
und die Ursache neuer Leiden.

„Mein Pferd wurde mir genommen; statt dessen mußte ich ein unge-
zäumtes Maulthier ohne Sattel besteigen, das sich auf keinerlei Art regieren
ließ und fortwährend versuchte, mich über den Kopf hinabzuwerfen. Um das
Thier noch mehr zu reizen, schwenkte der Indianer-Häuptling den Skalp des
Merikaners vor dem Thiere hin und her, bis es, aufspringend, mich abwarf.

Mißhandlung der Frau Wilson.

Das geschah fünf oder sechs Mal am Tage und einmal fiel ich so hart, daß ich mehrere Stunden besinnungslos liegen blieb. Dies erheiterte aber die rohe Horde nur, deren kannibalisches Lachen heute noch in meinen Ohren widertönt. Wenn die schmerzhaften Quetschungen und durch das Fallen ent= standenen Beulen mich verhinderten, schnell auf das widerspenstige Maulthier zu steigen, schlugen mich die Barbaren mit ihren Peitschen oder stießen mich mit Büchsenkolben auf den halbnackten, kaum mit einigen Lumpen bedeckten Körper. Das Weib, noch grausamer als die Männer, stach mich oft mit einer Lanze.

„Jeden Abend, wenn wir im Lager angelangt waren, benutzte man mich wie eine Sklavin zu den niedrigsten Arbeiten. Man ließ mich schwere Holzstücke auf dem Rücken herbeischleppen, und da ich kaum bekleidet war, rieb mir das Holz das Fleisch blutig. Auch hatte man mir die Obhut über das Vieh aufgetragen und jeden Morgen, ehe wir aufbrachen, mußte ich die Thiere zusammentreiben. Wenn es nun vorkam, daß eines der Thiere sich vor der Abreise verlaufen hatte, so mußte ich es in dem dornigen Ge= sträuche, das mir den Rest der Lumpen vom Leibe riß, wieder aufsuchen und wurde dann bei meiner Rückkehr zur Strafe mit Schlägen empfangen.

„Bisweilen, wenn meine Ermüdung und die brennenden Schmerzen meiner Wunden mich verhinderten, den gegebenen Befehlen schnell nachzu= kommen, wurde ich bis auf's Blut gepeitscht oder man bewarf mich von allen Seiten mit Steinen, deren manche groß genug gewesen wären, um mich zu tödten, wenn sie mich am Kopfe getroffen hätten. Am wüthendsten benahm sich stets der Häuptling, der mich am liebsten in Stücke gerissen hätte, mich oft auf die Erde niederwarf und mit Füßen trat. Dann gerieth er in solche Raserei, daß er die Pferde gegen mich antrieb, um mich zu zerstampfen; allein die Thiere setzten ihre Füße über mich weg und thaten mir nichts zu Leide.

„Um meine Qualen voll zu machen, litt ich viel vom Hunger. Die Komantschen lebten meist nur von der Jagd; war diese ergiebig ausgefallen, dann erhielt ich auch genügende Nahrung. Gewöhnlich aber bekam ich kaum so viel, um das Leben fristen zu können, und einmal ließ man mich zwei Tage lang ohne den geringsten Bissen. Wenn die Komantschen ein Stück Wild erlegt hatten, rissen sie demselben sofort das Herz und die Leber heraus, um diese roh und noch blutend zu verschlingen. Natürlich vermehrten diese scheußlichen Mahlzeiten noch meinen Abscheu vor diesen Wilden.

„Durst peinigte mich oft eben so stark als der Hunger. Aber das wollten ja meine Henker und wenn wir, wie dies oft geschah, durch einen klaren Strom ritten und ich absteigen wollte, um daraus zu trinken, so wurde mir dies geradezu verboten. Jetzt kann ich kaum begreifen, wie ich allen aus= gesonnenen Barbareien überhaupt zu entrinnen vermochte. Schließlich war es mit mir so weit gekommen, daß ich nur einen Wunsch hatte: den, zu sterben, und nur einen Gedanken: mich durch Ermordung meiner Peiniger zu rächen.

„Da das Maulthier sich allmälig an mich gewöhnt hatte und mich nicht mehr abwarf, so nahm man mir es fort und zwang mich nun, zu gehen, während alle Anderen zu Pferde saßen. Die Wege waren steinig und voller Dornengebüsch; meine Füße waren bald entzündet und mit Wunden bedeckt, so daß mir das Marschiren immer schwieriger wurde und nur die fortwähren- den Peitschenhiebe mich zum Weitergehen antreiben konnten. Gewöhnlich wanderten wir von zehn Uhr Morgens bis gegen vier Uhr Nachmittags. Während der ersten Tage meiner Gefangenschaft waren die Nächte ziemlich mild; aber je weiter der Herbst vorschritt, desto kälter und regnerischer wurde es, und da ich auf der nackten Erde außerhalb des Zeltes schlafen mußte, so waren die Augenblicke, in denen mich der Schlummer erquickte, gezählt. O, wie viele Einöden haben meine unnützen Seufzer gehört und wie viele Meilen Wegs habe ich mit dem Blute meiner Füße getränkt!

„Ich schlich nur noch so langsam vorwärts, daß man mir nach einigen Tagen gestattete, früher als alle Andern vom Lager aufzubrechen, damit ich rechtzeitig am neuen Halteplatz anlange. Der Häuptling zeigte mir die Richtung an, ich ging voraus und die Horde erreichte mich gewöhnlich schon wieder, wenn ich eine nur kurze Strecke zurückgelegt hatte. Dieses Er- schlaffen der Wachsamkeit gab mir den Muth, an eine Flucht zu denken. Ich würde sie niemals unternommen haben, da ich kaum Aussicht hatte, eine An- siedlung von Amerikanern in diesen Einöden aufzufinden; aber ich wollte den Indianern das Vergnügen rauben, sich an meinem Todeskampf zu weiden.

„Am fünfunddreißigsten Tage meiner Gefangenschaft wurde ich wie gewöhnlich der Truppe vorausgeschickt. Man hatte mir nichts zu essen gege- ben und ich fühlte mich außerordentlich schwach, doch der Gedanke an die zu erlangende Freiheit hielt mich aufrecht und gab mir außergewöhnliche Standhaftigkeit. So rasch ich es vermochte, eilte ich vorwärts, und nachdem ich ein kleines Gehölz entdeckt, verließ ich den Weg, verbarg mich in dem dornigen Gesträuch und lag mehrere Stunden lang da, ohne mich zu regen. Seitdem habe ich meine Peiniger nie wieder gesehen.

„Den Indianern war ich nun glücklich entronnen, aber darum keines- wegs gerettet. Ich befand mich allein, ohne Lebensmittel, fast nackt und mehrere hundert Meilen von der nächsten Niederlassung entfernt. Mein Körper war mit Wunden überdeckt, meine blutrünstigen Füße vermochten mich nicht weiter zu tragen. Meilenweit konnte man wandern, ohne auf menschliche Wesen zu stoßen, und doch nicht weit genug, denn wilde Thiere machten den Aufenthalt in der Oede gefährlich und die noch viel gefähr- licheren Indianerhorden durchstreiften das Land ringsum. Man nehme dazu, daß der Winter mit schnellen Schritten nahte und die strenge Jahreszeit meine Leiden nur zu vermehren drohte.

„Trotzdem verlor ich den Muth nicht. Drei Tage lang verweilte ich in dem Gehölze, wo ich mich zuerst verborgen hatte, und nährte mich von kleinen

schwarzen Beeren, welche an den Zweigen eines Strauches reiften; dann
weilte ich in einem Walde, unter dessen Bäumen ich mir aus Zweigen und
Rasen eine kleine Hütte erbaute. So lebte ich neun Tage, aß die Beeren
der Sträucher und trank das Wasser des nahen Baches. Als ich die Um-
gebungen meines Aufenthaltsortes vorsichtig untersuchte, fand ich Spuren, daß
die Indianer nach mir gesucht haben müßten. Doch hatten sie mich in einem
solchen Zustande der Erschöpfung fortgehen gesehen, daß sie weit eher glauben konnten, ich sei irgendwo abseit des Weges gestorben, als ihnen entflohen.

„Unterdessen wurde meine Lage von Tag zu Tag jammervoller. Meine
Wunden verursachten mir entsetzliche Schmerzen, und zum Skelett abgemagert,
verlor ich aus Mangel an Nahrung von Stunde zu Stunde mehr und mehr
die Kraft, Etwas zu unternehmen. Außerdem bot mir meine schlecht erbaute
und nur locker zusammengefügte Hütte nur geringen Schutz. Sieben Tage
hinter einander gossen Regenströme vom Himmel hernieder, drangen durch das
lose Zweigdach und überfluteten mich und den Boden der Hütte. Wölfe
umschwärmten mich fortwährend, und die Nähe ganzer Rudel vermehrte
meine Furcht. Jeder Tag machte sie frecher und mehrere von ihnen folgten
mir, wenn ich früh zum Bache hinabstieg, um meinen Durst zu stillen. Da
ich jedoch die Feigheit dieser Thiere kannte, so verscheuchte ich sie durch mein
Geschrei, und drohende Geberden reichten hin, sie in die Flucht zu jagen.

„Am zwölften Tage nach meiner Entfernung von den Indianern sah
ich einen Trupp Menschen durch das Gehölz ziehen. Ich stieg auf einen
kleinen Hügel und erforschte von da, ohne daß man mich sehen konnte, ob
es Indianer oder Auswanderer waren. Während ich so lauschte, fand ich
mich plötzlich durch drei von hinten kommende Männer entdeckt. Zu meiner
Freude erkannte ich in ihnen Merikaner. Sie gehörten zu einer Karawane
von Kaufleuten, welche, wohl bewaffnet, hierher zogen, um Handel mit den
Komantschen zu treiben. Als ich ihnen meine erbärmliche Lage vorstellte,
waren sie gern erbötig, mich mit sich zu nehmen. Ich war gerettet — nachdem
ich mich schon völlig verloren gegeben. Der Leser kann sich denken, mit welchen
Gefühlen unaussprechlicher Dankbarkeit gegen Gott ich erfüllt war. Guten
Muthes verließ ich meine elende Hütte, die ich schon als meinen Sarg angesehen.

„Die Merikaner stillten meinen Hunger, gaben mir eine Decke und
Mannskleider, so daß ich mich zum ersten Male seit dem Unglückstage, an
welchem ich in die Hände der Indianer fiel, ordentlich und warm bekleidet sah.
Dann durfte ich auf einen Wagen steigen und die Truppe setzte ihren Marsch fort.

„Zwei Tage nach diesem Ereigniß bemerkte ich zu meinem Schrecken,
daß eine Bande Komantschen auf uns zukam. Die Kaufleute glaubten, es sei
für sie von Nachtheil, wenn ich bei ihnen gefunden würde, und verbargen
mich deshalb in einer Schlucht, mit dem Versprechen, mich am Abend wieder
von dort abzuholen. Dort lag ich zusammengekauert und wagte mich kaum
zu rühren. Die Nacht senkte sich nieder — Niemand erschien.

Die Verfolger nach dem Bache.

„Nach zwei Stunden peinvollen Harrens verließ ich behutsam mein
Versteck und versuchte das Lager der Merikaner zu erreichen. Gegen Mitternacht, als ich immer noch die Büsche durchschlich, kam unversehens ein
Komantsche nur wenige Schritte entfernt an mir vorüber. Mein Blut er-
starrte in den Adern — leise legte ich mich auf den Boden, hielt den Athem
an und verharrte in dieser Stellung bis zum Morgen.

„Als der Tag graute, schaute ich mich vorsichtig um, und, ermuthigt
dadurch, daß ich Niemand erblickte, wanderte ich auf das merikanische Lager
zu. Ehe ich dasselbe erreichte, traf ich jedoch auf einen Händler, der beschäftigt
war, die Pferde und Maulthiere zusammen zu treiben. Dieser, Juan José,
hat in der Folge mehr zu meiner endlichen Erlösung beigetragen, als alle
Andern. Er berichtete, daß das Lager voll Komantschen sei, und versicherte,
es sei unmöglich mich zu retten, wenn ich entdeckt würde. Ich verbarg mich
daher wieder unter dürren Zweigen; er kehrte in's Lager zurück.

„So verbrachte ich den ganzen Tag in bangen Aengsten. In der Nacht
schleppte ich mich an einen Bach, um meinen brennenden Durst zu löschen,
der mich zu verzehren drohte. Gegen Mitternacht erschien Juan, brachte
mir ein Stück Brod und verkündigte mir, daß ich mich noch den folgenden
Tag verborgen halten müßte. Die Erinnerung an diesen Schreckenstag
wird nicht so leicht aus meinem Gedächtniß schwinden; fortwährend hörte
ich ringsum die Komantschen sich durch Geheul begrüßen, ja ich vernahm
ihre Schritte und sah ihre Gestalten durch die Büsche schreiten. Auch in
der folgenden Nacht kam Juan wieder, um mir die traurige Nachricht mitzutheilen: daß die Merikaner beschlossen hätten, nicht weiter mit mir zu reisen.
Sie wollten mich erst bei ihrer Rückkehr, die in sieben bis acht Tagen erfolgen
konnte, mitnehmen. Dieser Bescheid traf mich wie ein Donnerschlag. Eine
volle Woche noch sollte ich allein und verlassen in der Einöde zubringen, fern
von aller Hülfe, in einer Gegend, wo mich ringsum Gefahren bedrohten.
Doch ich mußte mich zufrieden geben; allein, als ich die Karawane abziehen
sah, war es mir, als sei mein letzter Hoffnungsfunken geschwunden.

„Noch einmal trat die Todesgefahr dicht an mich heran, denn die Jahreszeit war ungemein rauh geworden; die Kälte machte meine Glieder steif und
ungelenk. Ohne einen reinen Glückszufall wäre ich auch sicher der rauhen
Jahreszeit unterlegen und erfroren. Nahe bei der Schlucht, in welcher ich
zwei Tage verborgen lag, entdeckte ich jedoch eine zerfallene Indianerhütte,
in der sich einige noch glimmende Holzkohlen vorfanden: — Beweis genug,
wie nahe mir die Gefahr des Entdecktwerdens lag. Aber jetzt konnte ich mich
wenigstens erwärmen; unbekümmert um den aufsteigenden Rauch zündete
ich das Feuer wieder an, dessen wohlthuende Wärme mir das Leben erhielt.

„Den Eingang der Hütte verstopfte ich mit Moos und Zweigen; im
Hintergrunde bereitete ich mir ein Lager, und so verbrachte ich einsam, von
Wölfen umheult, acht bange Tage. Auch der achte Tag verfloß, ohne daß die

Merikaner wieder erschienen wären. Gegen Abend bemerkte ich mit Schrecken, daß mir nur noch wenige Bissen Brot übrig geblieben, und da die Beeren der Sträucher schon verdorben waren, eröffnete sich mir die entsetzliche Aussicht auf den Hungertod!

„Einige Stunden verflossen unter den schrecklichsten Gedanken. — Horch! Ist es nicht, als näherten sich menschliche Stimmen? Ich lausche — und vernehme spanische Worte. Die Merikaner sind zurückgekehrt! Schnell verließ ich nun mein Versteck und warf mich dem ersten Besten vor Freude in die Arme. Juan kam auch bald wieder. Ich erhielt ein gutes Pferd und wurde auf der ganzen Weiterreise mit Güte und Wohlwollen förmlich überschüttet.

„Am vierunddreißigsten Tage unseres Marsches erreichten wir Pecos; hier traf ich zwei nordamerikanische Offiziere, Carleton und Adam, die sich meiner freundlichst annahmen. Ganz glücklich war ich, als ich die Mannskleider ablegen und wieder Frauenkleider anziehen konnte, welche mir Frau Adam schenkte. Nachdem ich einige Tage in Pecos ausgeruht hatte, wurde ich nach Santa-Fé (Neu-Meriko) zum Gouverneur Meriwether geführt, welcher, wie nicht minder die amerikanischen Damen der Stadt, mir viel Gutes erzeigte.

„Alles, was ich hier erzählt habe, erscheint mir heute wie ein schrecklicher Traum. Aber schreckliche Gewißheit ist es für mich, daß ich meinen Mann und meine beiden Schwäger durch die Komantschen verloren habe. Viel habe ich schon erduldet und doch bin ich kaum 17 Jahre alt —".

Abzug der Prärie-Karawane.

Im Urwald.

Gaetano Osculati

in den überschwemmten Urwäldern am Cosanga in Ecuador.

1847.

Die durch ihre ungeordneten politischen Zustände zu trauriger Berühmt= heit gelangte südamerikanische Republik Ecuador bietet dem Naturforscher namentlich in ihrem östlichen Theile noch ein reiches Feld ausgiebiger Thätig= keit. Auch der Geograph findet dort schätzbaren Boden für seine Arbeiten, denn noch sind nicht alle Gegenden des an himmelhohen Vulkanen und riesigen Strömen reichen Landes genügend bekannt; viele Einzelnheiten bleiben noch zu erforschen. Die ganze Oberflächengestaltung des Staates ist außerordent= lich mannichfaltig. Der größere, östliche Theil gehört zu der wasser= und wildreichen Tiefebene des Amazonenfluß=Gebiets. Der mächtige Strom selbst bildet auf eine weite Strecke hin die Südgrenze des Landes. In ihn ergießen sich eine Menge, zum Theil 100 bis 200 Meilen langer und weithin schiffbarer Flüsse, die in unseren Tagen bereits von Dampfschiffen befahren werden; so der Chinchipe, der Santiago, Pastassa, der Tigre und vor allen der Napo, der größte Strom des Landes, der 165 Meilen lang und auf 130 Meilen für Dampfer befahrbar ist. Mit den Einöden an diesem Flusse, sowie mit dem Cosanga, der seine Fluten mit ihm vereinigt, werden wir im Verlaufe der nachfolgenden Erzählung näher bekannt werden.

Im Westen Ecuador's dagegen walten Gebirge vor. Hier treffen wir auf eins der berühmtesten und ausgezeichnetsten Hochlande der Cordilleren, durchzogen von rauhen trachytischen Bergketten vulkanischer Natur, die steil und wild, öde und zerrissen sich über ein ungeheures Gebiet erstrecken. Aus ihnen erhebt sich eine große Anzahl riesiger Schneegipfel und Vulkane, die, zwischen 14,000 und 20,000 Fuß hoch, dem ganzen Lande den Charakter erhabener Großartigkeit aufdrücken. Es braucht hier nur an den, durch Humboldt zu ewiger Berühmtheit gelangten, 20,000 Fuß hohen Chimborasso, an den furchtbaren Vulkan Cotopaxi, an den mächtigen Antisana, an den berühmten viergipfeligen Pichincha erinnert zu werden. Inmitten solcher Bergriesen liegt, fast unter dem Aequator, in einem anmuthigen Thale, 9000 Fuß über der Meeresfläche, die alte Landeshauptstadt Quito, einst der Sitz einer eigenthümlichen Kulturwelt. Aus den Zeiten der Inkas finden sich hier noch viele Denkmäler, die Zeugniß von der jetzt verschwundenen Civilisation in der Südhälfte der alten Welt ablegen: Reste von prächtigen Tempeln, von Palästen, Bädern, Mausoleen und noch heute wohlerhaltenen Kunststraßen.

Außer den wenigen unvermischten Nachkömmlingen der alten spanischen Eroberer, die unter Pizarro hierherkamen, ist das Land meistens von Misch= lingen und Indianern bewohnt. Unter Letzteren zeichnen sich die civilisirten Indianer, die eigentlichen Quitus aus, welche unter der Dynastie der Schyri einst die unbestrittenen Herren des Landes waren. Ihr Sitz war und ist noch das mit ewigem Frühlingsklima ausgestattete Hochland der Anden um Quito herum, während im Osten derselben wilde und barbarische Indianerhorden durch die Urwälder und weiten Stromgebiete hinziehen, die von den Quitus in jeder Beziehung verschieden sind und dem Stamme der großen brasiliani= schen Indianerfamilie angehören. Während die Quitus sich zu einem seßhaften Leben bequemten, zogen diese Horden der Jivaros, Zaparos, Orejones 2c. als Jäger= und Fischernomaden umher, fortwährend an Zahl abnehmend. Ihre wald= und wasserreichen Ebenen, einst die civilisatorische Wirkungsstätte thatkräftiger Jesuitenväter, und damals reich und mächtig, voller Nieder= lassungen und bevölkerter Städte, sind seit Vertreibung der frommen Väter im Jahre 1767 fast völlig in den alten Zustand der Verwilderung, des Heiden= thums und der Rohheit versunken. Nur allein am Napo hatten die Jünger

Loyola's 33 Ansiedelungen mit 100,000 Einwohnern. Seit der mit dem Abfall Ecuador's von Spanien erfolgten Verjagung der Franziskaner, denen ein Theil der Missionen übergeben war, sowie in Folge der gänzlichen Vernachlässigung der Ostprovinzen des Landes, erscheinen die von der Natur so reich gesegneten Lande für die Civilisation gänzlich verloren, und sie werden erst dann wieder eine Zukunft haben, wenn statt der verkommenen Spanier, der faulen Mischlinge und der wilden braunen Horden rührige Menschen andern Stammes die Kultur des Bodens dort von Neuem beginnen.

Die mächtigen Ströme, welche diese Ostprovinzen durchfluten, führen eine unendliche Wasserfülle dem riesigen Amazonen-Strom zu, der mit Recht als ein Ozean im Lande bezeichnet worden ist. Jene großen Wasseradern werden gespeist jahrein, jahraus in abwechselnder Menge durch die Schneemassen der Anden, sowie durch die Feuchtigkeit der unübersehbaren Urwälder. Je nach der Jahreszeit steigen und fallen die Flüsse, und hiernach theilt man dort auch das Jahr ein. Wirken auch örtliche Einflüsse auf die Beständigkeit der Regel ein, so kann man doch an den Zuflüssen des Amazonen-Stromes das Jahr in vier Zeiten theilen: in zwei mit trockenem Wetter und fallendem Wasser und in zwei, bei denen das Gegentheil stattfindet. Alle Hauptbeschäftigungen der Eingeborenen richten sich nach der Wiederkehr dieser Erscheinungen. Das große Steigen der Gewässer beginnt Ende Februar und dauert bis in den Juli, während welcher Zeit der Fluß und die mit ihm in Verbindung stehenden Seen allmälig anschwellen und alle Niederungen überfluten. Die Ueberschwemmung steigt langsam, Zoll für Zoll, man bemerkt sie selbst im Inneren des Landes meilenweit vom Strome, denn die vielen natürlichen Gräben, welche sich durch die Wälder hinziehen, werden alle in breite, schiffbare Kanäle verwandelt. Die Sandbänke stehen dann unter Wasser und die Stelzvögelschwärme ziehen weiter nördlich; es wird öde und still an den Ufern der wildflutenden Ströme. Zuweilen fallen dann auch starke Regen, aber selten länger als 24 Stunden.

Wenn die „Enchente", die Flut, vorüber ist, beginnt die „Vasante" oder Ebbe und mit ihr kehrt die schöne Jahreszeit wieder. „As agoas estao paradas, das Wasser hat sich verlaufen", heißt es dann. Die heißen Tage des lang' ersehnten Sommers sind da, die schlammigen Pfützen trocknen, die Vögel kehren wieder. Das Fallen des Wassers dauert bis Mitte Oktober, und nur einmal während der trockenen Zeit, im September, tritt ein theilweises Steigen von wenigen Zoll Höhe ein. Nie aber wird auf den prächtigen Wasseradern die Schifffahrt, selbst größerer Fahrzeuge, gehemmt. Von Mitte Oktober bis Anfang Januar herrscht die zweite nasse Jahreszeit, dann folgt, bis der Fluß im Februar wieder zu steigen beginnt, die zweite kurze trockene Zeit.

Dieses zum Verständniß vorausgeschickt, wenden wir nun unsere Aufmerksamkeit den Schicksalen des Reisenden Gaetano Osculati zu, der von

seinen Führern in den ungeheuren Wäldern im Osten Ecuador's böswillig ver=
lassen, bald mit dem Hunger, bald mit den Wasserfluten der Ueberschwemmung
des Cosanga kämpfend, dennoch sich einen Pfad durch den Waldozean zu
bahnen wußte und nach Leiden, die ihn mehr als einmal dem Tode nahe
brachten, aus der Einsamkeit glücklich wieder zu bewohnten Stätten gelangte.

Gaetano Osculati hatte bereits große Reisen in der Neuen Welt
unternommen und die am wenigsten bekannten Theile derselben durchstreift,
als in ihm der Gedanke aufstieg, dem Wege zu folgen, welchen einst
Orellana, der Gefährte des Gonzalo Pizarro, eingeschlagen hatte. Er wollte
im Dienst der Wissenschaft die Einöden am Napo durchforschen, die seit
der Vertreibung der Jesuiten wüst und unbeachtet da lagen. Zu diesem
kühnen Unternehmen eignete sich ein Mensch seines Schlages vollständig;
denn er galt für furchtlos und seine eiserne Körper=Konstitution vermochte
alle Hindernisse zu besiegen, die sich ihm in den Weg stellten.

Obwol er mit seinem Plan im Reinen war, so hatte er doch alle
Schwierigkeiten nicht genügend bemessen, die sich der Ausführung seines Vor=
habens entgegenstellten. Er begab sich nach Quito, um die Vorbereitungen
zu seiner Reise zu treffen. Dort besprach er sich mit den Indianern, welche
ihn in das Gewirr jener mächtigen Ströme, Seen, Sümpfe und Wälder
führen sollten, die sich am Ostabhange der Anden hinziehen. Schon seit
einigen Wochen hielten sich mehrere Yumbo's in Quito auf, die wegen
Handelsgeschäften zu ihrem Leidwesen länger dort verweilen mußten, als
ihnen selbst lieb war. Es ist bekannt, daß diese Indianer immer nur kurze
Zeit in den Städten bleiben, weil sie von dem Wahn befangen sind, in
eine Krankheit zu verfallen, wenn sie länger in den Städten, entfernt von
ihren Waldhütten, verweilen. Dergleichen Leute warb Osculati als Träger
an; er belud ihre kräftigen Schultern mit seinen Effekten und den Koffern,
in welchen er die Geschenke für wilde Indianer=Häuptlinge mit sich führte.
Dann machte er sich auf den Weg.

Am 7. Juni 1847 zog er von Quito aus nach Tombaco. Der Gouver=
neur hatte ihn mit Empfehlungsbriefen an den Ortsrichter der letzteren Stadt
versehen, damit er dort zur Ablösung andere indianische Lastträger, so=
genannte Carguero's, erhalte, die ihn dann bis Archidona bringen sollten.
Der Lieutenant Ximenes, bei dem er in Tombaco einkehrte, bedauerte in=
dessen, ihm nicht sogleich nach Wunsch des Gouverneurs die geeigneten Last=
träger zuweisen zu können. Man feierte nämlich gerade das Fronleichnams=
fest mit Gesang, Tanz und Festspielen. Die Feierlichkeiten dauern mindestens
acht Tage, und da die Carguero's hierbei ganz besonders betheiligt waren, so
konnten diese unter keiner Bedingung zum Tragen der Lasten bewogen werden.
Das war ihm, der mit heißer Begierde nach den Wäldern am Napo strebte,
höchst unerwünscht. Er begab sich allein auf den Weg und befahl den Trägern
nachzukommen. Die Jahreszeit rückte vor und er mußte eilen, über die Gebirge

zu kommen. Unter niederströmenden Regengüssen erreichte er den See von Papallacta, der in diesen hohen Gegenden in einem erloschenen Krater liegt. Endlich, am 15. Juni, trafen dort auch die Carguero's von Tombaco ein. Osculati, welcher fürchtete, daß sie nach Ablieferung ihrer Last die Flucht ergreifen könnten, schloß sie die Nacht über in einer Hütte ein und trieb sie am nächsten Morgen trotz des schlechten Wetters nach Archidona zu. Bei andauernd ungünstiger Witterung erreichten sie die sumpfigen Wälder, in denen nirgends ein Fußpfad zu finden ist. Unser Reisender, mit seiner Flinte und seinen Pistolen bewaffnet, verlor jedoch den Muth nicht. Er wußte, wessen er von seinen Begleitern gewärtig sein durfte, und ließ seine sechs Indianer einen hinter dem andern vor sich herwandern, während er den Zug schloß, um dergestalt seine übelwollenden Leute an der Flucht zu hindern.

Drei Tage lang rückten sie also in östlicher Richtung vorwärts, ohne daß ihnen etwas Besonderes begegnet wäre; am 18. Juni gegen Mittag jedoch, als sie eben durch einen dichten Wald zogen, stockten die an der Spitze gehenden Lastträger plötzlich, kehrten um und schrieen unter Zeichen des höchsten Entsetzens: „Eine Leiche!" „Eine Leiche!" Osculati, welcher Mühe hatte, die geängstigten Leute zusammen zu halten, kam heran und fand mitten auf dem Fußsteig einen todten Indianer, mit dem Gesichte nach der Erde zu liegend. Er nahm ihn bei den langen Haaren, zog den Kopf in die Höhe und erkannte in ihm einen jener Yumbo's, welche von Quito ab sein Gepäck getragen hatten. Der Mann litt damals schon an Dyssenterie und war auf dem Wege seiner Krankheit erlegen. Seine Gefährten hatten ihn liegen gelassen und glaubten genug gethan zu haben, wenn sie sein Gepäck an einem nahen Baumstamme aufhingen.

Dieser unangenehme Zufall hatte die Carguero's ungemein aufgeregt. Um sie einigermaßen aufzuheitern, vertheilte Osculati eine Flasche Branntwein unter dieselben, den sie mit Begierde tranken. Dann setzte man den Marsch schleunig in der Hoffnung fort, die vorausgegangenen Yumbo's zu erreichen, deren Fußtapfen man im schlammigen Boden genau erkannte. Die Urwälder, welche der Reisende hier durchschritt, machten in ihrer erhabenen Natur einen tiefen Eindruck auf ihn und entschädigten ihn für manche bisher erduldeten Mühseligkeiten. Der Anblick war so ganz verschieden von unsern europäischen Wäldern, die in ihrem Bestande aus Eichen, Buchen, Fichten oder Tannen höchst einförmig erscheinen. Statt ihrer bedecken in unendlicher Mannichfaltigkeit baumartige Brennesseln, Feigen, Lorbeerbäume, Schotengewächse, Ahorne, Malven und Myrthen, riesige Schilfe und Palmen den grünen, mit bunten Blüten übersäeten Moosteppich. Die dünnsten wie die dicksten Bäume streben zu fast gleicher Höhe empor und tragen im Verhältniß zu ihren schlanken Stämmen nur kleine Kronen. Dies erklärt sich aus dem dichten Gedränge, aus der ungeheuren Fülle der Vegetation und aus dem Streben der Pflanze nach Licht und Freiheit.

Osculati findet den todten Jumbo.

7*

Das Heranrücken des einen Baumes zu dem andern hindert jeden an der Ausbreitung der Aeste: alle richten sich deßhalb nach oben und suchen die äußerste Höhe zu erreichen. Und wie wechseln die einzelnen Stämme in Bezug auf Stärke und Umfang! Da sieht man neben dem Riesen, den viele Männer nicht zu umspannen vermögen, schlanke Formen, die einem starken Tau gleichen. Bedenklich, beängstigend wird der Marsch, wenn der Sturm durch diese Tropenwildniß rast. Kaum gewahrt man durch einzelne Lücken im Dache des riesigen Forstes das heranziehende dunkle Gewölk. Doch bald nimmt die Dämmerung im Walde den Charakter des Düstern und Unheimlichen an. Dann wird ein fernes Gerassel hörbar, während bleischwere Regentropfen schon auf das Blätterdach niederschlagen. Schnell vertieft sich dieser Ton zu einem Rauschen und Heulen. Der Donner wird stärker und stärker. Brausend, wie wenn eine Wasserflut das Bett überschreitet, schwankt der Wald unter der Wucht des Sturmes, unter dem zusammenknickend die Aeste herniederbrechen.

Unter solchen tropischen Regengüssen, welche den Boden immer mehr erweichten, setzte der Reisende seinen Weg fort. Am folgenden Tage gelangte man gegen Mittag nach Baeza. Osculati brachte hier die Nacht zu, ohne jedoch viel schlafen zu können, da er fortwährend fürchten mußte, daß ihm die Carguero's davonliefen.

Am andern Morgen, dem 20. Juni, gab der Reisende das Zeichen zum Aufbruche; doch die Indianer verweigerten ihm unter den verschiedensten Vorwänden den Gehorsam und erklärten, unter keiner Bedingung reisen zu wollen, da es gerade Festtag sei. Osculati, welcher die Geduld verlor, drohte nun mit Thätlichkeiten und zwang endlich die Indianer, zu folgen. Man zog ab. Aber kaum 300 Schritte von Baeza stürzte einer der Carguero's — wol absichtlich — nieder und erklärte unter lautem Geschrei, daß er sich verletzt habe und nicht weiter könne. Er mußte mit seinem Gepäck in Baeza zurückbleiben. Die Andern, welche in diesem Sturze eine Unglücksverkündigung des Himmels erblickten, murrten laut und zeigten sich immer schwieriger. Als sie merkten, daß ihre Klagen auf Osculati keinen Eindruck machten, schwiegen sie plötzlich und sprachen, um ihr Mißvergnügen erkennen zu lassen, kein Wort mehr. So marschirte die Schar, stets von Osculati überwacht, zwei Tage lang durch die sumpfigen Wälder, in deren Farrnkraut- und Schlingpflanzengewirr sich selbst die Indianer verirrten. Plötzlich standen sie vor einem kräftigen Bären, der jedoch vor dem Hunde des Indianer-Häuptlings auf einen Baum flüchtete. Osculati schoß ihm eine Kugel durch den Kopf, ließ einen Indianer bei ihm zurück und schritt mit den Andern nach dem Halteplatze am Cosanga zu. Der Bär, welcher auch bald dorthin geschleppt wurde, war in diesen an Nahrungsmitteln armen Gegenden ein kostbarer Erwerb. Bald loderte ein mächtiges Feuer im Urwalde empor; im Kessel prasselte das Bärenfleisch, und die ganze Gesellschaft erholte sich bei dem leckern Mahle von den gehabten Anstrengungen der letzten Tage

Bärenjagd.

Als man die Ladungen wieder vertheilte, weigerten sich die Carguero's, die Ueberreste des Bären zu tragen, wiewol ihnen dessen Fleisch ganz vorzüglich geschmeckt hatte. Sie warfen den Schädel und das Fell fort, welche beide Osculati aufbewahren wollte. Außer sich vor Zorn, als er sah, daß die Indianer ihm zu widerstehen wagten, prügelte er den Häuptling durch und drohte, ihn zu erschießen, wenn er einen Fluchtversuch mache. Man brach nach diesem Zwischenfall auf; doch nach Verlauf einer Stunde mußte man anhalten, um weiter oberhalb einen günstigen Uebergangsort über den Cosanga zu suchen, der mittlerweile stark angewachsen war. Am Abend bauten die braunen Leute für ihren Herrn eine weit bessere Hütte, als sie sonst gewöhnlich zu thun pflegten, und stellten rings um dieselbe eine Art von Pallisadenwerk auf. Diese außerordentliche Vorsicht erregte Osculati's Argwohn und er fragte den Häuptling nach der Ursache dieser Vorsichtsmaßregeln. Der Indianer antwortete, es geschähe nur, um dem Reisenden eine bessere Lagerstatt zu bereiten. Dieser aber ließ die Pallisaden, welche ihm in der Nacht die Aussicht auf die Indianer geraubt hätten, niederreißen, zwang den Häuptling, neben ihm zu schlafen, lud seine Pistolen und hielt gute Wacht. Die Nacht verging ohne Zwischenfall. Am nächsten Tage schoß Osculati wieder einen Bären und brachte abermals die folgende Nacht schlaflos zu, um den Verrath seiner Führer zu verhindern. Am 24. Juni, als die Wasser ein wenig gefallen waren, untersuchte er die Gegend mit dem Häuptling und einem andern Carguero, um eine Furt durch den Fluß aufzufinden. Da — urplötzlich in einem Dickicht verschwand der Häuptling. Osculati, welcher den noch bei ihm befindlichen Indianer ihm zu folgen zwang, kehrte schnell nach der Hütte zurück — aber es war zu spät! Sein Gepäck war geöffnet, die Lebensmittel geraubt, die Carguero's verschwunden. Der Indianer, welcher zurückgeblieben war, schien bewegt und versprach, den Reisenden nicht zu verlassen. Er entschloß sich, ihn mit einem Briefe an den Gouverneur von Archidona zu senden, worin er diesen um Hülfe bat. Der Mann versprach, am folgenden Morgen abzureisen, da er in der Nacht sich nicht durch das von Jaguaren durchstreifte Gebirge wagte. Dann zahlte ihm Osculati den bedungenen Preis voraus, theilte mit ihm, was an Fleisch und Zwieback noch übrig geblieben war, und bot ihm seine Hütte als Nachtlager mit an. Der Indianer schien auf Alles einzugehen; doch in dem Augenblick, als unser Reisender einige Minuten die Augen wandte, sprang der Träger auf und gewann durch einen mächtigen Sprung die Freiheit; ehe noch Osculati ihm zu folgen vermochte, war er im Dickicht verschwunden.

Was nun folgt, wollen wir Osculati mit eigenen Worten erzählen lassen:

„Als ich nach meiner Hütte zurückgekehrt war und keinen einzigen Indianer mehr erblickte, begann ich mit lauter Stimme zu rufen, aber nur das Echo des Waldes antwortete. Ich war allein, mutterseelenallein. Auch der letzte der Verräther hatte mich verlaffen und zugleich den Sack mitgenommen, der den Reft meiner Lebensmittel barg.

„Ruhig und entschloffen, in diesem Unglück nicht zu verzagen, dachte ich zunächst daran, meine Hütte auszubessern, so weit dies mir die wenigen günstigen Tage gestatten wollten, welche zuweilen das Unwetter unterbrachen. Nachdem ich dieses mittels Pfählen und Lianenstricken so gut als möglich vollbracht, baute ich rings um dieselbe aus Rohr, Blättern und Zweigen eine Art Barrikade. Auf diese Weise wollte ich mich gegen eine Ueberraschung im Schlafe schützen und Zeit gewinnen, wenn ich von wilden Thieren oder meinen Indianern angegriffen würde, die sich im Walde versteckt haben konnten, um mich in der Nacht zu ermorden. Nachdem ich diese Vorsichtsmaßregeln zu Stande gebracht, lud ich meine Flinte und meine Pistolen, steckte eine Lanzenspitze an ein langes Bambusrohr, das mir gelegentlich als Waffe dienen konnte, aß etwas Zwieback, trank einen Schluck Waffer und legte mich auf die Koffer nieder.

„Nach Verlauf einer Stunde, als es Nacht geworden war, erhob ich mich wieder, sah mich überall um und überzeugte mich, daß ringsum Niemand verborgen war. Ich schoß zweimal mein Gewehr gegen den Wald zu ab, sowol um die Bären und Jaguare, welche die Gegend unsicher machten, abzuschrecken, als den etwa versteckten Indianern zu zeigen, daß ich auf der Hut war. Die Dunkelheit war so vollständig, daß ich keinen Gegenstand auch nur einen Schritt weit unterscheiden konnte; dieses, und der fortdauernde Regen, trug nicht wenig dazu bei, meine Stimmung bis zur Traurigkeit umzugestalten; sehnlichst wünschte ich den Tagesanbruch herbei. Gegen Mitternacht schoß ich noch zweimal, und gegen sechs Uhr, als allmälig der Morgen graute, erquickte ich mich an etwas Kaffee, den die Indianer glücklicherweise nicht mitgenommen hatten, da er nicht nach ihrem Geschmack war.

„Den folgenden Tag brachte ich beinahe nur damit zu, meine Hütte noch etwas wohnlicher einzurichten. Vor den Indianern hatte ich jetzt keine Furcht mehr, diese mußten wol weiter gegangen sein, aber mit den wilden Thieren ward ich am Ende nicht so leicht fertig. Nachdem ich ernstlich erwogen hatte, wie ich mich am besten aus meiner peinlichen Lage ziehen könnte, entschloß ich mich, wenigstens noch eine Woche in der Waldeinsamkeit zu harren, in der Hoffnung, daß in dieser Zeit einige Indianer hier durchzögen, welche mir Hülfe bringen könnten. Trat ein solcher Fall nicht ein, dann wollte ich mich auf den Weg machen, entweder um meine Reise nach Archidona fortzusetzen oder nach Baeza zurückzukehren. Aber wie sollte ich den letzteren Vorsatz ohne Führer in diesen weitausgedehnten Wäldern durchsetzen, unbekannt mit den Wegen und allein drei Tagereisen vom nächsten bewohnten Orte entfernt? Den wenigen Zwieback, der mir noch übrig geblieben war, theilte ich in kleine Rationen von sechs bis acht Loth für jede Mahlzeit ein; ich sammelte die halb abgenagten Bärenknochen, welche die Indianer weg-

geworfen hatten, um die daran hängenden Fleischfetzen zu essen, und zer=
schnitt die weichen Theile des Felles und der Tatzen, um sie zu rösten. Die
Hoffnung, auf der Jagd noch einiges Geflügel zu erlegen, gab mir wieder etwas
Muth; doch während des fortströmenden Regens verbargen sich alle Thiere.
Traten ja einmal einige freundliche Stunden ein, so sammelte ich, meinem
Naturforscherberufe treu, meist Schmetterlinge und andere Insekten, schon um
dadurch meine trüben Gedanken einigermaßen zu zerstreuen. Kam dann die
Dämmerung, so ergriff ich meine Vorsichtsmaßregeln und legte mich nieder.

„Ich hatte unter Anderm auch eine Menge jener herrlichen Leuchtkäfer
gesammelt, die unter dem Namen Cucuyos bekannt sind; diese setzte ich in
ein Wasserglas und erleuchtete dergestalt meine Hütte. Das Licht, welches
sie ausstrahlten, war so stark, daß ich dabei zu lesen vermochte. Einige hohle
Baumstämme in der Nähe untersuchte ich nach den Nestern einer Bienenart,
welche ein schwarzes Wachs liefert; ich wußte, daß die Quiros daraus ihre
Fackeln bereiteten und einen ausgezeichneten Honig erhielten. Einmal war
ich auch so glücklich, ein Nest zu finden. Das Ausnehmen desselben verursachte
mir jedoch viel Beschwerden, denn die Bienen vertheidigten ihre Wohnung
vermittels zahlloser Stiche.

„Am 26. Juni Morgens wurde ich durch ein wiederholtes Geschrei
erweckt, das wahrscheinlich von Affen herrührte. Ich hoffte, daß am ent=
gegengesetzten Ufer des Cosanga sich ein Thier zeigen würde; doch mein
Harren war vergeblich. Ein Sturmregen zwang mich gar bald, in die Hütte
zurückzukehren, die unter den Strömen des nassen Elementes zu zerfallen
drohte. Dieser Tag war einer der traurigsten, den ich je erlebt. Gegen
Abend kochte ich mir ein wenig Bouillon aus den alten Bärenknochen und
aus dem Schädel dieses Thieres, an dem noch ein wenig Fleisch haftete.
Darauf schlief ich ein. Umgeben von unüberwindbaren Hindernissen, von
Allem verlassen, gab es in der That keinen andern Behelf, um mich aus der
peinlichen Lage, in der ich mich befand, zu befreien, als entweder baldigst
umzukehren oder meine Reise fortzusetzen. Nichtsdestoweniger verlor ich die
Hoffnung keineswegs; im Gegentheil, Tag und Nacht dachte ich über die ge=
eigneten Mittel nach, mich vor dem Untergang in der Wildniß zu bewahren.

„Am 27. Juni hielt der Regen den ganzen Tag über an. Der Fluß
wuchs zusehends; es war mir unmöglich, Feuer anzuzünden. Der Muth,
welcher mich bis zu diesem Augenblick nicht verlassen, schien der Verzweiflung
Platz machen zu wollen. In der Nacht vernahm ich ein Geräusch im Walde,
das sich allmälig näherte. Schweigend horchte ich auf und hielt das Gewehr
bereit. Gleich darauf konnte ich nicht fern von meinen Pallisaden einen
schwarzen Gegenstand erkennen, welcher sich dem Flusse zuwandte. Obgleich
die Nacht sehr dunkel war, sah ich doch an der Art des Ganges des Thieres,
wofür ich die dunkle Masse bald erkannte, daß ein Tapir in meine Nachbar=
schaft gerathen war.

Jagd auf den Tapir.

„Meine Freude war groß. Aber die Furcht, ihn aus dem Gesichte zu verlieren oder mit der Büchse zu fehlen, machte mich dergestalt zittern, daß ich, um schießen zu können, meinen Arm an einen dicken Baum lehnen mußte, an dem meine Hütte erbaut war. Zu meiner unaussprechlichen Befriedigung fiel der Tapir schon beim zweiten Schusse. Da ich jedoch nicht die Kraft besaß, ihn bis zu meiner Hütte zu schleppen, ließ ich meine Beute vor der Hand an der Stelle, wo sie gefallen, liegen und überließ mich der Freude, nunmehr für längere Zeit wenigstens von mir die Qualen des Hungers entfernt halten zu können. So aufgeregt war ich über den glück= lichen Zufall, daß mein Herz pochte und ich kaum einzuschlafen vermochte. Doch meine Freude sollte von nur kurzer Dauer sein.

„Als ich am 28. gegen fünf Uhr früh erwachte, fand ich, daß durch eine plötzliche Flut die Wasser des Flusses bis zur Höhe meiner Hütte an= gewachsen waren und zwar so schnell, daß ich nur mit größter Mühe meine Koffer und das Gepäck in den Wald flüchten konnte. Der Strom hatte auch meinen Kochtopf, meinen kupfernen Kessel und verschiedene andere Gegen= stände entführt, die ich außerhalb der Hütte hatte liegen lassen. Wer aber schildert meinen Schrecken, als ich entdeckte, daß die Flut auch den Tapir fortgeschwemmt hatte! Dieser unerwartete Umstand machte mich für die Folge klüger; ich riß meine Hütte ab und baute sie an einem höher gelegenen, weiter vom Ufer entfernten Orte neu auf. Ueberall längs des ganzen Flußufers suchte ich nach dem Tapir: er war und blieb verschwunden. Meinen Zwie= back, die letzte Nahrung, die mir noch übrig war, rührte ich jetzt nicht an, um ihn für die Zeit der Noth aufzubewahren. Statt dessen aß ich einige schlechte Baumfrüchte, wie die des Manzanillobaumes.

„Der Fluß stieg unterdessen mit zunehmender Geschwindigkeit. Das Rauschen des orkanartigen Windes in den Bäumen, das Tosen des Wassers erzeugte zusammen einen Laut, den ich nur mit dem monotonen Gebet ver= gleichen konnte, mit welchem die Menge in der Kirche dem Priester antwortet. Dazwischen erschallten donnernd die wiederholten Stöße des benachbarten Vulkans Sangai. Man kann sich leicht vorstellen, wie sehr alles Dieses zu= sammen auf mich in meiner Verlassenheit in der Wildniß einwirken mußte.

„Kein Wunder, wenn meine Gesundheit von Stunde zu Stunde schlechter ward; die feuchten Ausdünstungen der Sümpfe und Wasserlachen, sowie die ungenügende Nahrung, begannen ihre Wirkung zu üben. Hierzu kam, daß ich fast die Stimme verlor, so daß ich mich am Ende meiner Leiden wähnte. Während dieser Zeit schrieb ich einen langen Brief an den Präsidenten, in dem ich all' das Unglück aufzählte, welches mir widerfahren war. Ich setzte auch, im Falle meines Todes, mein Testament nieder, wickelte die Schrift= stücke in ein Stück Wachsleinewand und hing sie an einem Stock in meiner Hütte auf. Am Flußufer errichtete ich auf einem erhöhten Punkte eine lange Stange, an der ein Wimpel aus Leinwand befestigt war, damit vorüber=

ziehende Indianer auf dieses Signal aufmerksam würden und meine Hütte
fänden. Dann fühlte ich mich ruhiger und begann den Ausbau meiner Hütte
auf's Neue. Leider mußte ich sie der Ueberschwemmung wegen mitten im
Walde aufrichten, so daß mir kein freier Blick über die Umgebung blieb.

„Während des 29. und 30. Juni hielten die sündflutartigen Regen=
güsse an; ich blieb daher in meiner Behausung und bedeckte mich mit dem
Bärenfelle, das schon zu faulen begann und eine Beute der Würmer wurde.
Ein wenig mit Honig bestrichener Zwieback und Kaffeepulver mit kaltem
Wasser war Alles, was ich während dieser Zeit über meine Lippen brachte.

„Am 1. Juli, dem siebenten Tage, seit ich von den Indianern verlassen
worden war, hatte ich fast alle Hoffnung verloren, noch lebend aus dieser
Wildniß zu entrinnen; die Flut nahm noch immer nicht ab, ihre Wasser
rollten mit gleicher Mächtigkeit dahin. Auf irgend eine Art mußte nun ein
Entschluß gefaßt werden. Thatsächlich befand ich mich auf einer Insel zwischen
zwei Strömen eingeschlossen, die, beide von Antisana kommend, dem gleichen
Gesetz der Ueberschwemmung unterworfen waren. Eine Furt war nirgends
zu finden und ich somit ein Gefangener. Am Ufer hatte ich eine Art Wasser=
messer aufgestellt, den ich von Stunde zu Stunde beobachtete. Kaum be=
merkte ich eine Neigung des Wassers zum Fallen, als auch die Hoffnung in
mir wuchs; denn das Fallen trat hier sehr schnell ein.

„Während der beiden folgenden Tage war abwechselnd bald schönes, bald
regnichtes Wetter; ich sammelte einige Früchte und behalf mich, so gut es ging.
Meinen kleinen Rest Zwieback griff ich immer noch nicht an; er sollte mir als
Reiseproviant dienen, denn ich hatte mich entschlossen, nach Archidona zu
gehen, wenn das Wasser nur erst noch weiter gefallen wäre. Mit Hülfe einer
Karte und eines kleinen Taschenkompasses hoffte ich den richtigen Weg zu
finden. Dieses Unternehmen war allerdings sehr gewagt und überstieg be=
deutend meine schon so sehr geschwächten Kräfte; doch gab es kein anderes
Mittel, mich aus meiner Verlassenheit zu befreien. Ich mußte mich allein
auf den Weg machen, denn auf vorüberziehende Indianer war nicht mehr zu
rechnen. Diese würden ohnehin erst während der schönen Jahreszeit hier
vorübergekommen sein; bis dahin aber wäre ich längst verhungert.

„Ich hatte mir in den Kopf gesetzt, den Rio Condachi zu erreichen,
dessen Entfernung ich auf nur zwei Tagereisen schätzte. Diesen wollte ich
dann verfolgen und eine Balsa, ein Indianerfloß, bauen. Ich stellte mir
dessen Bau ungemein einfach vor, denn die Wälder boten eine Menge dazu
brauchbaren Holzes dar, das leicht wie Rohr war, und an geeigneten Binde=
mitteln fehlte es gleichfalls nicht. Ich wollte so den Condachi bis zu seiner
Mündung in den Rio Hollin hinabschwimmen; am Zusammenfluß beider
hoffte ich auf eine Indianerhütte zu stoßen. Den Lauf des letzteren Flusses
verfolgend, gedachte ich dann zum Mizagualli vorzudringen. Während dieser
vier oder fünf Tage meinte ich von der Jagd leben zu können.

„Wenn ich diesen Fluß nicht verließ, mußte ich nothwendigerweise nach Archidona kommen, das nur wenige Schritte von dessen Ufern entfernt liegt.

„Nach reiflichem Ueberlegen fand ich freilich, daß diesem Plane, welcher in der Idee und auf der Karte leicht auszuführen war, in der Wirklichkeit dennoch eine Menge Schwierigkeiten sich entgegenstellten. Aber nichts konnte mich mehr abhalten; ich wollte vorwärts kommen und nicht nach Baeza zurückkehren. Außerdem stand mir bei einem Rückmarsche sicherlich die Verirrung in dem ausgedehnten Labyrinthe von Sümpfen, Flüssen und Wäldern bevor, die ich bereits einmal mit Mühe und Noth durchschritten hatte.

„Am elften Tage meiner Einsamkeit bedeckte ich diejenigen Kisten, an deren Erhaltung mir besonders gelegen war, mit einer dichten Blätterdecke und traf Anstalten zur Abreise. Ein Tukan, der sich nahe bei meiner Hütte auf einen Baumzweig setzte, lieferte mir noch eine kräftige Mahlzeit.

„Die Wasser waren jetzt gegen sechs Fuß gefallen. Diejenigen Gegenstände, welche ich unumgänglich mitnehmen mußte, vertheilte ich in zwei kleine Packete. In jedem derselben befand sich die Hälfte meiner Nahrungsmittel, und ich wollte den Fluß lieber zweimal durchschwimmen, als das Ganze auf einmal auf's Spiel setzen. Nachdem ich alle meine kostbaren Habseligkeiten, Uhr, Geld, Kompaß, in meiner Mütze festgebunden hatte, setzte ich diese auf und warf mich in den Fluß. Obgleich ich nun ein guter Schwimmer bin, so waren meine Kräfte doch schon so sehr geschwächt und die Strömung noch so heftig, daß ich diese nicht bewältigen konnte. Ehe ich das jenseitige Ufer erreichte, riß mich der Strom gegen dreihundert Schritte mit fort, und ich war in Gefahr, zu ertrinken. Ich warf nun die hindernde Bürde ab, um alle Kraft beisammen zu haben, und rettete mich an einem über das Wasser herabhängenden Baumaste, mit dessen Hülfe ich das Ufer wieder gewann, jedoch nicht ohne an Händen und Füßen verletzt zu sein.

„Ich sah nur zu bald ein, daß auf diese Weise mein Reiseplan nicht auszuführen war. Die Hälfte meiner Lebensmittel war verloren; ebenso meine Pistolen, die ich in einer festverschlossenen Kassette von Weißblech bei mir geführt hatte. Nach einer Stunde, die ich mit trüben Gedanken ausfüllte, beschloß ich, abermals mein Glück zu versuchen. Ich wählte diesmal einen passenderen Ort und erreichte ohne Unfall das jenseitige Ufer. Wie es aber unter solchen Umständen geht, ich schwankte in meinem Entschlusse abermals und entschied mich endgiltig dahin, dennoch nach Baeza zurückzukehren.

„Das Wetter hatte sich nun etwas aufgeklärt, und die Sonne schien herab, so daß ich meine Kleider trocknen konnte. Ich zündete ein Feuer an und briet an demselben saftige Stücke eines großen Reihers, den ich glücklich geschossen hatte, als er sich auf einen Felsblock am Stromufer niedergelassen hatte.

„Am dreizehnten Tage hinderte mich wieder der Regen an der Fortsetzung meines Weges. Ich beschäftigte mich damit, ein Dutzend Spielkarten in tausend kleine Stückchen zu zerreißen, verbarg diese in ein Blechrohr und

Reiherjagd im Urwald.

streute sie auf den Pfad, um für alle Fälle, wenn ich mich verirrte, wenig=
stens den Rückweg nach dem Flusse wieder finden zu können. Beim Durch=
wühlen meiner Koffer hatte ich zum Glück einige Pfund Maiskörner aufge=
funden, die ich, da sie von besonderer Art waren, in Quito mitgenommen
hatte, um sie in Europa zu pflanzen. Ich röstete sie und hatte somit etwas
Nahrungsmittel für die Reise.“

Wir brechen hier den eigenen Bericht des Reisenden ab und folgen ihm
nach den sumpfigen Urwäldern, durch welche er sich unter tausend Gefahren
den Rückweg zu bahnen sucht. Mit der Flinte auf dem Rücken, mit einem
Sacke belastet, der seine wenigen Lebensmittel enthielt, machte er sich auf
den Weg und kehrte dem Orte den Rücken, an welchem er so viel Leiden er=
duldet hatte. Seine Kartenstückchen streute er sorgsam aus, watete durch
knietiefe Sümpfe und war oft im Begriffe, sich verzweifelnd niederzuwerfen,
um nicht wieder aufzustehen. In einem solchen Augenblick, als er schon alle
Hoffnung aufgegeben hatte, hörte er plötzlich das Murmeln des Rio Yana=
jassu; er durchschritt ihn glücklich und gelangte, nachdem er sich durch etwas
Zwieback gestärkt hatte, an das linke Ufer des Cosanga. Da er sich zu ver=
irren fürchtete, entfernte er sich in der Nacht nicht von demselben, that aber
kein Auge zu, weil er fortwährend das Gebrüll der wilden Thiere hörte. Am
andern Morgen kam er nach mehrstündigem Marsche an den Ort, wo er den
ersten Bären geschossen und mit seinen treulosen Carguero's verzehrt hatte.
Seine Flinte, deren Pulverladung feucht geworden und die somit unnütz
für ihn und nur eine Vermehrung seiner Last war, ließ er hier zurück. Dann
begann sein Marsch durch die Gebirgswälder. Seine Füße waren entzündet
und schmerzten ihn außerordentlich; er konnte sie vor den Stichen der Dornen
und den Verwundungen des schilfartigen Grases nur durch einen Leinwand=
lappen schützen, den er um dieselben gewickelt hatte. Am Ufer des Vermello
angelangt, entdeckte er, wie die entflohenen Indianer aus Vorsicht einen
großen Baum, der früher als Brücke gedient, entfernt hatten; doch passirte
er den Fluß glücklich durch eine Furt, wobei er sich gegen die wilde Strömung
mittels zweier Stöcke aufrecht erhielt. Am jenseitigen Ufer konnte er dann
in der Hütte ausruhen, welche für ihn auf dem Herwege aufgeschlagen worden
war. Am andern Morgen versuchte er, gepeinigt von Schmerzen und mit
blutenden Fußsohlen, seinen Marsch fortzusetzen. Er wußte, daß er jetzt nach
einem Tagesmarsch wol Baeza wieder erreichen konnte.

Sein letzter Bissen Zwieback war verzehrt und zwei geröstete Maiskolben
blieben ihm als einzige Nahrung übrig. Nachdem er seine magere Mahlzeit
gehalten, bahnte er sich mit dem Messer einen Weg durch das Buschwerk
und die Schlingpflanzen, welche den Pfad versperrten. Es war vier Uhr
Nachmittags geworden und noch bemerkte er nirgends auch nur das geringste
Anzeichen menschlicher Kultur. Seine Kräfte waren zu Ende und dreißig
Körner Mais, die er mehr als einmal durchgezählt hatte, Alles, was er an

Lebensmitteln besaß. Einige Vögel, die er auf den Bäumen erblickte, konnte er nicht schießen, da er die unbrauchbare Flinte zurückgelassen hatte. Das Ende seiner Tage schien gekommen. Seinem Ziele nahe, versagte seine körperliche Kraft, die Energie des Geistes verließ ihn, entmuthigt und bis zum Tode betrübt warf er sich am Fuße eines großen Baumes nieder und erwartete in stummer Verzweiflung den Tod. Da, plötzlich hört er in der Ferne ein Geschrei — es war ein Hahnenschrei; deutlich vernahm er wiederholt die Töne des Vogels, der die Nähe der Menschen verkündigt. Es war keine Täuschung, er befand sich nicht mehr verlassen in den ungeheuren Wäldern, war in der Nähe menschlicher Wohnungen. Dankbar fiel der arme Verlassene auf die Kniee nieder und brach in die Worte aus: „Sono salvo, Dio mio, io ti ringrazio! Ich bin gerettet, mein Gott, ich danke Dir!"

Anfangs konnte er nicht ganz genau unterscheiden, aus welcher Gegend der Hahnenschrei kam; je weiter er aber vorwärts schritt, desto leichter wurde es ihm, der Richtung zu folgen, aus welcher die Töne an sein Ohr drangen. Er hatte noch nicht ein halbes Stündchen zurückgelegt, als er bemerkte, daß er sich in der Nähe von Baeza befand. Die ersten Indianer, welche ihn erblickten, flohen vor dem fremdartigen Anblick, der sich ihnen darbot. Ohne sich die Mühe zu geben, sie zurückzurufen, schritt er auf die nächste Hütte zu, warf sich auf die Erde und schrie mit lauter Stimme nach Speise. Der Inhaber der Hütte hatte ihn erkannt.

Hier erfuhr er nun, wie seine Carguero's nur nach Baeza zurückgekehrt seien, um die Nachricht von seinem Tode auszustreuen, den er beim Uebergang über den Cosanga gefunden haben sollte. Unser Reisender gerieth über diese Schurkerei so außer sich, daß nicht viel daran fehlte, er wäre gleich nach Quito weiter gegangen, um dort die Bestrafung der Verräther zu verlangen. Dann hätte er jedoch alle seine Habseligkeiten zurücklassen müssen, die noch am Cosanga in seiner Waldhütte lagen. Nach und nach kehrte die Ruhe in sein Gemüth zurück. Er befand sich bei den braven Quiros-Indianern wohl und stärkte sich an den einfachen Speisen, welche man ihm gern darbot. Die Indianer rieben ihm die wunden Füße mit Bärenfett ein, dem sie heilkräftige Kräuter beigemischt hatten. So genas er allmälig wieder an Geist und Körper.

Am 15. Juli brach er denn an der Spitze von sieben Indianern abermals nach dem Cosango auf, durch dieselben Urwälder, welche seine Leiden gesehen hatten. Auf dem Wege fand er seine Flinte wieder und gelangte dann glücklich zu seiner Waldhütte. Hier angekommen, war er nicht wenig erstaunt, drei Indianer um ein großes Feuer sitzend zu finden. Sie übergaben ihm ein Schreiben, in welchem ein reicher Grundbesitzer ihn auf das Liebenswürdigste einlud, einige Zeit in seiner Besitzung am Napo zu verweilen. Am 20. Juli war er schon in Archidona, wo der Gouverneur ihn auf das Zuvorkommendste empfing und alle erduldeten Leiden vergessen machte.

———————

Brutplatz nordischer Seevögel.

Sechs Jahre auf Spitzbergen.

1743–1749.

Wenn im Frühjahr die Sonne ihre erwärmenden Strahlen über die Gegenden des nördlichen Norwegens ausbreitet und die Zwergbirke, einige Weiden und die Preißelbeeren ihre kleinen grünen Blätter aus der moosigen Erddecke hervorstrecken, dann ziehen in großen Schwärmen Zugvögel über das Nordkap hinweg immer weiter dem Pole zu. Wieder, wenn recht warme Sommer eintraten und die Eisberge von den Meeresströmungen aus hohen Breitengraden weit gen Süden geführt wurden, dann landeten mit ihnen zugleich an Norwegens felsengezackter Küste die weißen Polarbären, sonst Fremdlinge in diesem Lande. Wohin zogen jene Vögel, woher kamen jene Eisbären? Sicherlich mußte ein Land noch weiter nördlich von Finnmarken liegen und es ist auch möglich, daß die Normänner, berühmt zu allen Zeiten als kühne Seefahrer, zuerst jenes Land sahen; die Geschichte aber nennt uns den holländischen Seefahrer Barentz als den ersten unzweifelhaften Entdecker von Spitzbergen. Amerika war entdeckt und seine Reichthümer begannen die Phantasie der Menschen mehr und mehr zu erhitzen; wie von unheimlichen

Gewalten getrieben, durchkreuzten die Schiffe den Ozean nach Norden und
Süden, um einen näheren Weg nach den goldreichen Ländern aufzufinden.
Die weite nördliche Ausdehnung Asiens war damals noch nicht bekannt, und
so wollte man denn versuchen, längs der Küste Lapplands in nordöstlicher
Richtung Indien zu erreichen. Auf einer solchen Reise war es nun, daß
Barentz, Heemskerk und Ryp am 19. Juni 1596 Spitzbergen entdeckten.

Gleichsam wie ein vorgeschobener Posten Europa's liegt dieser Archipel
zwischen dem 76. und 81. Grade in den eisigen Fluten des nördlichen Polar=
meers. Neun bis zehn Monate im Jahre herrscht dort der Winter mit
unerbittlicher Strenge, und die hohen Berge behalten selbst in der kurzen
Sommerzeit ihre weiße Schneedecke. Ueber alle die vielen Eilande, Neu=
Friesland, Staatenland, Nordostland, die Tafel=Insel und Prinz=Karls=Insel
ziehen sich hohe Gebirge und eiserfüllte Thäler hin; tiefe Buchten schneiden
in das Land ein und bieten dem Schiffer einen sicheren Hafen. Schräg fallen
selbst im Juli und August die Strahlen der Sonne durch die dichte Atmosphäre
auf den kümmerlichen Boden, den sie niemals senkrecht treffen können. Vier
Monate lang, vom 26. Oktober bis zum 16. Februar, ist das Tagesgestirn
dort gar nicht sichtbar, das eisige Land ist von Nacht umhüllt, und allein
der Mond spiegelt sein mattes Licht auf dem Schnee und ist gerade hell genug,
um die trostlose Oede recht anschaulich zu machen. Während 128 Tagen
erhebt sich die Sonne nur wenig über den Horizont. Vier Monate lang, bis
zum 23. August, geht sie gar nicht unter, und ihre mattgelbe, von der trüben
Atmosphäre eingehüllte Scheibe kreist rastlos am Horizonte. Spitzbergen
kennt keinen ganz heiteren Tag. Die mittlere Jahrestemperatur beträgt
— 8 bis — 9 Grad; der Mai, unser Wonnemonat, gehört dort noch zu den
Wintermonaten; in der kalten Jahreszeit gefriert dort das Quecksilber und
in jedem Monate fällt Schnee. Aber Stürme kommen selbst im Sommer
nicht vor; Blitz und Donner sind in diesen öden Regionen unbekannt.

Spitzbergen führt seinen bezeichnenden Namen mit vollem Rechte. Als
die holländischen Entdecker es von der See aus zuerst erblickten, sahen sie
überall, wohin ihr Auge schweifte, nur seltsam geformte, pyramidale Berge
von mittlerer Höhe. Bald wie scharfe Nadeln, bald wie Sägen, bald wie
kolossale Kegel gestaltet, aber immer in der Spitze zugeschärft, steigen sie auf
allen Eilanden von Eis und Schnee bedeckt in die nebelige Atmosphäre auf.
Schon der Namen des 4400' hohen Stachelschweinberges mahnt uns an die
sonderbaren Formationen, welche selbst das Auge roher Walfischjäger über=
raschen. In der Magdalenen=Bai, einem Hauptankerplatz der Schiffe, zieht sich
rings um das Wasser ein hoher, mit Zinnen und Bastionen gekrönter Mauer=
wall, gleich den Verschanzungen einer Festung. Und vor diesen natürlichen
Wällen lagern in unabsehbarer Ausdehnung nadelförmige Gletscher in einer
Breite von 7000 und einer Höhe von 300 Fuß. Alle Thäler, im Norden
wie im Süden der Insel, sind durch solche Gletscher ausgefüllt, welche bis

an's Meer reichen. Die ersten holländischen und englischen Seefahrer bezeichneten diese Massen als Eisberge, weil sie ihren Zusammenhang mit dem
Innern nicht kannten; erst später erkannte man ihre wahre Natur und fand,
daß es echte Gletscher, gleich jenen der Alpen waren, die im Sommer vorwärts rücken und sogar kleine Moränen bilden.

Es liegt auf der Hand, daß in einem solchen Lande der Pflanzenwuchs
nur sehr spärlich gestaltet sein kann. Der Botaniker, welchen der Wissens-
durst nach Spitzbergen trieb, gewahrt dort nur mikroskopische Pflanzen, die
an den Boden gedrückt sind oder in Felsspalten ein kümmerliches Dasein
fristen. An tiefen, feuchten Stellen grünt herrlich das Moos im angenehmen
Gegensatz zu dem schwarzen Granitgestein oder dem blendend weißen Schnee.
Am Fuße der Klippen und Abhänge, wo die Seevögel Guano aufhäufen und
so den Boden erwärmen, breitet sich dagegen lustig eine arktische Flora von
Hahnenfuß, Steinbrech, Löffelkraut und niedrigen Gräsern aus, zwischen
denen hier und da gelbblühender Mohn eine Abwechselung gewährt. Zwei
kleine Weiden und die schwarze Rauschbeere vertreten die holzartigen Gewächse,
denn die Birke und die Vogelbeere, welche sonst wol am weitesten nach Norden
vordringen, haben bereits in Norwegen die Grenze ihrer Verbreitung erreicht.

Weit reicher als der Pflanzenwuchs gestaltet sich das Thierleben auf
Spitzbergen. Geradezu unglaublich erscheint die Menge der dort nistenden
Seevögel. Der neuere englische Seefahrer Beechey sah z. B. die Alken im
Hintergrunde einer Bucht eine ununterbrochene Linie von wenigstens drei
englischen Meilen Länge bilden, so dicht, daß zuweilen dreißig durch einen
einzigen Schuß erlegt wurden. Ihre Anzahl wurde auf vier Millionen
geschätzt; bei ihrem Auffliegen verdunkelten sie die Luft, erschienen dann gleich
schwimmenden Inseln am Himmel und waren noch in einer Entfernung von
vier englischen Meilen deutlich zu hören, so gewaltig erklang das ohren-
zerreißende Konzert, das sie millionenstimmig zum Besten gaben. Taucher und
Möven beleben gleichfalls die Küsten in großer Anzahl; der interessanteste
Bewohner Spitzbergens aus der Vogelwelt ist jedoch das Schneehuhn; dieses
allein wandert nicht, verläßt nicht wie die übrigen Zugvögel die Inseln im
Winter und weiß auch dann unter Eis und Schnee seine kärgliche Nahrung
zu finden. Viele Seevögel, welche zur Winterzeit an unserer Nord- und
Ostseeküste sich einstellen, brüten auf Spitzbergen, wo sie Nahrung in
Menge und Ruhe finden. Alle wählen sich passende Stellen aus; meist an
den steilen Felsen, welche das Meer überragen. Dort sitzen die Weibchen mit
dem Kopf nach dem Meere hingewandt, eins neben dem andern auf ihren
Eiern. Die Männchen bilden wolkenartige Schwärme, flattern den ganzen
Tag umher und fangen Fische. Das Geschrei, das Summen, Pfeifen,
Quaken, Krächzen und Rauschen aller dieser Vögel zu beschreiben ist unmög-
lich; sowie aber das Tagesgestirn sich zur Rüste neigt, dann verstummen
die Millionen, und tiefe Ruhe liegt über Spitzbergen.

Der Eisbär und der Polarfuchs, der hier im Winter sein braunes Kleid mit einem glänzend weißen Pelz vertauscht, sowie jene überaus nützlichen Gefährten des Menschen, die Rennthiere, und etwa noch eine kleine Mausgattung sind Spitzbergen's einzige Landsäugethiere. Aber in den Buchten tummeln sich ringsum Walfische und Delphine, und an den Küsten wimmelt es von Robben, vornehmlich Walrossen. An manchen Küstenpunkten, oder auf den schwimmenden Inseln erblickt man die letztgenannten riesigen Bewohner der arktischen Regionen, die eine Länge bis zu 20 Fuß und dazu einen verhältnißmäßigen Körperumfang erreichen, oft in Herden von Hunderten, meist unbeweglich daliegend, oder sich träge herumwälzend.

Indessen nur im Sommer hallen die spitzen Felsgebirge dieser nordischen Inselwelt von den fröhlichen Lebensäußerungen seiner Thierwelt wieder; während der langen, langen Winterzeit breitet sich die Ruhe des Grabes über jene Eisgefilde aus; einsam irrt das Schneehuhn dann umher; vor dem Schneegestöber geborgen ruht der weiße Bär in einer Kluft, und das Rennthier, das mit breitem Hufe sicher über die weiße Fläche dahineilte, sucht am Bergesabhang eine schützende Stelle auf, wo es die armseligen Flechten, seine dürftige Nahrung, benagen kann.

Was konnte den Menschen veranlassen, fast alljährlich jene unwirthsamen Regionen zu besuchen und hier im Kampfe mit Eis und Kälte sein Leben zu wagen? Wir haben eben erst erwähnt, daß die Meeresstrecken um Spitzbergen überaus reich an Walfischen, Seehunden und Walrossen sind. Der einzahnige Narwal, der Gibbar oder indische Rorqual und der anderwärts bereits selten vorkommende gemeine Walfisch tummelten sich noch zu Anfang dieses Jahrhunderts in großen Mengen zwischen den Eisbergen herum. Seit jedoch ganze Flotten von den Häfen Hollands, Englands, Spaniens, Deutschlands und Rußlands nach jenen Meeren ausgelaufen und daselbst ergiebige Beute machten, fangen die riesigen Meerbewohner auch an immer seltener zu werden. Die Blütezeit der Walfischjagd ist bei Spitzbergen vorüber. Robben und Walrosse giebt es jedoch dort noch in Menge, und seiner Fettmassen, vornehmlich aber der werthvollen Fangzähne wegen, stellt der Mensch der riesigsten Robbenart nach.

Die Jagd auf das Walroß ist indessen nicht ohne Gefahr. Selten läßt sich ein Bulle oder eine Kuh mit Kalb allein überraschen. Meist liegen sie gesellig zu Dutzenden neben- oder wirr durcheinander, drehen und wälzen sich herum und starren ausdruckslos nach der Sonne oder dem Meere hin, oder sie tummeln sich schwerfällig auf den mächtigen Eisschollen umher, indem sie von Zeit zu Zeit ein Behagen verrathendes Bellen vernehmen lassen. Sobald die Alten Gefahren für sich wittern, setzt sich die ganze wirre Masse auf die plumpeste Weise in Bewegung und rutscht schwerfällig auf dem Bauche dem Meere zu.

Walroßheerde auf Spitzbergen.

Dort in ihrem eigentlichen Elemente angelangt, schwimmen sie leicht und
gewandt, gleich den Fischen, von dannen. Doch warten sie nicht selten auch mit
dummdreister Geringschätzung den Angriff ihrer Feinde ab. Sobald sich in=
dessen hier eine Herde, von Schrecken ergriffen, einmal zur Flucht anschickt und
unter furchtbarem Platschen untertaucht, — da ist sie auch für den Robben=
jäger meist verschwunden. — Erst nach und nach kommt eine ungeschlachte
Körpermasse nach der andern wieder zum Vorschein; meist erst in merklicher
Entfernung. Mit den Speeren, der besten Angriffswaffe, wissen unsere
Seeleute lange nicht so gut umzugehen, als die Bewohner der arktischen
Regionen, die dem Meerriesen damit zu Leibe rücken, wo sie ihn finden. Frei=
lich gehört schon Uebung und Gewandtheit dazu, die einen guten Zoll starke,
zähe und glatte Haut des schmutzigen Thieres an der rechten Stelle zu durch=
dringen. Je öfter das dumpfe Brüllen des Kolosses, sein Drohruf „huk“,
„huk“! ertönt, um so heißer geht es bei solchen Kämpfen zu. Bei seinem
massigen Umfange genügt ein Ruck des unförmigen Körpers, um das Boot,
welches von ihm gefaßt worden, umzustürzen. Wenn die mächtigen — bis=
weilen 3 Fuß langen — Hauer die Bootwände getroffen, dann steht es
meist schlimm um die Bedränger und deren Sicherheit. Die gänzliche Zer=
trümmerung des Fahrzeuges ist die nächste Folge des gelungenen Angriffes.
Das kennt auch der amerikanische und europäische Robbenjäger recht gut,
denn er weiß von der Furchtlosigkeit der „dickbauchigen Meersau“, mit ihrem
breiten Nasenstumpf über der wülstigen Oberlippe, dem steifen stacheligen
Barte und den zwei fürchterlichen Fangzähnen, gar mancherlei zu erzählen.
— Jene mächtigen Hauer dienen dem Kolosse einestheils zur Wehr gegen
Feinde, anderntheils zum Abreißen der Algen an den Meeresküsten, sowie
zum Aufwühlen des Grundes. Denn Algen und kleine im Meeresboden ver=
steckte Schalthiere bilden die Hauptnahrung für jene plumpen Bewohner der
arktischen Regionen. Die mit Grund gefürchteten Angriffswaffen des Thieres
bilden gegenwärtig einen starkbegehrten Handelsartikel und rangiren gleich
nach dem Elfenbein.

Schon funfzehn Jahre, nachdem Barentz Spitzbergen entdeckt hatte,
finden wir Norweger, Holländer, Engländer und selbst Spanier in jenen
fischreichen Gewässern. Eifersüchtig auf einander, geriethen sie oft in Streit,
und die einsamen Föhrden, die bisher nur vom Geschrei der Vögel wieder=
hallten, wurden von Menschenblut geröthet. Eine Zeitlang blieben die Eng=
länder Sieger und vertrieben, vom Glücke begünstigt, alle ihre Konkurrenten;
dann kam ein gütlicher Ausgleich zu Stande, und Alle einigten sich dahin,
friedlich nebeneinander die reichen Gaben des Meeres auszunützen.

Die Folge dieser Unternehmungen waren Versuche, kleine Ansiedelungen
auf dem eisigen Spitzbergen zu gründen. An den geschützten Buchten wurden
kleine Häuser errichtet; in großen Kesseln wurde der Walfischspeck ausgekocht,
und ein reges Leben entfaltete sich am Strande.

Das nordische Klima forderte jedoch selbst im Sommer seine Opfer, und die Sterblichkeit unter den Walfischjägern war eine große. Davon geben noch die zahlreichen mit Steinen bedeckten Gräber Zeugniß, die zu Hunderten auf der Insel Smeerenberg sich finden. Dort liegt am Ufersaum ein ganzer Kirch= hof, Mann an Mann, und nur die kleinen Kreuze, auf denen hier und da ein Name eingeschnitzt ist, geben Kunde von den kühnen Abenteurern, die hier unter Eis und Schnee, fern von der Heimat, ihre letzten Seufzer aushauchten. Als Kapitän Buchan mehrere dieser Gräber öffnen ließ, da lagen die vielleicht schon seit hundert und mehr Jahren bestatteten Männer noch wohlerhalten in ihrem kalten Grabe. Nur die Gesichtszüge hatte der Tod entstellt, doch die Kleider waren unverletzt und kein Wurm hatte die Leichname zerstört; sie waren dort sicherer aufbewahrt als manche einbalsamirte Königsleiche bei uns.

Was Wunder, daß Niemand ohne Widerwillen und nur gegen hohen Lohn nach Spitzbergen gehen wollte; Sträflinge, denen man die Freiheit versprach, unter der Bedingung, daß sie sich dort ansiedeln sollten, schauder= ten vor dem Lande zurück und baten, daß man sie wieder in ihre Kerker führen möge. Aber trotzdem wandte sich der gewinnsüchtige Mensch immer und immer wieder nach Spitzbergen, dessen Meeresreichthum das Gold vieler Bergwerke aufwog. Daß der Mensch, wenn auch unter Mühsal und Noth, im steten Kampfe um das Leben, dort überwintern könne, war bereits im Jahre 1630 bewiesen worden, als acht englische Matrosen, die durch Zufall dort zurückgeblieben waren, sich bis zum nächsten Jahre daselbst häuslich ein= gerichtet hatten. Erst im folgenden Mai wurde ihnen wieder Gelegenheit zur Heimkehr. Nicht so glücklich wie sie waren sieben Holländer, die kurz darauf die Insel Amsterdam zum Wohnsitze erwählten. Alle erlagen dem Klima. Ihr hinterlassenes Tagebuch erzählt die Leidensgeschichte der Unglücklichen. Der Schluß desselben lautet: „Noch sind vier von uns am Leben. Wir liegen flach hingestreckt auf der Erde und könnten wol noch essen, wenn einer von uns nur aufstehen könnte, um Speise und Brennholz zu holen; doch sind wir vor Mattigkeit und Schmerzen nicht im Stande, uns zu rühren. Wir beten beständig zum Himmel, daß er uns bald erlöse, und lange können wir gewiß nicht mehr leben ohne Nahrung und Wärme. Keiner ist im Stande, dem Andern zu helfen, und Jeder muß seine Last tragen, so gut er kann."

Abgehärteter gegen das Klima als Holländer und Engländer waren die Russen. Ihnen lag Spitzbergen gleichsam vor der Thüre und von ihren am Weißen Meere und der Nordküste Rußlands gelegenen Hafenplätzen, Archangel, Mesen, Kola 2c. rüsteten sie plumpe Fahrzeuge aus, welche auf den Fischfang nach Spitzbergen auszogen. Brennholz, Mehl, Oel und Erbsen wurden von ihnen mitgenommen, eben so das Baumaterial zu kleinen Holzhütten. Viele blieben auch den Winter dort, setzten ihre Jagden fort und kehrten dann im Frühjahr, wenn das Eis aufbrach, in die Heimat zurück. Thee von Löffelkraut, körperliche Bewegung und eine Abkochung von Fichtennadeln, die sie aus der Heimat mitbrachten, schützten sie gegen Skorbut. Aber Viele von ihnen sahen Rußland nie wieder und liegen im Schnee von Spitzbergen begraben. Als im Jahre 1771 ein englisches Schiff an der Kings=Bai landete, fand es dort eine russische Hütte. Als man sie öffnete, lag auf dem Boden eine Leiche, deren Gesicht mit grünem Schimmel bedeckt war. Der letzte von seinen Gefährten, hatte der Unglückliche hier allein den letzten Seufzer aus=gestoßen. Niemand war übrig geblieben, um ihn zu begraben.

Unter allen Russen jedoch, welche Spitzbergen besuchten, erscheint das Loos der vier Matrosen von Archangel am interessantesten und zugleich grauenhaftesten, denn sechs lange Jahre waren sie gezwungen, in jenen Einöden zu leben, fortwährend im Kampfe mit Hunger, Kälte, Finsterniß und wilden Thieren. Das kleine Schiff, dem sie angehörten, segelte im Jahre 1743 von Archangel aus auf den Walfischfang. Nachdem sie das Weiße Meer hinter sich hatten und bereits neun Tage unterwegs waren, warf sie ein heftiger Wind gegen die östlichen Küsten Spitzbergens. Zu gleicher Zeit ballten sich die Eisschollen zusammen und schlossen binnen Kurzem das Schiff so fest ein, daß an ein Weiterfahren nicht zu denken war. Gezwungen dazubleiben, wollten sie den Aufgang des Eises im nächsten Frühjahre er=warten. Alexis Himkow, der Steuermann, erinnerte sich indessen, daß gerade in der Gegend Spitzbergens, wo ihr Schiff lag, die Seefahrer von Mesen eine Winterhütte erbaut hatten, die möglicherweise noch erhalten war. Diese galt es aufzusuchen, um ein Asyl gegen die immer schrecklicher gewordene Kälte zu finden. Himkow, sein Sohn, und die beiden Matrosen Stephan Scharapow und Theodor Weragin machten sich auf den Weg. Sie nahmen nur eine Flinte, zwölf Schüsse Pulver, zwölf Kugeln, eine Art, einen kleinen Kessel, zwölf Pfund Mehl, ein Messer, etwas Tabak und Jeder eine Pfeife mit. Nach einem weiten und gefährlichen Marsche über die Eisschollen gelang es ihnen, glücklich das Land zu erreichen.

Es dauerte nicht lange, so hatten sie die erwähnte Hütte aufgefunden. Sie bestand aus einem Vorraum und einem Hauptsaal von 36 Fuß Länge, 18 Fuß Höhe und eben so viel Fuß Breite. Leider aber war sie in ziemlich zerfallenem Zustande und während der Nacht, welche die vier Matrosen hier zubrachten, litten sie ungemein von der Kälte. Als es Morgen wurde, kehrten sie nach dem Strande zurück, um zu ihrem Schiffe zu gelangen. Wer aber schildert ihr Erstaunen, als sie, dort angelangt, das Meer frei von Eis und das Fahrzeug verschwunden fanden! In der Nacht hatte sich ein heftiger Wind erhoben, die Eisdecke zertrümmert und wahrscheinlich auch das Schiff in dem allgemeinen Chaos dem Untergange zugeführt, denn seitdem hat man nie wieder Etwas von diesem vernommen.

Den vier Verlassenen blieb nichts übrig, als sich wieder nach der Hütte zu begeben und sich dort einzurichten. Ihr Augenmerk war zunächst auf deren Ausbesserung gewandt; dann dachten sie an Herbeischaffung von Nahrung.

Kampf der vier Matrosen mit dem Eisbären.

Die zwölf Schüsse verschafften ihnen zwölf Rennthiere, welche für einige Zeit zur Stillung des bald heftig auftretenden Hungers ausreichten. Am Strande sammelten sie Treibholz, die Ueberreste von zerstörten Schiffen und andere brennbare Stoffe, um damit die Kälte, ihren furchtbarsten Feind, zu bekämpfen. Hier und da saß in dem von Schiffen herstammenden Holzwerke ein Nagel oder eine eiserne Klammer, die sie sorgfältig aufhoben. Unterdessen waren ihre geringen Lebensmittel fast ganz aufgezehrt, und es galt neue zu erlangen. Durch den Mangel an Pulver und Blei war ihre Flinte vollkommen unnütz geworden; statt ihrer schmiedeten sie sich aus alten Schiffsklammern zwei kräftige Lanzenspitzen, indem sie Granitblöcke als Hammer und Amboß benutzten. Sie hatten bemerkt, daß die weißen Bären am liebsten in den Strandgegenden sich aufhielten, wo Seehunde und Walrosse ihre gewöhnliche Nahrung bildeten. Nicht ohne Angst und Zagen gingen sie, vom Hunger getrieben und mit ihren Lanzen bewaffnet, auf die Bärenjagd aus. An einer phantastisch gezackten Eiswand stellte sich ihnen ein ungeheurer Bär entgegen, entschlossen sein Leben so theuer wie möglich zu verkaufen. Himkow rannte ihm die Lanze in die Kehle, während Weragin, Schaparow und der junge Himkow das gewaltige Thier mit Lanze und Keule von der Seite bearbeiteten. Nach hartem Kampfe blieben die Angreifer Sieger. Außer dem Fleische, welches ihnen dieser Erfolg einbrachte, entdeckten sie, daß die Sehnen dieses Thieres sich leicht zu Fäden spalten ließen. Mittels dieser dehnbaren Sehnen und einer langen Weidenwurzel, welche sie ausgegraben hatten, fabrizirten sie sich Bogen; die geschmiedeten und geschärften Nägel lieferten die nöthigen Pfeilspitzen, und so zogen sie nun, gleich den Wilden, aus zur Jagd. Mit ihren einfachen Waffen erlegten sie im Laufe der Zeit mehr als 250 Rennthiere, sowie eine große Anzahl Eisfüchse. Zu dieser Beute gesellten sich nach und nach auch zehn Bären; aber nur den ersten derselben hatten sie aufgesucht, alle übrigen waren zu ihnen gekommen, in ihre Hütte eingedrungen, und hatten sie zu zerfleischen gedroht. So lieferten ihnen diese Thiere willkommene Fleischnahrung, was in den Polargegenden, wo die Menschen mit vegetabilischer Kost nicht bestehen können, von größter Wichtigkeit ist. Nicht das schwere Bärenfell, sondern der Pelz der Eisfüchse und die leichte Haut der Rennthiere dienten den Verlassenen als Kleidung.

Diese Jagden gewährten ihnen mannichfache Gelegenheit, der Thierwelt Spitzbergens zu begegnen. Die Rennthiere, bei denen eigenthümlicherweise das Weibchen denselben Hörnerschmuck trägt wie das Männchen, waren für sie vom allergrößten Nutzen. Sie tranken, gleich den Lappen, deren Blut und betrachteten deren Mark, das sie aus den Knochen hervorholten, als den größten Leckerbissen. Im Mai, wenn die Rennthierkuh ihr Kalb wirft, das in wenigen Tagen der Mutter schon zu folgen vermag, konnten sie sich auch zuweilen an der Rennthiermilch laben, welche sie von einigen dieser Thiere erhielten, mit denen sie Zähmungsversuche anstellten.

Die Rennthierkuh liefert jedoch nur wenig Milch, höchstens eine Flasche voll täglich, aber diese ist ungemein fett, nahrhaft und so schmackhaft wie der beste Rahm. Darum versetzten sie dieselbe noch mit Wasser, von dem sie schon sehr viel zugießen mußten, ehe sie so dünn wie unsere mitteldeutsche Kuhmilch wurde.

Schwieriger als dem Rennthier war dem schlauen Eisfuchs nachzustellen, denn dieser entzog sich gewandt den Pfeilen ihres einfachen Bogens, indem er in seine tiefen Höhlen flüchtete, welche das Thier so gut und auf ganz ähnliche Weise wie der Eskimo im Schnee anzulegen weiß. Die 20—30 Fuß langen Höhlen desselben, welche 6 oder 10 Ausgänge haben, sind mit Moos ausgepolstert und schützen vortrefflich gegen die Kälte. — Um so häufiger bot sich ihnen Gelegenheit, den Seehunden und den Walrossen nachzustellen, deren lautes Bellen den Ort verräth, wo diese riesigen Meeresbewohner in Heerden von zehn, ja hundert Stücken, ebenso oft sich gesellig herumtummeln, als sie in behaglicher Ruhe neben einander hocken. Hatten unsere Matrosen eines dieser Thiere erschlagen, so begnügten sie sich mit dem Ausbrechen der Zähne, während sie das Fleisch den Polarbären überließen. Denn sie selbst hielten sich meist an das Fleisch der Rennthiere, deren geschmeidige Felle bald in großer Anzahl in ihrer Hütte aufgestapelt lagen.

Waren sie auch vor Hungersnoth und Kälte geschützt, so galt es weiterhin, andere Schwierigkeiten zu besiegen. Die viermonatliche Nacht Spitzbergens war hereingebrochen. Wenn der Mond nicht seine matte Scheibe durch die Wolken am Himmelsgewölbe blicken ließ, dann erhellten fast allnächtlich schwächer oder stärker glänzende Nordlichter das Firmament und spielten im bunten Wechsel durcheinander, sprühten wie Raketen und Feuergarben am Himmelsgewölbe hin und erloschen langsam oder plötzlich. Nun aber erglänzten die bisher verdunkelten Sterne in weit hellerem Glanze und die lange, dunkle Polarnacht herrschte wieder über dem schneebedeckten Lande und eiserfüllten Ozeane.

Unseren in diese Finsterniß eingehüllten vier Leidensgefährten genügte aber die entzückende Pracht des Nordlichtes nicht. Sie schauten in die verglimmenden Kohlen ihres Feuers und sehnten sich nach mehr Licht. Ohne Licht mußte ihnen der Aufenthalt unerträglich werden; kein Abschnitt von Morgen und Abend lag vor ihnen, kein freudiger Sonnenstrahl begrüßte sie; Nacht, nur Nacht umgab die Vier. Da kam Schaparow auf den Gedanken, aus einer Art Thonerde eine Lampe zu formen. Dieselbe wurde mit Rennthierfett gefüllt und mit einem Docht versehen, den sie aus der Leinwand ihrer Hemden gedreht hatten. Allein dieser erste Versuch blieb fruchtlos. Das flüssige Rennthierfett sickerte durch den porösen Thon und sie saßen wieder im Dunklen. Nun erhitzten sie das roh geformte Geschirr bis zum Rothglühen im Kohlenfeuer und tauchten es dann in ein Gemisch von Wasser und Mehl. Das half; die neue Lampe gelang und die Finsterniß war besiegt. Aber die schlechten Dochte verkohlten so schnell, daß bald der größere Theil ihrer Kleider, die ohnehin in Lumpen zerfielen, hierfür aufgebraucht war. Es galt also, neue Gewandung zu schaffen. Die Rennthierfelle waren frisch zu steif, um als Bekleidung dienen zu können und am Feuer aufgethaut verbreiteten sie einen unerträglichen Gestank. Sie verfielen nun auf eine Art Sämischgärberei, weichten die Felle ein, bis die Haare davon abfielen und rieben sie dann so lange mit Fett, bis sie Geschmeidigkeit zeigten. Als Nadel diente ihnen ein Stück Messingdraht, als Zwirn feine Rennthiersehnen.

Wenn wir auch von Klima, Hungersnoth und Eisbären absehen wollen, so blieben noch immer mancherlei Gefahren. Dahin gehörten vor Allem die Gletscherstürze am Lande und am Meer. Von den Bergen und aus den Thälern rückten die Gletscher nach dem Meere vor, wo das im Sommer er- wärmte Wasser den über ihm hängenden Gletscher aufzuschmelzen beginnt, und bei tiefer Ebbe kann man einen freien Raum zwischen dem Wasser und dem Gletscher bemerken. Sobald der letztere unter sich keinen Halt mehr findet, stürzt er theilweise zusammen, ungeheure Blöcke lösen sich ab, stürzen in's Meer, verschwinden unter dem Wasser, erscheinen wieder, sich um sich selbst drehend, auf der Oberfläche und schwanken eine Weile hin und her, bis sie ihren Schwerpunkt gefunden haben. Diese abgelösten Gletscherblöcke bilden dann schwimmendes Eis und Eisberge. Jedes Mal aber poltern sie mit donnerartigem Gekrach hernieder in das gleich einer Springflut aufschäumende Meer. Es ist vorgekommen, daß ganze Schiffe in den Buchten Spitzbergens von den niederstürzenden Gletschern zermalmt wurden, wie viel mehr mußten daher die einzelnen Männer auf ihrer Hut sein.

Unterdessen nagten die Qualen der Einsamkeit, in welcher sie sich be- fanden, die Ungewißheit über ihr endliches Schicksal, und die Leiden, welche sie tagtäglich zu erdulden hatten, stark an der Gesundheit der Verlassenen. Theodor Weragin wurde krank und siechte, ohne daß ihm seine Kameraden irgendwie helfen konnten, langsam dahin. Eines Morgens fanden sie ihn todt. Tief im Schnee gruben sie sein Grab und deckten es mit Steinen, damit die Bären und Füchse es nicht entweihen sollten. Dann kehrten sie trübselig in ihre Hütte zurück und dachten darüber nach, wie auch ihnen bald das nämliche Schicksal bevorstehen würde. Schon wußten sie nicht mehr, wie lange sie bereits auf Spitzbergen zugebracht hatten; ein Tag schien dem anderen zu gleichen, ein Jahr rollte dahin wie das andere. Was sie zu erzählen wußten, hatten sie sich längst mitgetheilt; neue Mittel, um die Langeweile zu tödten, wollten nicht mehr verfangen, kein Schiff ließ sich sehen, um sie zu erlösen. Die Vogelschwärme trafen ein zur Brütezeit und brachen dann wieder leicht- beschwingt gen Süden auf. Das Eis am Strande borst auseinander und fror wieder zu; die Sonne verschwand vier Monate lang, es folgte die Däm- merzeit — dann wieder der ewige Tag. Alle Hoffnung war geschwunden, sie waren auf ihren Untergang gefaßt.

Aber auch bei ihnen sollte sich das Sprüchwort bewähren: „Wenn die Noth am größten, dann ist Gottes Hülfe am nächsten." Am 15. August erschien, veranlaßt durch das von ihnen angezündete Feuer, ein russisches Schiff genau an der Stelle, wo ihr eigenes Fahrzeug zu Grunde gegangen war. Nur durch Zufall und widrige Winde war es an die wenig besuchte Ostküste Spitzbergens verschlagen worden.

Veragin's Begrabniß.

So kam ihnen nach sechs Jahren und drei Monaten endlich nach harten Leiden die Rettungsstunde. Der russische Kapitän nahm sie und die großen Vorräthe, welche sie angesammelt hatten, auf. Letztere bestanden in 20 Cent= nern Renuthierfett, einer bedeutenden Menge Renuthierfellen, den zehn Bärenpelzen und einigen hundert Fuchsbälgen. Auch ihre Lanzen, Bogen, Pfeile, ihr Messer, ihre Art und die anderen selbstgefertigten Geräthschaften wanderten zum ewigen Angedenken mit in die Heimat.

Die Geschichte der vier Matrosen auf Spitzbergen sollte aber nicht ohne ein trauriges Nachspiel enden. Am 28. September landeten sie in Archangel. Durch Zufall stand die Frau des Aleris Himkow gerade am Hafen, als das Schiff hereinfuhr. Augenblicklich erkannte sie ihren Gatten, den sie seit lange schon todt geglaubt und betrauert hatte; im Uebermaß der freudigen Gefühle eilt sie auf das landende Schiff zu, thut einen Fehltritt und fällt in das Meer, in dem sie ertrank.

Die drei glücklich Befreiten waren durch den sechsjährigen Aufenthalt in der Einsamkeit ganz andere Menschen geworden. Sie hatten vollkommen verlernt Brot zu essen oder Branntwein zu trinken; reines Wasser und Fleisch oder Fisch waren auch fortan ihre einzige Nahrung. Als man sie, Jeden einzeln, verhörte und über ihr Schicksal ausfragte, ertheilten sie ihre Antworten mit so seltener Uebereinstimmung, daß an der Wahrheit ihrer merkwürdigen Abenteuer nicht der geringste Zweifel aufkommen konnte.

Was aus ihnen geworden, berichtet die Geschichte nicht. Sie gehören zu den wirklichen und wahrhaftigen Robinsons.

Auffindung alter Mauerreste.

Die Schiffbrüchigen auf Trinidad.

1818.

Im brasilianischen Meere liegt eine kleine Felseninsel, die fast nur von den Geographen beachtet worden ist. Weit von den Küsten des Festlandes entfernt, wird sie nur selten von den Seefahrern besucht; nur Schiffbrüchige, die auf den weiten Fluten des Ozeans kein anderes Asyl fanden, landeten hier und warteten sehnsuchtsvoll auf ein Segel, das am fernen Horizonte auf=tauchend, ihnen vielleicht Rettung aus der Noth bringen sollte. Diese Insel, welche den portugiesischen Namen Ascençao oder Ilha da Trinidad führt und unter dem 21. Grad südlicher Breite liegt, wird zum Kaiserreich Brasi=lien gerechnet, darf jedoch keineswegs mit der großen und fruchtbaren An=tillen=Insel Trinidad in der Karaibischen See verwechselt werden.

Unter den Schiffbrüchigen, die hier einen Zufluchtsort fanden, nehmen sicherlich diejenigen, welche sich im Jahre 1818 von dem brennenden Fahrzeuge „Jeune Sophie" hierher retteten, unsere Theilnahme im höchsten Grade in Anspruch, da ihre Leiden, die Noth und Gefahr, welche sie auszustehen hatten, ein ganz ungewöhnliches Interesse erregen.

Die „Jeune Sophie" war eine hübsche kleine Brigg von 220 Tonnen Gehalt. Sie gehörte dem Grafen d'Amerval, welcher an der Spitze einiger Auswanderer nach Isle de France übersiedeln wollte. Ihr Kommandant war der tüchtige und erfahrene Kapitän Deveaur, ein Mann von großer Entschlossenheit, der vor keiner Gefahr zurückbebte. Am 28. Mai 1817 lichtete das Schiff im Hafen von Havre die Anker und stieß mit einer Bemannung von funfzehn Matrosen und elf Passagieren in See. Unter den letzteren befanden sich auch zwei Frauen und der Graf d'Amerval selbst. Schon der Anfang ihrer Reise war mit vielen Widerwärtigkeiten verknüpft. In der Baßtischen See hielten entgegengesetzte Winde die „Jeune Sophie" lange Zeit zurück, und erst am 24. Juli konnte sie den Aequator passiren.

Doch unter den tollen Scherzen, mit welchen gewöhnlich dieses Ereigniß gefeiert wird, traf ein finsteres Verhängniß, welches vielleicht in den Annalen der Seeschifffahrt ohne Gleichen da steht, die „Jeune Sophie" und ihre Bemannung. Eine sehr große Flasche voll Schwefelsäure, die man unvorsichtigerweise unter die übrigen Waaren gepackt hatte, war durch das Schwanken und Rütteln des Schiffes zersprengt worden und hatte ihren verderblichen Inhalt in den Bauch des Fahrzeuges ausgegossen. Alles, was in das Bereich des ätzenden Giftes kam, wurde sogleich zu Kohle verbrannt, und als man endlich am 6. August das traurige Ereigniß bemerkte, war bereits an eine Rettung des Schiffes selbst nicht mehr zu denken. Schwarze Rauchwolken von übelriechendem, saurem Geruche drangen aus allen Fugen hervor und zeigten den erschreckten Reisenden die Ursache des entsetzlichen Ereignisses an.

In der ersten Bestürzung beschloß man, das Fahrzeug sogleich zu verlassen; doch schon fehlte es an Lebensmitteln, denn das Feuer hatte Alles verschlungen; das Meer ging in stürmischen Wellen und die Küste war hundert Meilen weit entfernt. Da außerdem nicht alle 27 Personen in der Schaluppe Platz hatten, so befahl der Kapitän, noch einige Zeit auf dem brennenden Schiffe auszuhalten.

Nun begann eine wahrhaft gräßliche Fahrt. Vom Sturmwind gepeitscht, von den schäumenden Wogen hin und her geworfen, schoß die Brigg dahin; nur einzelne hier und da aufsteigende Rauchwölkchen zeigten an, daß, von der dünnen Bretterschale noch über der Flut zusammengehalten, eigentlich nur ein Feuerball über den Ozean dahin raste, und auf diesem verderbenschwangeren Herde flehten 27 Menschen Gott um ihre Rettung aus grauenhaften Nöthen an. Immer weiter griff das Feuer um sich, immer näher rückte die Gefahr; kein Land war zu sehen, kein fremdes Schiff, das Rettung hätte bringen können! Nur der Sturmwind heulte in den Masten, und die erzürnten Wellen schlugen gegen die Planken, welche Feuer und Wasser, die unversöhnlichen Elemente, trennten.

Kapitän Deveaur und die Mannschaft blieben unterdessen nicht unthätig. Alle Ritzen wurden geschlossen, um den Luftzug nach innen abzuhalten. Nasse Segel und Matten wurden über die Luken gelegt und das eingedrungene Wasser ausgepumpt; doch als dieses bereits kochend heiß den Pumpen entströmte, da wußte man, daß keine Rettung für das Schiff mehr zu hoffen war.

In den Schiffsraum durfte sich Niemand mehr wagen; Alle befanden sich auf dem Verdecke und hier dem Wind und Regen ausgesetzt. Bald stellte sich auch Hungersnoth ein, denn außer einigen lebenden Hühnern standen nur noch vier Fässer mit Wasser auf dem Verdecke. Einige kühne Männer, welche versuchten, in das Innere des Schiffes vorzudringen, fanden dort die Vorrathskammer bereits ganz verbrannt, und ein Sack mit Zwieback war das Einzige, was sie mit Lebensgefahr retten konnten. Aber im Angesichte des Todes war der Hunger nicht sehr stark, und die geringen Mittel genügten, um ihn zu stillen, während das Schiff im Innern mehr und mehr ausbrannte und nur der luftdichte Verschluß desselben verhinderte, daß die Flammen offen ausbrachen. Hierdurch wurde die Größe der Gefahr dem Auge der Passagiere entzogen und deren Muth einigermaßen wieder belebt. Als daher die Felseninsel Trinidad vor ihren Augen aus dem Weltmeer auftauchte, dachten sie gar nicht daran, dieselbe zu gewinnen, sondern hofften noch, nach der Bai von Rio de Janeiro gelangen zu können. Am 8. August fuhr man daher etwas übermüthig an dem einsamen Felsen, der doch ein sicheres Asyl geboten hätte, vorüber. Aber kaum war man so weit von demselben entfernt, daß dessen Umrisse nicht mehr zu erkennen waren, als man die traurige Bemerkung machte, daß am Hintertheil des Backbords einzelne kleine Flammen auftauchten. Die Frist, welche der „Jeune Sophie" noch gegeben war, bis sie ganz in Flammen gehüllt, zischend und prasselnd im Meere versinken würde, war eine sehr kleine. Weiter nach Westen nach Rio Janeiro vordringen, hieß unwiderruflich sich in den Tod stürzen; das Umkehren nach Trinidad bot aber auch bedeutende Schwierigkeiten, denn aus jener Richtung blies gerade der heftige Sturmwind.

Doch wandte man das Schiff und suchte den Brand zu löschen, so gut es anging, wozu der strömende Regen und die Wellen das Ihrige beitrugen. Als die Noth am höchsten gestiegen war, erschien Trinidad von Neuem und die bedrängten Herzen konnten wieder etwas freier athmen, obgleich noch nicht alle Gefahr überstanden war. Während des ganzen folgenden Tages — es war der neunte August — versuchte man einen Ankergrund aufzufinden, doch waren alle Anstrengungen vergeblich und, da das Feuer reißende Fortschritte machte, blieb nichts Anderes übrig, als das Schiff an der felsigen Küste stranden zu lassen. Zwei Tage hintereinander konnte man noch einige Vorräthe von demselben retten und vierzehn Personen erreichten glücklich das Ufer. Die übrigen dreizehn, welche in dem Augenblicke die „Jeune Sophie" verließen, als von allen Seiten die Flammen über derselben zusammenschlugen, wurden in der Schaluppe durch den Sturm weit auf das brandende Meer hinausgerissen, wo sie 48 Stunden lang nur von etwas gesalzener Butter lebten, die außerdem noch ranzig geworden und ganz von dem Vitriolöl durchzogen war. Doch erreichten auch sie schließlich das Ufer und als die letzten verkohlten Reste der „jugendlichen Sophie" in das nasse Grab versanken, waren alle 27 Reisenden, die auf ihr so viele Gefahren ausgestanden hatten, glücklich geborgen.

Die ersten Betrachtungen, welche die Geretteten über ihre Lage anstellten, waren durchaus nicht tröstlicher Natur. Schiffe kommen so selten in jene Gegend, daß Rettung durch ein solches nur als ein großes Wunder anzusehen war. Deshalb beschlossen Graf d'Amerval, Kapitän Deveaur und einige kühne Matrosen sich für die übrigen zu opfern und in der Schaluppe die gefährliche Reise nach Rio de Janeiro zu wagen. Das Boot wurde schnell mit einem Verdecke versehen, mit Lebensmitteln ausgerüstet und am 20. August stießen die wackeren Männer wieder in See, begleitet von den Segenswünschen ihrer zurückbleibenden Genossen.

Auf Trinidad blieben nun 19 Personen ohne Lebensmittel und nur dürftig bekleidet zurück. Die von dem Schiffsbrande herrührenden und vom Meere an's Ufer geworfenen Gegenstände waren alle unbrauchbar geworden und schon fürchtete man verhungern zu müssen, als sich herausstellte, daß Trinidad reich an Wild sei. Auf den Berggipfeln gewahrte man zahme Ziegen und in den Thälern kleine Wildschweine, von der Art, die Caytetu genannt wird, und auch in Südamerika häufig ist. Die ersteren waren schwer zu erlangen, dagegen machten sich die jüngern Männer auf die Jagd, um die Schweine zu erlegen. Da es ihnen jedoch an Waffen fehlte, so suchten sie sich starke Stöcke auf, in deren vorderes Ende sie große Nägel einschlugen. Letztere hatten sie in dem an die Küste gespülten, vom Schiffbruche herrührenden Holze aufgefunden. Bald war damit eine große Menge der kleinen Schweine erlegt, die an Bratspießen und Holz gebraten und mit Meeressalz bestreut den Schiffbrüchigen ein delikater Schmaus dünkten und also über die erste Zeit der Noth hinweghalfen. Am Strande fanden sich außerdem Austern und auch einige Pflanzen lieferten genießbare Früchte. Auf diese Weise verbrachte man zwei oder drei Tage, während welcher das Meer sich beruhigte, so daß man hoffen durfte, daß die Abgesandten glücklich die Küste Brasiliens erreichen würden. Da trat plötzlich ein Ereigniß ein, in Folge dessen man die eilige Abfahrt jener schon bereute — man glaubte sich gerettet.

An einem Dienstag im Monate September fanden die ersten von ihnen, welche die elenden Hütten, die sie am Strande errichtet hatten, des Morgens verließen, vor denselben einen prachtvollen Hühnerhund. Die Freude, welche

Brand der „Sophie".

Leipzig: Verlag von Otto Spamer.

das schöne Thier bezeugte, als es Menschen antraf, machte unsere Schiff=
brüchigen glauben, daß in der Nähe sich ein bewohnter Ort befinden müsse.
Der abgeschnittene Schwanz des Thieres, sein zutrauliches zahmes Benehmen
ließen keinen Zweifel darüber aufkommen, daß man es hier nicht etwa mit
einem wilden Hunde, sondern mit einem solchen zu thun habe, der unter
civilisirten Menschen gelebt haben müsse. Der Hund bekam auch sogleich
einen Namen, und da Robinson seinen treuen Gefährten, den Wilden, an
einem Freitag auffand und ihn nach diesem Tage benannte, so beschlossen die
Schiffbrüchigen, den Hund nach diesem Vorgange Dienstag zu nennen. Wenn
man Dienstag folgte, so glaubten sie, würden sie sicher Wohnungen finden,
die ihnen eine Unterkunft darböten, und auf Menschen, welche Nachricht über
die Insel geben könnten. Der Hund zögerte nicht voran zu laufen und als
Führer zu dienen. Ihm folgten sechs Männer, welche auf gut Glück die
Entdeckungsreise für die Zurückbleibenden unternahmen. Voller Hoffnung
schritten sie muthig vorwärts, indem sie jede Minute auf Menschen zu stoßen
glaubten, aber enttäuscht mußten sie wieder zurückkehren. Als sie an dem
sandigen Ufer des südöstlichen Inselufers anlangten, fanden sie dort die
Trümmer eines Schiffes: Bretter, Holz, Fässer und zerbrochene Flaschen
lagen hier im wirren Durcheinander, aber kein Mensch ließ sich erblicken.
Auch die Ueberreste einer Mauer von wahrhaft riesiger Ausdehnung waren
vorhanden. Sie zog sich längs der Küste hin, rührte wahrscheinlich von einer
ehemaligen Fischerstation her und war 500 Fuß lang und zwanzig breit.
Sie konnte nur mit großem Aufwand an Kräften errichtet sein, ebenso ein
ausgedehnter Garten, in dem jetzt Alles wild durcheinander wuchs, und den
schon lange die pflegende Hand des Gärtners nicht mehr berührt hatte. Dicht
bei den Ruinen zog sich längs des Meerufers eine Landstraße hin, welche
dem Verkehr der Fischer gedient haben mochte. Das Meer selbst wimmelte
von köstlichen Fischen.

Nachdem die sechs Abgesandten alles Dieses in Augenschein genom=
men, ohne irgend eine Spur von lebenden Menschen vorzufinden, beschlos=
sen sie umzukehren. Waren sie auch über das Mißlingen ihres Ausfluges
trübe gestimmt, so war derselbe doch nicht ohne günstige Folgen. Sie fanden
auf den Felsen eine Menge Gurken, welche ihnen eine angenehme saftige
Nahrung gewährten, und sehr häufig die Palma Christi, die auch in Süd=
Amerika vorkommt und deren Oel zu mancherlei Zwecken benutzt werden kann.

Mit der den Hunden eigenthümlichen Sicherheit und Vernunft durch=
lief Dienstag alle diese, wie es schien, ihm wohlbekannten Orte. Nach Allem,
wie er um die Wrackreste des Schiffes herumlief und alle Ueberbleibsel am
Strande beroch, mußte man schließen, daß er mit dem gestrandeten Schiffe
hiehergelangt und vielleicht sich von allen Bewohnern desselben allein durch
Schwimmen gerettet hatte.

Auf dem Rückwege machten die sechs Männer noch einige andere Ent=

Robinsonaden.   9

deckungen. An den Bergkämmen wuchsen nämlich Citronenbäume, baum=
artige Farrn, durch deren elegante Wedel der Wind säuselte, und hier und
da standen auch Tabakspflanzen und Amaranthen, deren Blätter sich zu Salat
verwenden lassen. Alles dieses zeigte an, daß hier einst Menschen vorüber=
gehend sich aufgehalten haben mußten, welche die nun verwilderten Pflanzen
angebaut hatten. Auch Vögel fanden sie; aber sowol diese, wie deren Eier
schmeckten stark nach Thran und waren deshalb nur für die Matrosen genießbar.

Bei ihrer Rückkehr nach dem alten Lagerplatze konnten die Abgesandten
allerdings nur wenig Tröstliches berichten. Doch wußte man immerhin, daß,
für den Fall eines längeren Aufenthaltes auf Trinidad, die aufgefundene
fruchtbare Gegend ihnen Nahrung und Unterhalt gewähren würde. Da nun
das frische Trinkwasser in jener Gegend, wo sie ihre Hütten aufgeschlagen
hatten, zu mangeln begann, wollte sich die ganze Gesellschaft zur Auswan=
derung nach den entdeckten alten Mauern und Gärten entschließen, als plötz=
lich ein Ereigniß eintrat, welches diesen Schritt unnöthig machte.

Am 21. September gegen Mittag, genau 41 Tage nach ihrer Ankunft
auf Trinidad und 31 Tage nach der Abreise des Grafen d'Amerval in der
Schaluppe, sahen sie ein großes Schiff auf die Insel zusteuern. In ihrer
Freude glaubten sie schon, es sei abgesandt, um sie zu holen. Wer beschreibt
daher ihre Angst und das Entsetzen, als das Fahrzeug sich wieder entfernte,
ohne von ihnen die mindeste Notiz zu nehmen. Man band weiße Tücher an
Stangen und winkte damit. Vergebliche Mühe! Da warfen sich vier ge=
wandte Matrosen schnell in ein Boot und ruderten mit aller Kraft auf das
Schiff zu, das sie auch bald bemerkte und beilegte. Es war die amerikanische
Brigg „Marie Elise" aus Salem, welche auf dem Wege nach Sumatra
begriffen war.

Die Freude der Geretteten war groß. Der Kapitän des Schiffes, Joseph
Bealde, war ein humaner Mann, und obgleich die große Zahl der Unglück=
lichen den Raum seines Fahrzeuges sehr beengte und ihre Aussetzung seinen
Reiseplan störte, so zögerte er doch keinen Augenblick, sie aufzunehmen, mit
der Absicht, sie nach dem Kap der guten Hoffnung zu bringen. Die nächste
Sorge der Schiffbrüchigen war nun, für Graf d'Amerval Nachrichten zu
hinterlassen, im Falle dieser von Rio de Janeiro ein Schiff zur Hülfe senden
würde. Man schrieb einen Brief, legte diesen in eine Flasche, befestigte die=
selbe an einen Stock und steckte dieses Zeichen auf den Giebel der höchsten
Hütte. Dann schiffte man sich ein, was bei der stark wogenden Brandung
sich nicht ohne große Gefahr bewerkstelligen ließ. Den treuen Hund Dienstag
nahm einer der Matrosen.

Nach drei Wochen erreichte man wohlbehalten die Kapstadt an der Süd=
spitze Afrika's. Zehn der Schiffbrüchigen segelten von hier mit der „Normande"
nach Frankreich, neun jedoch blieben ihrem ursprünglichen Reiseziel treu und
begaben sich nach Isle de France.

Was war aber während dieser ganzen Zeit aus dem eigentlichen Helden der Geschichte, aus dem Grafen d'Amerval und aus dem wackeren Kapitän Devaur geworden, die ihr Leben in der kleinen Schaluppe für Rettung der ganzen Gesellschaft wagten?

Rettung und Einschiffung.

Langsam steuerte ihr Schifflein in westlicher Richtung der brasilianischen Küste zu; es war, als wollte der Himmel ihr kühnes Unternehmen befördern, denn ein günstiger Wind schwellte ihr Segel und beschleunigte ihre Fahrt. Heiterer Sonnenschein lag auf der weiten blauen Meeresfläche, die, belebt

9*

von Millionen Meeresbewohnern, so weit das Auge reichte die kleine Schaluppe umspannte. Prächtige Quallen und Medusen, Zoophyten aller Art,
dazwischen fliegende Fische und des Meeres Hyänen, die Haie, tummelten
sich in bunter Mannichfaltigkeit auf den sanft gekräuselten Wogen umher.
Doch der Blick der Männer in der Schaluppe schweifte über jene wundersam
belebte Welt hinweg, weit hinaus in die Ferne, nach Westen hin, dem Lande
zu, denn schon nach wenigen Tagen fingen ihre Lebensmittel an knapp zu
werden, und das Wasser verdarb in der Glut der Sonne. Düstere Gedanken
bemächtigten sich ihrer und bereits glaubten sie verschmachten zu müssen.
Nicht die volle Silberscheibe des Mondes, die auf den in der Nacht zauberisch
im Meerleuchten erglühenden Ozean herabschaute, nicht die kaum durch sein
Licht verdrängten herrlichen Sternbilder der südlichen Halbkugel vermochten
dem trüben Sinne eine andere Richtung zu geben. Erst als nach einigen in
banger Bekümmerniß verbrachten Tagen ein dunkler Punkt am Horizont auftauchte, der größer und immer deutlicher hervortrat und schließlich zu einem
stattlichen Schiffe sich gestaltete, wich die Angst aus den beklommenen Ge-
müthern. Eine englische Brigg war es, mit welcher sie zusammentrafen. Sie
setzte ein Boot aus, um die in einer förmlichen Nußschale umherirrenden
Männer aufzunehmen. Allein diese, getreu dem Versprechen, welches sie
ihren auf Trinidad zurückgebliebenen Leidensgefährten gegeben, beharrten
auf der Fortsetzung ihrer Reise und baten nur um etwas Lebensmittel und
Wasser. Damit reichlich versehen, verfolgten sie, erfüllt mit Zuversicht auf
Gottes allmächtigen Beistand, ihren gefährlichen Cours weiter. Gingen Kapitän Devaur's Berechnungen nicht fehl, so konnten sie kaum noch sehr weit von
der rettenden Küste sein, auch zeigten einzelne Möven, die in graziösem
Fluge um sie herumschwärmten, die sichere Nähe des Landes an.

Alle Noth schien überstanden. Aber noch einmal sollte eine harte Prü-
fung an sie herantreten. Wie vor wenigen Tagen der kleine schwarze Punkt
am Horizonte, in dem sie dann ein Schiff erkannten, ihnen Rettung brachte,
so gestaltete sich eine winzige Wolke allmälig zum Verderben bringenden
Ungewitter. Mit rasender Schnelligkeit wuchs sie an, schwarze Massen thürmten sich von allen Seiten auf, die Windsbraut erhob sich vom Lande her und
trieb sie zurück in den weiten Ozean. Einzelne schwere Tropfen fielen auf sie
hernieder, denen bald ein strömender Regenguß folgte. Das Meer erschien
in seinen innersten Tiefen aufgewühlt, haushoch thürmten sich die Wogen
auf. Weder dem Steuer noch dem Segel gehorchend trieb die kleine Schaluppe als ein Spielball der Elemente dahin, bald hoch oben auf den Bergen
von Wellen, bald tief unten im nassen Thale. Mehr als ein Mal war sie mit
Wasser bis zum Rande gefüllt und drohte umzuschlagen oder zu versinken;
aber immer wieder gewannen die unermüdlichen Anstrengungen der Menschen
die Oberhand. Sicher hätten die muthigen Seefahrer, bei der langen Ver-
zögerung der Fahrt, auch nachdem der Sturm sich gelegt hatte, umkommen

müssen, wenn nicht die ihnen von der englischen Brigg geschenkten Lebens=
mittel sie vor dem Hungertode bewahrt hätten. Wieder steuerten sie der Küste
zu. Endlich öffnete sich nach dreizehntägigen Nöthen und Gefahren die herr=
liche Bai von Rio de Janeiro. Sie sahen wieder Land, Bäume, Menschen.
In dem mit prachtvollen Inseln übersäeten Hafen, der ringsum von male=
rischen Bergen eingefaßt ist, lagen große Seeschiffe, deren Bemannung mit
Erstaunen auf die kühnen Männer hinblickte, welche in einem gebrechlichen
Fahrzeuge dem Lande zueilten. Unter Palmen legten sie an, sprangen an
das sichere Gestade und brachten Gott ein heißes Dankgebet für ihre Rettung
aus so vielen Fährnissen dar. Dann gedachten sie ihrer noch auf Trinidad
schmachtenden Gefährten und eilten, die nöthigen Hülfsanstalten zu deren
Befreiung in's Werk zu setzen.

Damals, im Jahre 1818, regierte in den weiten Gebieten Brasiliens
König Johann VI., welcher von Lissabon seine Residenz nach Rio de Janeiro
verlegt hatte und der letzte Herrscher war, der auf seinem Haupte die
Kronen Portugals und Brasiliens vereinigte. Er erfuhr die Erlebnisse des
Grafen und der Schiffbrüchigen auf Trinidad. Sogleich gab er Befehl, daß
man zur Hülfe der Verunglückten ein Fahrzeug ausrüsten solle, welches mit
allem Nöthigen versehen, sich alsobald auf den Weg machte.

Keine lebende Seele fand sich auf Trinidad vor, wol aber gab der von
den Schiffbrüchigen zurückgelassene Brief Auskunft, was aus ihnen geworden.
Welche Freude muß es dem hochherzigen Grafen d'Amerval, der für seine
heldenmüthige Aufopferung vom König Johann den Christusorden erhielt,
bereitet haben, als er sich mit den liebsten seiner Leidensgefährten später
wieder vereinigt sah!

Rüsselrobben.

Die Robbenschläger
auf den Crozet-Inseln.
1825.

Etwa im gleichen Meridian mit der großen Insel Madagaskar, doch
weit südlicher, dem antarktischen Pole zu, liegen die Crozet-Eilande,
eine Gruppe kleiner, wüster Inseln, die nur vorübergehend dem Menschen
zum Aufenthalt dienen konnten. Obgleich ihre Lage unter dem 54. Grad
südlicher Breite jener entspricht, welche etwa Lübeck in Deutschland hat, ist
ihr Klima doch ein ungemein rauhes, ja fast polares zu nennen. Bis zu den
Inseln und noch über diese hinaus reicht die Linie des antarktischen Treibeises;
Schnee und Eis bedecken Berge und Thäler fast das ganze Jahr hindurch,
heftige Stürme brausen von allen Seiten heran und wühlen das Meer zu
einem schäumenden Wogengang auf, wodurch die Annäherung der Schiffe
ungemein schwierig gemacht wird. Wenige Kräuter und Moose vertreten die

Vegetation des Archipels, während das Thierleben eine reichere, aber nur auf enge Grenzen beschränkte Entfaltung zeigt. Verschiedene Robbenarten, Seehunde und unermeßliche Mengen von Seevögeln beleben in den Sommer= monaten, also zur Zeit unseres Winters, das kahle Felsgestade, das dann vom Geschrei der Alken und Pinguine wiederhallt. In den umliegenden Meeren zeigt sich der Walfisch häufig.

Die Inseln tragen den Namen eines französischen Seemanns, dessen Thaten, obgleich er noch nicht hundert Jahre todt ist, unverdientermaßen schon der Vergessenheit anheimgefallen sind. Crozet war der Begleiter des wackeren Marion Dufresne, der unter ähnlichen Umständen wie der berühmte Cook, im Jahre 1772 von den Neuseeländern ermordet wurde. Crozet diente als erster Leutnant unter Dufresne im Jahre 1771 und hatte nach dem Tode desselben das Kommando des Entdeckungs=Geschwaders über= nommen. Er durchirrte mit seinem Schiffe das ganze Inselgewirr der Südsee, pflanzte zuerst die Kartoffel in Neuseeland an und erwies sich überall als praktischer und tüchtiger Seemann. Mit seinem Schiffe, dem „Mascarin", wagte er sich auch in die eisige Zone des Südpoles, und auf dieser Fahrt war es, daß er am 23. Januar 1772 die nach ihm benannte Inselgruppe entdeckte, welche funfzig Jahre später der Schauplatz der ungemein fesselnden Ereignisse wurde, die wir nunmehr erzählen wollen.

Die fabelhafte Menge von Rüsselrobben oder Miurungs, welche bei einer Länge von 20 Fuß und darüber ungemein thranreich sind, hatte schon zu Beginn unseres Jahrhunderts viele Seefahrer nach den einsamen Crozet=Inseln gelockt. Aus demselben Grunde segelte auch am 28. Mai 1825 die Goëlette „l'Aventure" von Port Louis auf Isle de France, wohl ver= sehen mit allen zur Robbenjagd und Thrankocherei nothwendigen Geräth= schaften, gen Süden nach den Crozet=Inseln. Befehlshaber des Schiffes war ein Engländer Namens Fotheringan, erster Steuermann ein Franzose Lesquin aus Roscoff in der Bretagne; außerdem bestand die Bemannung aus vier= zehn Matrosen verschiedener Nationalität; Spanier, Portugiesen, Franzosen, Engländer und Holländer waren vertreten. Der Führer der kleinen Expedi= tion, Fotheringan, wollte mit neun Leuten auf den Crozet=Inseln bleiben und dort Robben schlagen, während Lesquin das Fahrzeug wieder zurück= bringen sollte. Da die Fahrt von Isle de France nach ihrem Reiseziel ge= wöhnlich nur 25 bis 30 Tage in Anspruch nahm, so hatte man sich nur für 40 Tage mit Trinkwasser versehen. Widrige Winde verlängerten jedoch die Fahrt selbst über diesen Termin hinaus, und als man endlich die Crozet=Inseln erblickte, war der kleine Wasservorrath fast gänzlich erschöpft.

Der Archipel ist rings von einer starken Brandung umwogt, die, durch das stürmische Wetter noch verstärkt, der Goëlette das Landen nicht gestattete, so daß man zwanzig Tage lang vor den Inseln kreuzen mußte. Als nun der Wasservorrath trotz der verminderten Rationen gänzlich zur Neige ging

und ein entsetzlicher Durst die Mannschaft zu plagen begann, galt es auf alle
Gefahr hin das Land zu gewinnen. Neun Mann stiegen in die Schaluppe,
um eine der Inseln zu erreichen. Unter Lebensgefahr führten sie ihr Vorhaben
aus, da aber mittlerweile der Sturm und Wogendrang noch bedeutend an
Gewalt zugenommen hatten, so war es ihnen unmöglich, zum Schiffe zurück=
zukehren. Sie waren gezwungen, auf der Dauphin=Insel zu bleiben.

Auf der „Aventure" selbst blieben noch sieben Mann; von diesen waren
nur drei gesund, die übrigen schwer erkrankt. Vergebens hofften sie auf die
Rückkehr ihrer Gefährten, um den lechzenden Gaumen mit einem frischen
Trunke erquicken zu können; diese blieben aus. Statt dessen aber warteten
ihrer neue Qualen. Der wüthende Sturm warf das Schiff hin und her;
gegen Mitternacht riß ein Ankerseil; bald darauf auch die große Ankerkette,
die letzte Hoffnung der Bedrängten. Um das Unglück voll zu machen, ent=
führte eine mächtige Sturzwelle das zweite Boot. In dieser Lage, ohne
Boot, mit einer geschwächten kranken, halb verschmachteten Mannschaft an
Bord, entschloß sich der Kapitän, nach den östlichen Inseln des Archipels hin
zu steuern; dort wollte er aus leeren Fässern eine Art Floß bauen, und mit
diesen das Land zu erreichen versuchen. Man näherte sich der König=Karl=
Insel, ohne indessen landen zu können, nun segelte man nach der Insel
Chabrol; hier warfen die Seefahrer ihren Nothanker aus und begannen den
Floßbau. Am nächsten Morgen schiffte sich der kranke Fotheringan mit vier
Mann auf dem gebrechlichen Floße ein, kämpfte drei Stunden lang mit aller
Anstrengung gegen die Brandung, war aber schließlich gezwungen, wieder an
Bord zurückzukehren. Ein letzter Versuch, um mit dem Schiffe selbst an das
Land zu gelangen, wurde nun gemacht. Auch dieser mißlang. Die „Aventure",
von dem Wogengang erfaßt, wurde auf eine Klippe geschleudert, auf der sie
zerbarst; zum Glück aber konnten wenigstens die Menschen sich auf's Trockene
retten. Die sieben Leute, welche unter solchen Umständen hier Schiffbruch
litten, waren der Kapitän Fotheringan, sein muthiger und entschlossener
Steuermann Lesquin aus Roscoff, der Untersteuermann Peter Aline und die
Matrosen Louis Joseph, Adolph Fortier, Juan Salvador und Christian
Metzelaar.

Trotzdem sie der Wuth des Meeres entronnen waren, befanden sie sich
in einer trostlosen Lage. Die Insel zeigte allenthalben unwirthsame Oede;
allenthalben bedeckte dicker Schnee den Boden, keine Spur von Pflanzenwuchs
war zu erblicken. Während des Schiffbruches war es ihnen unmöglich gewesen,
auch nur das Geringste zu retten, und da von Baumwuchs auf dem Archipel
nicht die Rede sein kann, so wußten sie nicht einmal, wie sie Feuer machen
sollten, um sich vor der grimmigen Kälte zu schützen. Lesquin hatte die Vor=
sicht gehabt, zwei Feuersteine zu sich zu stecken; ein Pulverhorn, das etwa ein
Viertelpfund Pulver enthielt, that ihnen gleichfalls gute Dienste; denn wenn
auch der Inhalt vom Seewasser durchfeuchtet war, so taugte er doch zum

Feueranmachen. Mit einer Ruderstange, welche die Brandung an's Ufer warf, erschlugen sie zunächst eine der vielen Robben, welche das Ufer bedeckten, und drei Taschenmesser, welche sie glücklicherweise bei sich führten, dienten zum Zerlegen des Thieres, dem sie den dicken Speck abschälten, um ihn als Brennmaterial zu benutzen. Mit Hülfe des Pulvers und eines Stück Baumwollenzeuges, das Lesquin von seiner Weste abriß, brachten sie endlich eine Flamme zu Statten, welche Hitze genug ausströmte, um zu erwärmen.

Dann kehrten sie an den Strand zurück, wo das Meer die Ueberreste des Schiffes an's Gestade warf. Dort stießen sie auf mehrere Raaen, den großen Mast sammt Segeln und Takelage, vier leere Fässer, einen Sack mit 50 Pfund Schiffszwieback, sowie ein Kistchen, das dem Zimmermann gehörte und eine Säge, ein Beil, Bohrer und Hammer enthielt. Diese in ihrer Lage für sie kostbaren Gegenstände brachten sie an einen sicheren Ort, wo sie Alles mit einem Segel zum Schutze wider den Schnee zudeckten. Sie selbst schlugen ein leichtes Zelt auf, in dessen Mitte das Feuer mit Robbenspeck unterhalten wurde. Die nächste Sorge war dann der Leibes Nothdurft gewidmet. Um den Hunger zu stillen, versuchten sie den vom Seewasser durchweichten Zwieback zu kauen; das gebratene Robbenfleisch war aber so thranig, daß sie Anfangs darauf verzichten mußten. Als nun die Nacht heranbrach, legten sie sich auf den eisigen Boden ihres Zeltes und versuchten zu schlafen, während einer der Schiffbrüchigen das Brennen des Feuers vermittels Specks unterhielt. Da der Wind durch die leichten Zeltwände drang und der Schnee sie überdeckte, war es ihnen unmöglich, auch nur einen Augenblick Ruhe zu genießen. Entblößt von allen Hülfsmitteln, hungrig und mit geängstigtem Gemüthe, sprangen sie wieder auf. Das Zelt, welches ihnen ohnehin keinen Schutz darbot, wurde von einem Wirbelsturm umgerissen, so daß ihnen nichts Anderes übrig blieb, als die ganze Nacht hindurch in beständiger Bewegung zu verbleiben und um das dürftige Feuer herumzurennen, damit sie nicht erfroren. Am Morgen fischten sie am Strande wieder einige angespülte Gegenstände auf, frühstückten von ihrem verdorbenen Zwieback und erschlugen abermals eine Robbe, um das Feuer zu unterhalten. Dann trennten sie sich in zwei Trupps, behufs Durchforschung der Insel. Es galt einen Aufenthaltsort zu finden, der einigermaßen geeignet erschien, ihnen den nothwendigsten Schutz zu bieten.

Fotheringan's Abtheilung stieß, nachdem sie das von hohen Bergen eingeschlossene Thal durchwandert hatte, auf zwölf junge Albatrosse. Lesquin war so glücklich, eine kleine Felsenhöhle zu entdecken, in welcher fünf bis sechs Personen Platz hatten. Dort zündeten sie nun ihr Feuer an und bereiteten sich aus den jungen Vögeln ein leckeres Mahl. Den Rest des Tages brachten sie damit zu, alles Holzwerk zu bergen, welches das Meer von dem verunglückten Schiffe noch an's Land warf.

Am nächsten Morgen begannen sie den Bau einer Hütte aus den gerette=
ten Schiffsplanken und versuchten dann, aus dem Kupferbeschlage der Goëlette
einige Kochgeschirre herzustellen. Doch mußten sie diese Arbeit bald wieder
aufgeben, weil das Kupfer zu sehr von Nägeln durchlöchert war. Dagegen
wuchs ihr kleines Häuschen aus Steinen und Brettern allmälig empor, wobei
ihnen noch der glückliche Umstand zu Statten kam, daß sie am Strande ein
zusammenhängendes Stück vom Schiffsverdeck fanden, welches als Dach
dienen konnte. Das Meer, welches sie in ihre unglückliche Lage versetzt
hatte, war überhaupt jetzt ihr bester Freund; es überließ ihnen noch manche
werthvolle Gabe. Nach und nach sammelten sie ein Kistchen mit Messern,
eine Flinte, eine Lanze, einen zerbrochenen Topf, verschiedene Werkzeuge
und eine Matratze auf, welche für vorkommende Krankheitsfälle zurück=
gelegt wurde. Am Abend tödteten sie ein seehundsartiges, ihnen bisher
unbekanntes Thier; das Fleisch, von dem sie nur wenig essen konnten, ver=
ursachte Einigen von ihnen jedoch solche Beschwerden, daß sie sich für ver=
giftet hielten.

Es war jetzt der erste August und vier Tage seit ihrem Schiffbruch ver=
flossen. Man sollte denken, daß das gemeinsame Unglück sie zur Nachsicht
und Friedfertigkeit untereinander gestimmt hätte; leider war dem jedoch nicht
so. Theils wegen der verschiedenen Landsmannschaft der Einzelnen, theils
wegen der an's Land geschwemmten Gegenstände, von denen jeder Einzelne
das beste Stück für sich haben wollte, entstand Unfrieden, welcher bald in
offene Unbotmäßigkeit gegen Fotheringän und Lesquin ausartete, obgleich
diese die gleichen Mühen und Leiden zu ertragen hatten, wie die Matrosen.
Indessen der Zwist wurde jetzt noch einmal durch das energische Auftreten
der beiden Führer beigelegt. Er hinterließ jedoch den Keim zu einem späteren,
weit ernsteren Zerwürfniß.

Am 2. August erlaubte ihnen der massenhaft fallende Schnee nicht am
Hause weiter zu bauen. Am Strande fanden sie ein nautisches Instrument,
das sie sorgfältig aufhoben — eine Summe Geld dagegen, die in einer
Kassette angeschwemmt war, blieb unberührt. Sie dachten nicht einmal daran,
es aufzuheben, da sie keine Hoffnung hatten, jemals wieder die Insel zu ver=
lassen. Wiederum tödteten sie einige Robben, und da ihr Zwiebacksvorrath
schnell zu Ende ging, so entschlossen sie sich, an den Genuß des Robben=
fleisches sich zu gewöhnen, trotz des Widerwillens, den ihnen der üble Ge=
schmack desselben eingeflößt hatte.

Die beiden folgenden Morgen arbeiteten sie, soweit es der Schneefall
gestattete, am Fortbau ihres Hauses. Am fünften wurden sie vom Schnee
dermaßen eingeschlossen, daß sie zwei Stunden dazu brauchten, um sich frei
zu schaufeln. Die Flocken fielen in solcher Menge, daß fortwährend zwei
von ihnen sich damit beschäftigen mußten, ihn zu entfernen, um den Eingang
zur Höhle frei zu erhalten.

Der Schiffbrüchigen Versuche, sich zu erwärmen. (Siehe S. 137.)

Am 6. und 7. August blieben sie wegen des Frostes gleichfalls in ihrer Höhle, und vertrieben sich die Zeit, indem sie aus den starken Schiffstauen feineren Bindfaden verfertigten. Mit diesem gedachten sie ihre zerrissenen Kleider zu flicken; da ihnen jedoch noch Nadeln fehlten, mußten sie dieses Vorhaben aufgeben.

Am 8. hielten sie wieder reiche Ernte am Meeresstrande; eine Kompaß= büchse, mehrere Bücher, welche Lesquin gehörten, und die zur Vertreibung der langen Weile dienen konnten, eine Menge Bretterwerk, sowie ein Fäßchen mit Bohnen wurde angeschwemmt. Da ihr Zwieback aufgezehrt war, so genossen sie einige Bohnen und hoben den Rest auf, um ihn im Frühjahr zu säen. Während die Mehrzahl, ungeachtet des starken Frostes, unverdrossen an ihrem Häuschen fortbaute, zog Lesquin in Begleitung eines Matrosen auf die Seehundsjagd aus. Fand derselbe auch keines dieser Thiere, so machte er dennoch auf seinem Ausflug eine werthvolle Entdeckung. An einer Felsen= wand fand er nämlich über hundert Pinguin=Nester, aus welchen er 138 Eier sammeln und mit nach Hause bringen konnte.

Der zerbrochene Topf, den wir bereits erwähnten, dies armselige Geschirr, welches bei uns der ärmste Mann fortgeworfen hätte, ward für die Schiffbrüchigen nun eine besondere Genußquelle, denn der erfinderische Lesquin begann darin allerhand leckere Gerichte zuzubereiten und zu backen: Spiegeleier in Robbenfett, gedämpftes und gebratenes Pinguinfleisch und andere Delikatessen mehr, welche den Halbverhungerten eine angenehme Abwechselung gewährten.

Am 9. August beendigten sie die Mauern ihrer Hütte und tödteten eine ungemein große Rüsselrobbe. Am nächsten 10. wurden sie durch schlechtes Wetter in ihrer Höhle zurückgehalten, wo sie wiederum die Anfertigung von Bindfaden aus Tauwerk sich angelegen sein ließen. Der 11. August führte wiederum zu einer Entdeckung. Sie fingen zwei Königs=Pinguine, deren Fleisch jedoch so zäh war, daß sie vergebens dasselbe zu verzehren suchten. Als sie die Schwimmfüße dieser eigenthümlichen Vögel zerschnitten, bemerkten sie in denselben mehrere harte, lange und ungemein dünne Knochen. Sie schärften einen derselben an der Spitze zu, bohrten am anderen Ende mit einem glühend gemachten Nagel ein Loch hinein und besaßen nun eine Nadel, mit der sie ihre Kleider flicken konnten. Am folgenden Tage erschlugen sie wieder zwei große Robben, deren Häute über die Bretter gespannt als Dachdeckung dienen mußten. Am 13. August endlich konnten sie ihren Einzug in ihre neue Behausung halten und die kalte Felshöhle verlassen.

Der Ort, an welchem sie sich aufhielten, war rings von hohen, steilen Bergen umgeben, die wegen der Eis= und Schneedecken nicht leicht zu er= klimmen waren. Der umsichtige Lesquin, welcher überhaupt die Seele der ganzen kleinen Schar war, unterließ jedoch nicht, fortwährend nachzuforschen, ob sich aus dem Thale nicht irgend ein Weg finden lasse, welcher weiter in's

Leipzig: Verlag von Otto Spamer.

Innere führe. Endlich glaubte er einen solchen aufgespürt zu haben, und es
kostete ihm keine Mühe, Fotheringan zu bestimmen, mit ihm eine Entdeckungs=
reise auf diesem Pfade weiter durch die Insel zu unternehmen.

Am 14. August brachen sie, nur mit einem Knüppel bewaffnet, und
Jeder mit einem Sack aus Segelleinwand zur Aufnahme von Nahrungs=
mitteln versehen, auf. Nach zweistündigem Marsche gelangten sie in einen
finsteren Felsenpaß, wo ihnen Schnee= und Eismassen solche Schwierigkeiten
bereiteten, daß sie nur mit Mühe und Noth, theilweise auf Händen und
Füßen vorwärts kriechend, fortkommen konnten. Am Ende des Passes ver=
sperrte ein Berg das weitere Vordringen. Doch auch dieser ward erklommen,
und vor ihnen breitete sich ein weites Thal aus, in welches sie rasch gelangten,
indem sie auf der dicken Schneedecke des Berges hinabrutschten. Die gefahr=
volle Wanderung wurde belohnt, denn es wimmelte in dem Thale von
Pinguinen, die alle Felswände besetzt hielten. Am Ausgange des Thales
warf das Meer seine Wogen gegen die theilweise steile Küste. Dort stießen
sie auf eine Höhle und in derselben auf Menschenspuren. Verkohlte Holzreste,
alte Schiffsplanken und ähnliche Dinge lagen in Menge umher; aber keine
Seele ließ sich blicken. Außer den Pinguinen sahen sie noch ganze Scharen
von Albatrossen und Kormorans. Da die ersteren das leckerste Fleisch lieferten,
so erschlugen sie mit ihren Knüppeln zwölf derselben, sammelten in ihren
Säcken Hunderte von Eiern und machten sich, befriedigt über den Erfolg ihrer
Untersuchung, schwer beladen auf den Rückweg.

Unglücklicherweise überraschte sie jedoch die Nacht. Nachdem sie lange
zwischen thurmhohen Felsenmassen umhergeirrt waren, erreichten sie einen
Gletscher, auf dem sie sich hinabgleiten ließen, wie Tags zuvor an der ent=
gegengesetzten Seite. Doch der eisige Abhang fiel bedeutend jäher ab, als sie
vermuthet hatten, und führte nicht einmal bis ganz in das Thal hinunter.
Plötzlich brach derselbe an einer senkrechten Wand von mehr als funfzig Fuß
Höhe ab, und da sie auf der schrägen, mit Eis und Schnee bedeckten Fläche
so schnell wie ein Schlitten hinabschossen, war es ihnen unmöglich, ihren Lauf
zu hemmen. Sie stürzten kopfüber in den Schlund und würden unfehlbar
unten ihren Tod gefunden haben, wenn nicht eine Schneedecke, die nachgab,
den Boden bedeckt hätte. Fotheringan langte daselbst auf seinen Beinen
stehend an. Die Erschütterung, welche er durch diesen Fall erlitt, war in=
dessen so stark, daß er über ein Jahr lang an heftigen Schenkelschmerzen litt;
Lesquin's Herabsturz endigte noch gefährlicher, ihm wurde die eine Seite
zerquetscht und der linke Daumen gebrochen. Dieser Unfall machte sie auf
die Gefahren von dergleichen Wanderungen aufmerksam. Ungeachtet sie große
Schmerzen litten und der Schnee in dichten Flocken fiel, beschlossen sie nicht
weiter zu gehen. Sie brachten die Nacht an der Stelle zu, wo sie herunter=
gestürzt waren, und suchten sich durch fortgesetzte Bewegungen gegen die
Kälte zu schützen. Endlich erreichten sie ihre Wohnung gegen Mittag. Ihre

Gefährten hatten schon geglaubt, sie niemals wieder zu sehen. Vergebens hatten diese versucht, eine Robbe zu fangen; die Lebensmittel waren ihnen ausgegangen, und der kleine Fleischrest, den sie noch besaßen, reichte kaum aus, um auf zwei Tage den Hunger zu stillen. Auch der Robbenspeck war ihnen ausgegangen; um ihr Feuer unterhalten zu können, mußten sie daher altes Holzwerk vom Schiffbruche verbrennen.

Am 17. August versuchten sie nochmals, während das schlechte Wetter anhielt, sich irgend etwas Eßbares herbei zu schaffen, denn sie hatten vom Abend bis zum Morgen nicht das Geringste zu sich genommen; aber sie fanden nichts und verbrachten diesen Tag, sowie die folgende Nacht, in einer um so trostloseren Lage, als der schreckliche Schneesturm von Minute zu Minute zunahm. Rettungslos glaubten sie sich schon dem Hungertode verfallen. Der Tag brach an. Lesquin hatte noch so viel Kraft übrig, um etwas Holz zu= sammen zu tragen, mit dem das erlöschende Feuer wieder angefacht wurde; die Uebrigen dagegen konnten sich kaum regen, so sehr waren sie bereits ge= schwächt. Mit Mühe und Noth machte sich Lesquin, von dem gleich hinfälligen Fotheringan begleitet, auf, um am Strande nach einer Robbe zu spähen. Vergebens. Der entsetzliche Augenblick schien gekommen: schon vier Tage mangelten ihnen alle Lebensmittel, und zwei Matrosen waren bereits so entkräftet, daß man stündlich ihren Tod erwartete. Gegen Mittag faßte Lesquin, dem allein noch einige Energie übrig geblieben, einen verzweifelten Entschluß. Er stellte seinen Gefährten vor, daß sie sicher dem Untergang entgegeneilten, wenn sie ihre Muthlosigkeit nicht niederkämpften, und daß ihnen allein Rettung winke, wenn sie sich zu einem Ausfluge in das jenseit der Berge liegende Thal entschlössen, welches von ihnen den Namen „Thal des Ueberflusses“ erhalten hatte. Er erbot sich mit ihnen dorthin aufzu= brechen. Fotheringan und zwei Matrosen waren bereit, ihm zu folgen. Da sie keine ordentlichen Stiefeln mehr besaßen, zerschnitten sie eine Robbenhaut, welche ihnen bisher als Dachüberzug diente und banden die Stücke derselben um die Füße.

Nach unsäglichen Anstrengungen, halbtodt vor Hunger und Kälte, er= reichten sie gegen 6 Uhr Abends das Ziel ihrer gefahrvollen Wanderung. Zum Glück stießen sie alsobald auf einige Robben, deren Fleisch ihnen zur ersten Mahlzeit diente. Mit dem Speck der Thiere unterhielten sie ein großes Feuer, welches in der Nacht Schutz vor der Kälte gewährte. Am folgenden Abend langten sie dann mit Ausnahme eines Einzigen wieder wohlbehalten und mit dem Speck und Fleisch der Robben, sowie mit etlichen Seevögeln beladen, in ihrer Hütte an. Der fehlende Mann war der holländische Matrose Metzelaar, welcher in Folge gänzlicher Erschöpfung sich unterwegs außer Stand fühlte, weiter zu marschiren. Entkräftet und niedergeschlagen von so viel Leiden, warf er sich auf den Schnee, um auf dieser Stelle zu sterben. Alles Zureden war umsonst. Seine Gefährten versuchten nun, ihn weiter zu tragen, waren jedoch selbst zu schwach, um ihre Absicht ausführen zu können. Man mußte den Unglücklichen zurücklassen. Ohne Hoffnung ihn noch zu retten, nahmen sie ihm seine Last Lebensmittel ab, sagten ihm das letzte Lebewohl und verließen ihn dann.

Es war gegen 5 Uhr Abends, als sie wieder zu Hause anlangten, wo ihre drei von Hunger und Frost fast aufgeriebenen Kameraden sich bei ihrer Ankunft weder erheben, noch ihnen antworten konnten. Mit Hülfe von etwas Pulver machten sie Feuer an und kochten das Robbenfleisch; die drei Unglück= lichen waren jedoch bereits so weit heruntergekommen, daß sie sich weigerten zu essen. Sie mußten deshalb wie die Kinder gefüttert werden. Nach so großen Anstrengungen verfielen bald Alle in festen Schlaf. Doch gegen Mitter= nacht wurden sie plötzlich durch ein lautes, klägliches Geschrei aufgeweckt. Sie erhoben sich und fanden in einiger Entfernung von der Hütte den zurück= gelassenen Metzelaar im Ankämpfen gegen eine ungeheure Schneemasse, in welche er hineingerathen war, ohne daß es ihm gelingen wollte, sich aus der= selben wieder herauswinden zu können. Er erzählte ihnen, daß er nach ihrem Fortgang im Gebirge eingeschlafen sei, bald aber durch einen unerträglichen Schmerz in den Beinen wieder erwacht, sich aufgerafft habe und, nach einem beschwerlichen Marsche, dennoch bis an diese Stelle gelangt sei. Aber ohne ihre Hülfe hätte er sich aus dem hohen Schnee, in den er immer tiefer und tiefer versunken, nicht befreien können. Sie schleppten den zum Tode Erschöpf= ten in die Hütte, legten ihn auf die einzige Matratze, welche sie besaßen, und die Nacht verlief ruhig.

Am nächsten Tage glückte ihnen der Fang zweier Robben unfern von ihrer Hütte. Sie sammelten den Speck und bereiteten die Felle zur Aus= besserung ihres Schuhwerks zu. Damit in der Zukunft der Hungertod sie nicht wieder bedrohe, räucherten sie einen Theil des Fleisches und sorgten auf solche Weise für Vorräthe. Doch in nächster Zeit erwies sich diese Vor= sicht als überflüssig. Die Robben und Pinguine stellten sich im September in großen Schwärmen ein und lieferten genügende Nahrung. Nun wurde das Häuschen ausgebessert und gegen das Eindringen der Kälte besser geschützt. In dem Maße als ihre Gesundheit wiederkehrte, gewannen sie auch wieder Muth, und führten nun eine Art Ordnung in ihrer Lebensweise ein. Jeder von ihnen mußte eine Woche lang die Küche führen und war während dieser Zeit von aller übrigen Arbeit befreit. Zwei sollten Robben= speck herbeischleppen, um das Feuer damit zu unterhalten, und zwei Andere theilten sich in die Nachtwache und Obhut des Feuers, das keine Minute er= löschen durfte. Die Uebrigen besserten die Geräthe aus, machten Bindfaden aus Tauwerk, unternahmen Beutezüge nach dem „Thal des Ueberflusses“, erschlugen die männlichen Robben und besorgten die Bau=Reparaturen.

Daß sie eine warme sichere Wohnung besaßen, war ihr Glück. Denn der Frost wurde im September und Oktober noch empfindlicher. Während dieses letzteren Monats konnten sie darauf verzichten, an den Strand zu wandern, so ungeheuer war die Anzahl der in der Nachbarschaft verweilenden Robben. Lesquin schätzte sie auf mehr als 20,000.

In den ersten Tagen des Novembers, also zur Sommerzeit der südlichen Halbkugel, unternahmen sie einen Entdeckungszug nach dem nordwestlichen Theile der Insel, wo die Pinguine in solchen überraschenden Massen ihre Nester aufgeschlagen hatten, daß Lesquin von mehr als drei Millionen spricht. Das Ergebniß ihrer Reise war die Einsammlung von 700 bis 800 Eiern, welche ihnen auf lange Zeit hin ein schmackhaftes Essen verbürgten. Der Schnee war an den niedrigen Plätzen nun beinahe ganz weggeschmolzen und die Gelegenheit günstig, auch die ihnen noch nicht bekannten Gegenden der Insel zu durchforschen. Lesquin und Fotheringan kleideten sich daher so warm wie möglich an, versahen sich mit Lebensmitteln, Pulver und Zündfaden, um Feuer zu machen, bewaffneten sich mit Messern und Stöcken und zogen am 29. Novem= ber aus. Der Boden des Eilandes, den sie erst jetzt in seiner wahren Gestalt erblickten, war überall mit Steinchen bedeckt, zwischen denen kleine moos= bewachsene Hügel emporragten, auf welchen eine Pflanze, der Beschreibung nach Löffelkraut, ihr Dasein fristete. Trotz ihres bitteren Geschmackes kochten sie dieselbe und bereiteten sich dergestalt ein Gemüse, das sie zum Fleisch der Robben genossen. Ihre Reise währte drei Tage, blieb jedoch, abgesehen von der Entdeckung des Löffelkrautes, ohne wichtige Ergebnisse. Nur an einem Theile der Küste entdeckten sie sogenannte Meerwölfe, eine Robbenart, deren Fell viel geeigneter zur Herstellung von Kleidern ist, als die von ihnen bisher dazu benutzten Häute der Rüsselrobben.

Bei ihrer Heimkehr fanden sie die kleine Kolonie im Zustande der völli= gen Auflösung. Alle selbstgegebenen Gesetze waren über Bord geworfen und ein blutiger Kampf hatte die Bande der Gesellschaft zerrissen. Metzelaar lag blutend und halb todt in einer Ecke. Die Veranlassung zu diesen traurigen Vorgängen war ein an und für sich nichtssagender Streit, der sich unter den Leuten über das Blutbad von Amboina, über jenes längst vergangene blutige Ereigniß, entspann, das sich in Folge gleichartiger Handelsbestrebungen im 17. Jahrhundert zwischen den auf einander eifersüchtigen Holländern und Engländern auf jener Insel zugetragen hatte. Die verschiedenartige Gesittung und Nationalität der vom Zufall in eine enge Behausung zusammengeführten Matrosen verliehen dem Zanke noch mehr Nahrung und führten jenen beklagens= werthen Ausgang herbei. Man warf dem Holländer Metzelaar die Grausam= keit seiner Landsleute vor; dieser antwortete mit Schimpfereien auf Franzosen und Engländer. Von Worten kam es zu Thätlichkeiten; Schlag auf Schlag hagelte auf Metzelaar nieder. Uebermannt, stürzte er schließlich zu Boden, wo= bei ihm der Portugiese Juan Salvador einen gefährlichen Messerstich beibrachte.

Fotheringan und Lesquin erklärten unter solchen Verhältnissen nicht länger mit den Uebrigen zusammen wohnen zu wollen. Sie bauten sich im

Verlaufe von acht Tagen ein neues Haus von acht Fuß Länge und sechs Fuß
Breite, welches sie sammt dem verwundeten Metzelaar bezogen. Der zer=
brochene Topf, in welchem sie bisher gekocht hatten, wurde in zwei gleich
große Hälften getheilt, aber diese beiden Scherben waren vollkommen nutz=
los, so daß sie sich fortan nur mit dem Braten des Fleisches begnügen mußten.
Den ganzen November hindurch beschäftigten sich beide Parteien, die weder
mit einander verkehrten, noch sich überhaupt ansahen, mit dem Einsammeln
von Lebensmitteln für die Zukunft. Lesquin's Genossen brachten allein
20,000 Pinguineier zusammen.

Der 11. Dezember wurde für Letzteren der Tag einer wichtigen Ent=
deckung. Beim Umherschlendern fand der unermüdliche Bretagner eine Höhle,
deren Boden mit einem blauen, ausgezeichneten Thon bedeckt war. Schnell
begann er nun, aus demselben rohe Töpfe zu kneten. Die ersten, welche er
an der Sonne trocknete, sprangen und bekamen Risse; hierdurch klug gemacht,
stellte er sie zuerst in den Schatten und brannte sie dann sechs Stunden lang
im Feuer. Anfangs gelang nur ein einziger vollkommen, die übrigen zer=
fielen in der Glut. Aber eine kurze Lehrzeit genügte, bald stand eine Reihe
Töpfe da, in welchen man nach Belieben Fleisch schmoren oder kochen
konnte.

Ungeachtet der Feindschaft, welche in beiden Lagern der kleinen Kolonie
herrschte, unterließ Lesquin es nicht, auch die Gegenpartei auf die werthvolle
Entdeckung aufmerksam zu machen und ihr sein Töpferei=Verfahren mitzutheilen.
Sie dankten ihm hierfür, erklärten jedoch, jetzt keinen Gebrauch mehr von seiner
Entdeckung machen zu können, da sie entschlossen wären, unter jeder Bedingung
ihren traurigen Aufenthaltsort verlassen und in einem selbst erbauten Kahne
nach der König=Karl=Insel übersetzen zu wollen. Der Nachen war aus alten
Faßdauben erbaut, welche mit Stricken zusammengebunden und mit Robben=
haut überzogen waren. Lesquin stellte ihnen das Gefahrvolle ihres Unter=
nehmens vor, doch verließ er sie, ohne sie überzeugt zu haben.

Am Morgen des 17. Dezembers, als der Himmel klar war und das Meer
ruhig da lag, verließen Peter Alin, Louis Joseph, Adolph Fortier und Juan
Salvador in ihrem gebrechlichen Fahrzeuge die Insel. Sie waren noch nicht
weit gekommen, als das Wetter plötzlich umschlug und ein starker Sturm über
sie hereinbrach. Da die Wellen immer höher und wüthender den schwachen
Kahn umtobten, so zweifelten die drei Zurückgebliebenen keinen Augenblick
daran, daß ihre unbesonnenen Gefährten ein nasses Grab im Ozean gefunden
hätten, und beschlossen daher, wenigstens die nützlichen Gegenstände aus deren
Nachlaß an sich zu nehmen. Sie gingen in das andere Haus, holten die brauch=
baren Sachen und vor Allem die aus Brettern gemachte Thür, welche sie
statt des Robbenfelles gebrauchen wollten, das bisher die Oeffnung ihres
Häuschens nur unvollkommen verschloß. Da die Weibchen der Rüsselrobben
häufig bis weit in's Land hineinkrochen und in den vorhergehenden Nächten

mehrere Mal selbst bis in die Hütte eingedrungen waren, verrammelten die
Schiffbrüchigen am Abend sorgfältig ihre Thür von innen. Diese Vorsicht
schützte sie glücklicherweise vor einem ganz unvermutheten gefahrdrohenden
Ueberfalle.

Gegen Mitternacht wurden sie durch einen wüsten Lärm, Geschrei und
heftiges Pochen an ihrer Thür geweckt. An den drohenden Stimmen erkannten
sie die todtgeglaubten Gefährten, welche am Morgen die Insel verlassen hatten.
Nicht vorbereitet auf diese Ueberraschung und von der Wuth jener unbän=
digen Menschen das Schlimmste befürchtend, schlüpften sie durch die Hinter=
wand ihres Häuschens, die nur aus Fellen bestand, in's Freie. Kaum waren
sie draußen angelangt, als die verrammelte Thür dem Andrange der Ein=
stürmenden nachgab und zusammenstürzte. Enttäuscht darüber, daß die Woh=
nung leer stand, vernichteten die Wiedergekehrten alle Töpfe ihrer ehemaligen
Gefährten und nahmen die Thür, sowie einen Vorrath Robbenfelle mit hinweg.

Der Tag brach an. Lesquin und seine Partisane erblickten mit Bedauern
die angerichteten Verwüstungen. Man beschloß, Erklärungen von den An=
greifern zu verlangen. Der Krieg wurde erklärt, und zu allem vorhandenen
Ungemach der Schiffbrüchigen gesellte sich voraussichtlich nun noch ein Kampf
auf Tod und Leben. Da man nach den Vorgängen der Nacht auf einen neuen
Ueberfall gefaßt sein mußte, bewaffnete sich Lesquin mit einem Messer und
einer Robbenlanze; Fotheringan ergriff gleichfalls sein' Messer und einen
Stock, an dessen Ende ein starker spitzer Nagel befestigt war. Metzelaar
endlich versah sich mit einer ungeheuren Keule und einem Sack voll Steine.
So bewaffnet zog man vor die Hütte der feindlichen Partei und klopfte dort an.

Peter Alin, der Untersteuermann, kam zuerst hervor und fragte in
barschem Tone, was man wolle. Lesquin setzte ihm die Lanze auf die Brust
und erklärte, ihn auf der Stelle zu erstechen, wenn er die entwendeten Robben=
felle nicht zurückgebe. Fotheringan und Metzelaar waren bereit, ihren Kame=
raden in seiner Drohung zu unterstützen. Dies wirkte, und die Robbenfelle
wurden auf der Stelle zurückerstattet. Dann trat Lesquin einige Schritte
zurück und verlangte weitere Erklärung über das Benehmen in der verflosse=
nen Nacht. Der Untersteuermann entschuldigte sich nun damit, daß er und
seine Genossen nach heftigem Sturm und großen Gefahren am späten Abend
wieder gelandet seien; als sie, erschöpft bis zum Tode, nun ihre Hütte geplün=
dert und ohne Thür gefunden, hätte der Zorn sie übermannt und den Ent=
schluß hervorgerufen, sofort mit ihren rücksichtslosen Leidensgefährten abzu=
rechnen. Begreiflicherweise fand Lesquin diese Entschuldigung nicht genügend,
doch setzte er den Gegnern ihr Unrecht auseinander und erklärte auf das Be=
stimmteste, daß bei dem geringsten nächsten Uebergriffe sie sich auf einen
blutigen Krieg gefaßt machen möchten, der zweifelsohne zum Untergang
Aller führen werde. Hierauf zogen sich beide Parteien ruhig in ihre Häuser
zurück, und Lesquin fabrizirte von Neuem Töpfe.

Das Jahr 1826 brachte keine Abwechselung in ihrer Lage. Sie jagten Meerwölfe, deren Felle ausgezeichnete Kleider und Betten lieferten. Im Februar begann der antarktische Winter auf den Crozet-Inseln; man deckte deshalb die Hütte sorgfältiger als vorher mit Fellen, verstopfte alle Ritzen und sammelte Brennmaterial zur Unterhaltung des Feuers.

Lesquin bedroht Peter Alin's Leben.

In den ersten Tagen des März erschien der Matrose Louis Joseph eines Morgens bei Lesquin und Fotheringau, um sie zu ersuchen, sich vom natürlichen Tode des Adolph Fortier zu überzeugen, welcher an der Schwindsucht gestorben. Die Beiden willfahrteten dem Begehren, ja Lesquin selbst grub mit der Hacke in den gefrorenen Boden ein Grab; die Uebrigen hüllten den Leichnam in Robbenfelle ein, und gegen Mittag fand das Begräbniß statt. Zwei Monate waren vergangen seit Unterbrechung des Verkehrs zwischen beiden Parteien, und selbst bei dem traurigen Leichenbegängniß sprach Keiner mit dem Andern. Doch ging dasselbe nicht ohne Eindruck vorüber. Als sie sich trennten,

10*

um wieder ihre Hütten aufzusuchen, sprach Metzelaar den Wunsch aus, wieder zu seinen früheren Kameraden zurückkehren zu dürfen. Lesquin er= klärte sich vollkommen damit einverstanden und blieb nun mit Fotheringan allein in der kleinen Hütte.

Alles verlief nun ruhig und nach Umständen leidlich bis in die Mitte des Juni. Allein um diese Zeit hatten sich die Vorräthe der Schiffbrüchigen bedeutend vermindert, und sie waren daher oft gezwungen, beschwerliche Aus= flüge in das „Thal des Ueberflusses" zu machen. Eines Tages änderte sich jedoch unversehens wiederum der gesellschaftliche Zustand der unfreiwilligen Insulaner. Ein entsetzlicher Sturm raste und heulte über die schnee= und eis= bedeckten Berge hin, das Meer tobte und brauste und trat als verheerende Springflut aus seinen Grenzen. In einem Augenblick brachen die weit in's Land eingedrungenen Wogen über Lesquin's und Fotheringan's Hütte zu= sammen, die in Folge der leichten Bauart nicht Widerstand zu leisten vermochte und im Wüthen der Elemente zu Grunde ging. Mit Betrübniß sahen die Unglücklichen ihren einzigen Zufluchtsort in Schlamm und Eis begraben. Ihre wenigen Lebensmittel, ihre Geräthe, ihr Brennmaterial, ihre eingesammelten Robbenfelle: Alles war zum größten Theile von der Flut hinweggespült worden, nur wenig Baumaterial ihnen übrig geblieben. Damit begannen sie die Errichtung einer neuen Hütte. Die Partei in dem erst errichteten Hause, welche von der Springflut nicht zu leiden hatte, fühlte beim Anblick dieses Jammers ein menschliches Rühren. Alle erschienen vor Lesquin und Fotheringan, baten ganz demüthig um Verzeihung und versprachen für die Folge in allen Dingen Gehorsam und unverbrüchliche Treue. Schließlich boten sie die alte Hütte wieder als gemeinsames Wohnhaus an. Die Zusagen wurden bestens angenommen, die alten Streitigkeiten für immer vergessen, und Friede und Ruhe traten nach siebenmonatlicher Trennung wieder unter den Leidensgefährten ein.

Der Winter verfloß nun ohne weitere Störungen. Die Rüsselrobben und Albatrosse kamen im September wieder in großer Menge zum Vorschein und lieferten den Schiffbrüchigen reichliche Nahrung. Aber mit dem Eintritt des Sommers tauchte die Sehnsucht nach Befreiung stärker als je in den Herzen der hartgeprüften Dulder auf. Man sann über diesen und jenen Plan nach, um aus der Einöde fortzukommen. Lesquin hatte bemerkt, daß die jungen Seevögel, wenn sie flügge geworden waren, mit ihren Alten nach Norden, wärmeren Gegenden zuflogen, wenn die kalte Jahreszeit auf den Crozet=Inseln begann. Hierauf baute er seinen Plan. Man hatte ja unter den vom Meer an die Küste geworfenen Reise=Utensilien auch eine Kiste auf= gefischt, in welcher sich Schreibmaterial befand. Lesquin schrieb nun hundert Hülferufe nieder, nähte solche in kleine Ledersäckchen und befestigte dieselben am Halse junger Albatrosse, die dann als Heilsboten dieselben weiter trugen, wenn sie die Insel verließen. In wenigen Worten schilderte er in diesen

Briefen ihre trostlose Lage und beschwor alle Diejenigen, welchen die Botschaft in die Hände fiele, Erbarmen zu fühlen und zu ihrer Rettung nach Kräften beitragen zu wollen.

Weiterhin entwarfen Lesquin, Fotheringan und Louis Joseph den Plan zum Bau eines Schiffes. Die drei Andern versprachen zwar dabei mit zu helfen, erklärten jedoch das Unternehmen selbst für zu gefahrvoll, als daß sie an dessen Ausführung sich betheiligen möchten. Rüstig gingen sie an's Werk. Aus den Ueberresten der gescheiterten „Aventure", alten Faßdauben und Robbenfellen entstand allmälig ein Fahrzeug von sechszehn Fuß Länge und sechs Fuß Breite. Die Stelle der Segel mußten Felle junger Rüssel= robben vertreten. Schließlich wurde als Proviant für die Fahrt ein Faß frisches Wasser, ein Fäßchen mit Robbenfleisch sowie eine reichliche Anzahl Pinguineier an Bord gebracht.

Es blieb nur noch übrig, das ganze Fahrzeug mit Fell zu überziehen und in's Wasser zu bringen. Doch sollte es nicht zu diesem äußersten Behelfe kommen. Am Morgen des 21. Dezember schrie Fotheringan, welcher, auf einer Anhöhe stehend, Umschau hielt, plötzlich laut auf; er sprang vor Freude mehrmals in die Höhe, geberdete sich wie toll und konnte kaum ein Wort hervorbringen; dabei zeigte er wiederholt nach dem Meere hin. Schnell eilte nun Lesquin auf eine Anhöhe und erblickte von hier aus zu seinem höchsten Entzücken, mit Dankesthränen im Auge, kaum drei englische Meilen entfernt, ein Schiff mit vollen Segeln auf die Insel zusteuern. Auf einer erhöhten Stelle wurde nun schleunigst ein großes Feuer angezündet und mit allem zur Hand befindlichen Material unterhalten. Am andern Morgen war das Schiff verschwunden! Wir unterlassen es, den Schmerz und die grausame Enttäu= schung der unglücklichen Menschen zu schildern. Innerhalb 14 Tagen sahen sie das Schiff noch drei Mal, jedesmal zündeten sie ein Feuer an, jedesmal hofften sie auf Erlösung, aber stets fanden sie sich in ihren Hoffnungen bitter betrogen.

In der Nacht des 5. Januar 1827 erblickten sie ganz nahe am Lande Feuerschein. Er rührte von den Kochöfen her, in welchen der Walfischthran an Bord des Fahrzeuges ausgeschmolzen wurde. Nun prasselten wiederum ihre Scheiterhaufen in mächtigen Flammen auf, und dieses Zeichen wurde end= lich bemerkt. Das Schiff näherte sich der Küste. Am 6. Januar um vier Uhr Nachmittags erschien ein Boot an der Insel, dessen Bemannung nicht wenig erstaunt war, hier Schiffbrüchige zu finden, wo sie nur auf Robben und Pin= guine zu treffen glaubte. Das Fahrzeug, der „Cape=Packet" von London war auf der Walfischjagd bis in diese abgelegenen Regionen gekommen und erlöste natürlich die sechs Unglücklichen sofort ganz bereitwillig aus ihrem Jammer. Noch am Abend desselben Tages befanden sich bereits Alle an Bord des Schiffes.

Kapitän Duncan segelte dann nach der Dauphin=Insel, wo man so

glücklich war, die neun Matrosen von der „Aventure" auch noch Alle am
Leben zu finden, welche, gleich Lesquin und seinen Gefährten, hier siebzehn
bange Monate hindurch in Noth und Trübsal, unter Hunger und Entbehrungen mancherlei Art zugebracht hatten.

Der „Cape-Packet" landete den 5. März am Kap der guten Hoffnung.
Lesquin ging von da nach Frankreich zurück, dessen Boden er am 7. Mai zu
St. Nazaire glücklich betrat. Er schrieb bald darauf die Erzählung seiner
Abenteuer nieder, welche in dem zu Nantes erscheinenden „Lycée armoricain"
veröffentlicht wurden. Abgesehen von den spannenden Vorgängen, welche
uns darin vorgeführt werden, ist dieser Bericht noch darum besonders werth-
voll, weil er uns über die so wenig gekannten Crozet-Inseln wahrheits-
getreue Schilderungen überliefert hat.

Felsengestade mit Pinguinen und Nestern der Vögel.

Adams auf seiner „Sternwarte".

Die Meuterer auf Pitcairn.

1787—1856.

Die Geschichte der Meuterer auf Pitcairn zeigt uns, wie Ausnahmen die Regel bestätigen. Hier entstand aus Bösem einmal Gutes, und auf ein blutiges Drama voll Schauer und Entsetzen folgte ein friedliches Stillleben auf einer Insel der Glückseligen. Verwahrloste Menschen, die ihre Hände im Blute ihrer Genossen geröthet hatten, landeten auf einem unbewohnten Eilande, das allmälig zum Sitze menschlichen Glückes wurde, zu einem Paradies auf Erden.

Auf den Tausenden von lieblichen Inseln, welche zwischen Asien und Amerika den weiten Raum des Stillen Ozeans bedecken, wächst der Brot-baum, dessen herrliche Frucht den Bewohnern eine unentbehrliche und gesunde Speise liefert. Was für uns das nährende Korn, das ist dem Südsee-Insulaner der Brotbaum. Ist seine Verbreitung über die östliche Erdhälfte auch eine bedeutende, so fehlt er doch dem Westen, und die englische Colonial-Regierung, welche den großen Nutzen der Brotfrucht seit Cook's Reisen kennen und würdigen gelernt hatte, beschloß den Baum auch in West-Indien einzuführen.

Zu diesem Zwecke verließ am 23. Dezember 1787 das unter dem Kommando des Kapitäns Bligh stehende Schiff „Bounty" Europa. Bligh war ein hartherziger und strenger Vorgesetzter, der sich das Mißfallen der gesammten Mannschaft im höchsten Grade zuzog; wo er nur konnte, quälte er seine Leute, unter denen sich einige aus guter Familie befanden. Was Wunder, daß bei fortgesetzter schlechter Behandlung der stille Groll endlich zum Ausbruch kam und eine Katastrophe heraufbeschwor, die zu weitgreifen= den Folgen führte!

Nach zehnmonatlicher Fahrt landete die „Bounty" bei Otaheiti, dessen braune Insulaner die weißen Männer mit offenen Armen empfingen. Die Liebenswürdigkeit und Anmuth der einfachen Menschen bezauberte selbst die rauhen Seeleute, welche in Hülle und Fülle hier lebten und an der Seite ihrer braunen Schönen weilend, die sie dort bald gefunden hatten, sich gar nicht wieder heimsehnten. Ein halbes Jahr dauerte der Aufenthalt auf Otaheiti, die Brotbäume wurden an Bord gebracht, und das Schiff lichtete die Anker, um von der Insel ewigen Frühlings Abschied zu nehmen. Aber die Herzen der Matrosen nicht minder, wie die der Offiziere, waren dort ge= blieben, denn Jeder hinterließ ein Liebchen; auch Fletcher Christian, der zweite Steuermann, der mit Kapitän Bligh auf besonders gespanntem Fuße lebte.

Aber der Stimme des Kapitäns mußte gehorcht werden. Der Wind schwellte die Segel, und auf der spiegelglatten Wasserbahn eilte die „Bounty" dahin, schneller und schneller, bis Otaheiti den Blicken entschwunden war. Und je ferner es lag, desto mehr sehnte sich das Herz Aller dorthin zurück. Die Nacht kam, die keines Menschen Freund ist, und mit ihr tauchten finstere Pläne auf und erfüllten die Herzen der Mannschaft. Kapitän Bligh war zum Schlafen in seine Kajüte gegangen. Mild strahlte das Licht des Mondes auf das Verdeck hernieder und beleuchtete dort die Gruppen der Mißvergnügten, die unter Fletcher Christian's Führung sich zur Empörung entschließen und, nachdem der Kapitän mit seinen Anhängern beseitigt worden, zurückkehren wollen nach der Insel ihrer Sehnsucht. Die ruchlose Absicht wird zur That. Mit Pistolen und Säbeln bewaffnet dringen die Verschwörer hinab in die Kajüte, überfallen den Kapitän im Schlafe und werfen ihn nebst achtzehn Genossen in die Schaluppe. Einen Viertel=Centner Schweinefleisch, andert= halb Centner Zwieback, etwas Rum, 125 Gallonen Wasser, etwas Wein, Säbel, einen Kompaß und Oktanten giebt man ihnen aus Gnade und Barm= herzigkeit noch mit. Dann schneidet man das Seil durch — und fort segelt die „Bounty", einsam schwankt die kleine Schaluppe auf den Wogen des unermeßlichen Ozeans.

In der Nähe des Ortes, wo dies geschah, liegt das kleine Eiland Tofua, das zur Gruppe der Freundschafts=Inseln gehört. Dorthin wollte sich Bligh retten; doch von den feindseligen Einwohnern zurückgejagt, irrte er wieder hinaus auf die See. Was blieb ihm zu thun übrig? In Australien, das

nach Westen zu lag, gab es damals noch keine europäischen Ansiedelungen.
Die nächsten Europäer wohnten auf der ostasiatischen Insel Timor, wo die
Holländer und Portugiesen Besitzungen hatten. Aber bis dahin waren weit
über 3000 Seemeilen, und die kleine Schaluppe drohte unter dem Gewicht
der vielen Menschen unterzusinken. Zudem schienen die Lebensmittel für eine
so lange Fahrt nicht auszureichen. Aber es blieb kein anderer Ausweg übrig,
als nach Kupang auf Timor zu steuern. Nachdem Bligh seine Leute feierlich
verpflichtet hatte, täglich nicht mehr als zwei Loth Zwieback zu essen und sich
mit einem Viertel-Nößel Wasser zu begnügen, trat er schweren Herzens in
seiner Nußschale die Fahrt an. Von Haifischen umschwärmt, einmal auch von
kannibalischen Fidschi-Insulanern verfolgt, schwamm das kleine Schifflein
munter nach Westen zu. An der australischen Küste wurde Halt gemacht.
Dort erquickte man sich an Austern und frischem Wasser, segelte darauf in
die ostasiatische See und gelangte nach einer Fahrt von 48 Tagen nach Kupang.
Von da ging Bligh sammt seiner Mannschaft nach Batavia, wo er sich nach
England einschiffte. Am 14. März 1790 langte er glücklich im Vaterlande
wieder an, wo er seinen Bericht über die stattgefundene Meuterei abstattete
und die heimgebrachte Schaluppe vorzeigte, in welcher er so lange auf dem
Ozean umhergeschwommen war.

Die englische Admiralität konnte die Sache unmöglich auf sich beruhen
lassen; sie beschloß, den Meuterern nachzuspüren und dieselben sammt der
„Bounty" zurückzuführen, um sie dem strafenden Arm der Gerechtigkeit zu
überliefern. Im Herbste 1790 wurde daher die Fregatte „Pandora" unter
Edwards mit dem Auftrage abgeschickt, die „Bounty" und ihre Mannschaft
zu suchen und gefangen heimzubringen. Der Kapitän segelte zunächst nach
Otaheiti, wo er im März 1791 anlangte und drei von den Meuterern antraf.
Diese stellten sich sogleich freiwillig; später wurden noch elf andere eingefangen,
die man sogleich in Ketten legte. Aber noch fehlten neun von der Mannschaft,
und unter diesen der Hauptträdelsführer Christian; sie waren mit der „Bounty"
weitergesegelt und Niemand wußte, wo sie geblieben waren. Die eingefangenen
vierzehn Matrosen waren indessen erst nach seltsamen Schicksalen in Otaheiti
angelangt.

Nachdem die Meuterer Herren des Schiffs geworden, hatten sie beschlossen,
sich nach einer einsamen Insel zu wenden, wo sie sich sicher vor der Rache
der englischen Gesetze glauben durften, die ihnen, im Falle der Ergreifung,
unfehlbar mit dem Tode drohten. Sie wählten dazu das südlich von Otaheiti
liegende Tubuai, welches vollkommen ihren Zwecken zu entsprechen schien.
Doch hatten sie die Rechnung ohne den Wirth gemacht, denn die dortigen
Eingebornen zeigten sich bei der Landung ungemein feindselig. Da beschlossen
sie, zu den freundlichen Insulanern von Otaheiti zurückzukehren und sich zunächst Frauen zu holen und dann auch einige Männer, welche freundschaftliche
Beziehungen mit den Eingebornen Tubuai's herstellen und die Arbeiten bei

der Kultivirung des Bodens besorgen sollten. Sie hüteten sich jedoch, den
Otaheitern die Wahrheit zu sagen, sondern erzählten ihnen, daß Bligh eine
reiche Insel entdeckt habe, auf welcher er zurückgeblieben sei, und daß sie nur
gekommen wären, um Bewohner für dieselbe zu suchen. In Folge dieser
Vorspiegelung entschlossen sich acht Männer, zehn Knaben und neun Frauen,
ihnen nach Tubuai zu folgen.

Ueberfall der Bewohner von Tubuai durch die Meuterer.

Dort angelangt, errichteten sie zunächst eine kleine Festung, um sich gegen
feindliche Ueberfälle der Eingeborenen zu schützen. Dann begannen sie sich
häuslich niederzulassen und die Felder zu bebauen. Anfangs ging Alles gut,
später aber entstanden Zwistigkeiten. Es waren im Ganzen 25 Meuterer von
der „Bounty", welche auf Tubuai lebten, und diese hatten nur neun Frauen.
Sie suchten daher einige von den Eingeborenen zu rauben, woraus Streitig=
keiten entstanden, in denen mehrere der Letzteren ihr Leben verloren. Auf=
gebracht hierüber, faßten die Insulaner den Plan, sich der fremden Eindring=
linge zu entledigen und sie alle zu ermorden; doch die Otaheiter, welche die

Sprache von Tubuai verstanden, entdeckten diese Absicht den Europäern, die nun ihrerseits, um sich zu schützen, über die Eingeborenen von Tubuai herfielen und unter ihnen ein grauenhaftes Blutbad anstellten. Die Lage der Meuterer auf der Insel war jedoch hierdurch unhaltbar geworden.

Auffindung der Götzenbilder.

Vierzehn von ihnen entschlossen sich daher, nach dem gastlichen Otaheiti im November 1789 zurückzukehren, und diese waren es, welche der Kapitän der „Pandora" dort gefangen nahm. Sie wurden in einen elf Fuß langen eisernen Käfig gesperrt, der auf dem Hinterdeck stand; man nannte ihn spottweise die Pandorabüchse. So fuhr die Fregatte ab. In der Nähe von Australien scheiterte sie auf einem Korallenriffe, und die Mannschaft mußte sich in den Booten retten, mit denen sie über 1000 Seemeilen auf dem offenen Meere fuhr. Vier der gefesselten Meuterer waren mit der „Pandora" untergegangen; die Uebrigen kamen im Juli 1792 nach England zurück. Drei der Rädelsführer endigten am Galgen, die andern begnadigte der König.

Aber wo war Fletcher Christian, wo waren seine acht Gefährten, wo
die „Bounty" geblieben? Seit sie die vierzehn Matrosen, welche auf Otaheiti
blieben, dort ausgesetzt hatte, war nichts über sie verlautet. Hatten sie
Schiffbruch gelitten? Waren sie umgekommen? Zwanzig lange Jahre ver=
gingen, ehe sich das geheimnißvolle Räthsel löste und man den Zusammen=
hang erfuhr. Mit zwölf Frauen von Otaheiti und sechs Männern von dieser
Insel war Christian weiter gesegelt. Von den Frauen waren neun an die
neun Europäer, zwei an Insulaner verheirathet. Nachdem die Abenteurer
einige Zeit lang ohne bestimmtes Ziel umhergeirrt waren, beschloß man, ein
Eiland aufzusuchen, dessen Existenz Christian erfahren, als er die von Bligh
hinterlassenen Bücher durchblätterte. Unter denselben befand sich auch Car=
teret's „Reise um die Erde", in welcher dieser Seefahrer erwähnt, daß er
am 2. Juli 1767 zwischen dem 25. und 26. Grade südlicher Breite, südöstlich
vom Tomatu=Archipel eine Insel entdeckt habe, die gleich einem gigantischen
Felsen einsam und verlassen aus dem Weltmeer emporrage, und die er
Pitcairn genannt hatte. Sie war nur klein, hatte zwei Stunden im Um=
fang und verdankte ihre Entstehung vulkanischen Kräften. Schattige Bäume
luden die Menschen zur Rast ein, und kein gefährliches Thier störte den Frieden
in dieser idyllischen Natur. Das war das Ziel, welches Christian mit seinen
26 Gefährten erreichen wollte.

Im Januar 1790 landete die kleine Schar in der gefährlichen Brandung.
Vögel und Ratten waren die einzigen lebenden Wesen auf der ganzen Insel.
Kokospalmen und Brotbäume wuchsen in großer Menge; außerdem hatten
sie von Otaheiti Getreide, Ziegen, Schweine und Hühner mitgebracht, welche
sich bald stark vermehrten. Das Meer lieferte ihnen schmackhafte Fische.
Aber eine Sorge drückte sie; denn als sie sich die Insel näher ansahen, fanden
sie Spuren, daß sie einst bewohnt gewesen sein müsse, und daß möglicher=
weise auch fremde Schiffe hier verkehrten. Sie aber wollten fern von dem
rächenden Arm der Gerechtigkeit leben. Lanzenspitzen und Schädel, in deren
jedem eine Perle lag, waren häufig. Das Seltsamste aber waren zwei
steinerne Götzenbilder oder Tii=Oni von zehn bis zwölf Fuß Höhe, welche
auf einer Plattform standen. Indessen, es zeigte sich kein Mensch, weder
Europäer noch Eingeborener, und so befahl denn Christian, die „Bounty" zu
verbrennen, nachdem man alles Werthvolle und Nutzbare von derselben an's
Land gebracht hatte.

Einige Jahre lang ging Alles in Frieden und gutem Einvernehmen; nur
die mitgebrachten Otaheiter waren unzufrieden, weil sie von den Weißen
wie Sklaven behandelt wurden. Dazu kam, daß der Matrose Quintal seine
Frau durch den Tod verloren hatte und nun Anspruch auf eine der otaheiti=
schen Frauen erhob. Das säete Unfrieden und führte schließlich zu einem
förmlichen Krieg zwischen beiden Theilen, der auf die schrecklichste Art geführt
wurde. Christian und vier seiner Gefährten wurden getödtet, und die vier

Ueberlebenden Young, Koy, Adams und Quintal mußten sich vor den aufgebrachten Braunen flüchten. Aber sämmtliche Frauen machten mit den Weißen gemeinsame Sache und ermordeten die Otaheiter im Schlafe, sodaß nur noch vier Engländer, zehn otaheitische Frauen und einige Kinder auf Pitcairn übrig blieben. Zum größten Unglück verstand aber Koy das Brannt= weinbrennen; er verfertigte aus einem kupfernen Kessel, welcher noch von der „Bounty" herstammte, eine Destillirblase und benutzte eine auf der Insel häufig wachsende Wurzel zur Herstellung von Branntwein. Seitdem war Völlerei an der Tagesordnung; aber den Urheber des Unheils ereilte bald sein Ende. In einem Anfalle von Säuferwahnsinn stürzte er von einem hohen Felsen in's Meer hinab und ertrank. Quintal endlich, der durch seine Streitereien Anlaß zu so vielem Blutvergießen gegeben hatte, wurde von Young mit einem Beil erschlagen, weil er dessen Frau begehrt hatte. So starben von allen Männern, die mit der „Bounty" nach Pitcairn gekommen waren, nur Young im Jahre 1800 und Adams im Jahre 1829 eines natürlichen Todes.

Letzterer war, als Young starb, 36 Jahre alt und der einzige erwachsene Mann auf der Insel. Die entsetzlichen Auftritte, deren Zeuge er gewesen, und die Einsamkeit, in welcher er lebte, machten auf ihn einen tiefen Ein= druck. Alltäglich bestieg er einen Vorsprung der Insel, welchen er seine Stern= warte nannte, und schaute sehnsuchtsvoll hinaus auf das weite Meer, um zu sehen, ob nicht ein Segel nahe, vielleicht ein Kriegsschiff, das die Meuterer zur Strafe abholen wolle. Schon 1795 war einmal ein Schiff bis dicht in die Nähe von Pitcairn gekommen; es hatte ein Boot ausgesetzt, und die Bemannung desselben war an's Land gegangen; aber die Schuldbewußten hatten sich so gut verborgen, daß man sie nicht entdeckte.

Die zwanzig Kinder, welche die Gefährten Adams' hinterlassen hatten, betrachteten diesen als ihren gemeinschaftlichen Vater; er lebte wie ein Patriarch und führte die Regierung über die kleine Kolonie. Glücklicherweise hatte man von der Bounty eine Bibel und ein Gebetbuch geborgen und in diesen las Adams täglich. Auch hatte er oftmals aufregende Träume und seine Stimmung wurde immer ernster. Er bereute seine Vergehen und wurde ein aufrichtig frommer Mann. Die ihm anheimgefallenen Kinder zu guten Menschen heranzubilden, darauf verwendete er einen beträchtlichen Theil seiner Zeit. So lebte er, beschäftigt mit den Tagesarbeiten und Unterrichtgeben, zuletzt ein zufriedenes Dasein. Die Tage auf Pitcairn verflossen in Gleich= förmigkeit und Ruhe. Alle Bewohner standen mit der Sonne auf; in jedem Hause wurden als Morgensegen zwei Kapitel aus der Bibel gelesen. Nach dem Frühmahl ging Jeder an seine Arbeit. Die Kinder eilten zur Schule, wo ihnen Adams das A=B=C beibrachte und sie in der englischen Sprache unterrichtete. Die Erwachsenen bestellten Garten und Feld, flochten Hüte aus Palmblättern, oder angelten nach Fischen. Das Mittagsessen bestand aus Ignamen und Kartoffeln; aber nur zweimal in der Woche kam Fleisch

oder Geflügel auf den Tisch. Die Frauen besorgten das Hauswesen und
flochten oder webten aus den Fasern des Papiermaulbeerbaumes eine Art
Zeug. Die Küche lag außerhalb der Hütten und bestand eigentlich nur aus
einem großen Backofen, in dem jedoch ein ganzes Schwein Platz fand.
Lampen oder Kerzen hatte man nicht; das Oel und die zu Fackeln gedrehten
Zweige des harzreichen Dudo-Baumes lieferten ihnen Licht; die Fenster waren
ohne Glasscheiben und wurden bei schlechtem Wetter mit Matten verhängt.
Thee, der noch von der „Bounty" stammte, wurde nur für Kranke gekocht,
an Festtagen wurde Kokosmilch getrunken; auch bereitete man aus Zuckerrohr=
saft für die Kinder ein süßes Getränk. Alle Insulaner gingen früh zu Bett;
Schloß und Riegel gab es auf ganz Pitcairn nicht. Bei Tische und vor dem
Schlafengehen wurde niemals das Gebet vergessen.

So vergingen achtzehn lange Jahre; in Europa hatte man die Meuterer
gänzlich vergessen, und der einzig überlebende Adams glaubte, daß er nie
wieder Etwas von seiner Heimat hören würde. Wer beschreibt daher seine
Angst, als plötzlich im Jahre 1808 der amerikanische Walfischfahrer „Topas"
unter Kapitän Folger auf Pitcairn landete und einen Kompaß nebst Chro=
nometer, die noch von der „Bounty" herrührten, mit sich nahm. Diese über=
sandte Folger nebst einem ausführlichen Berichte der englischen Admiralität,
die aber sechs Jahre verstreichen ließ, bevor sie eine Expedition nach der
Südsee abschickte. Adams glaubte, der Besuch des Walfischfahrers würde
ohne Folgen bleiben. Da plötzlich, als er wieder, wie so oft auf seiner
„Sternwarte" saß, sah er eine Fregatte sich der Insel nähern. Es war der
„Briton", kommandirt von Kapitän Staines, der gekommen war, um sich
nach der „Bounty" zu erkundigen. Doch Adams geschah nicht das Geringste,
denn seit jener verhängnißvollen Nacht im April 1789 war gerade ein Viertel=
jahrhundert verflossen und das Verbrechen nach englischen Gesetzen verjährt.
Adams war damals fünfzig Jahr alt; aber Kummer und Schrecken hatten
sein Haar vor der Zeit gebleicht und er erschien als Greis. Kapitän Staines
erzählt von ihm: „Wir konnten uns der Bewunderung nicht erwehren, als
wir sahen, wie musterhaft er sich benahm und mit welch' väterlicher Obhut
er für die ganze kleine Kolonie sorgte. Er hat Alle in Tugend und Frömmig=
keit erzogen und dadurch ein hohes Ansehen erworben. Sie betrachten ihn
wie ihren Vater, und alle Bewohner der Insel bilden nur eine einzige große
Familie." Die Offiziere waren überrascht, als sie das Feld so sorgfältig
bebaut fanden; die hübsch gebauten Hütten hielt man sehr reinlich. Die
jungen Männer waren äußerst gewandte Schwimmer und verstanden das
Ruder kräftig zu handhaben. Sie fuhren dem fremden Schiffe durch die
Brandung entgegen, und man kann sich das Erstaunen der Seeleute denken,
als ein brauner Insulaner ihnen in ihrer Muttersprache zurief: „Wollt Ihr
uns nicht ein Seil zuwerfen?" Sie trugen einen Strohhut mit schwarzen
Federn und um die Lenden ein Stück selbstgewebtes Zeug; sonst waren sie

unbekleidet. Staines ließ sie in die Kajüte kommen, reichte ihnen Speise und Trank und freute sich, als sie, ehe sie zu essen begannen, die Hände falteten und ein Gebet sprachen.

Adams ertheilt Unterricht.

Der Kapitän überzeugte sich nun am Lande von dem Stande der Dinge. Die Kolonie bestand aus 46 Erwachsenen und vielen Kindern. Adams hielt ein Register, in welchem er die Arbeit eines Jeden und den Lohn dafür ver= zeichnete; auch hatte er ein Tauschsystem eingeführt; man erhielt Obst und Gemüse für Fisch oder Fleisch, und nur Derjenige durfte mit Bewilligung des

Patriarchen sich eine Frau nehmen, der ein Stück Land urbar gemacht und mit Erfolg bebaut hatte.

Neun Jahre später besuchte denn Kapitän Beechey mit dem Schiffe „Blossom" die Pitcairn=Insel, und auch er stimmte in das Lob über Adams und aller Bewohner ein. „Diese braven Menschen sehen so glücklich aus und leben höchst einträchtig mit einander! Sie sind äußerst gastfrei, vielleicht mehr als ihre kleinen Mittel es erlauben; sie sind heiter, tugendhaft, fromm, sind Vorbilder ehelicher und kindlicher Liebe und scheinen kaum Fehler zu haben. Wir waren lange genug bei ihnen, um das beurtheilen zu können; Sonntags hielt der alte Adams Gottesdienst. Die jungen Männer fand ich schlank und kräftig; die Mädchen frisch und blühend, dabei lieblich und bescheiden." Nur eine Sorge drückte Adams. Die Insel wurde ihnen zu eng, je größer die Bewohnerzahl wurde. Kapitän Beechey trug dies der englischen Regierung vor, und diese beschloß, einen Theil der Insulaner nach Otaheiti zu versetzen. Vierundsechzig von ihnen wurden nach jenem schönen Eilande hinübergeführt; aber die Sittenlosigkeit, welche dort herrschte, verwundete ihre reinen Ge= müther tief; es überkam sie ein unendliches Heimweh nach ihrer friedlichen Insel, Viele starben daran und auf ihr Flehen und Bitten wurde der Rest zurückgeführt. Aber in der Abwesenheit waren die Schweine verwildert und in die Plantagen eingefallen, die von Neuem angelegt werden mußten.

Der alte Adams stand nun am Ende seiner Tage. Die Frevel, welche er in früherer Zeit begangen hatte, waren gesühnt, und wenn er im Kreise seiner Familie saß, dem frohen Spiele der zahlreichen Kinder zusah, dann konnte er mit Befriedigung auf die zweite Hälfte seines Lebens zurückschauen und sich dessen freuen, was er auf Pitcairn geschaffen. Als er das fünfund= sechzigste Jahr erreicht hatte, starb er am 5. März 1729, tief betrauert von allen Insulanern. Als Haupt der Kolonie galt nun ein Sohn Young's; der eigentliche Leiter des Ganzen, der zweite Wohlthäter Pitcairn's wurde aber ein anderer merkwürdiger Mann, der bereits seit einem Jahre dort weilte.

Georg Nobbs, im Jahre 1797 in Irland geboren, war in die eng= lische Marine als Schiffskadett eingetreten. Er hatte ein außerordentlich abenteuerliches Leben geführt, viele Kriege mitgemacht und zuletzt auf der Flotte Chile's gedient, das gegen Spanien um seine Unabhängigkeit kämpfte. Neben großer Tapferkeit zeichnete ihn eine ungemeine Milde des Charakters und außerordentliche Menschenliebe aus. Das blutige Kriegerhandwerk wurde ihm verhaßt, und er sehnte sich fort aus der Gesellschaft rauher Soldaten. Auf einer seiner vielen Fahrten hatte er Pitcairn kennen gelernt und das stille Glück der dortigen Einwohner hatte einen tiefen Eindruck bei ihm hinter= lassen. Alle Versuche dorthin zu gelangen, schlugen jedoch fehl, denn nur höchst selten wagte sich ein Schiff nach der einsamen kleinen Insel. Doch sein Entschluß stand fest; er wollte lieber das Leben wagen, als auf die Aus= führung seines Planes verzichten. In dem peruanischen Hafenorte Callao rüstete er zusammen mit einem Seemann eine Schaluppe aus und legte die lange Strecke von mehr als 3000 Seemeilen bis Pitcairn glücklich in 42 Tagen zurück. Am 15. November 1828 landete er auf der Insel und baute sich dort aus dem Holze der Schaluppe eine Hütte. Adams nahm den Fremden freundlich auf, und als er fühlte, daß seine Stunde geschlagen habe, übergab er diesem das Amt als Prediger und Schulmeister.

Segensreich, ganz im Sinne seines Vorgängers, wirkte auch Nobbs weiter. Da ereignete es sich eines Tages, daß mit einem Schiff ein Abenteurer nach Pitcairn kam, der sich Hill nannte und vorgab, ein naher Verwandter des Herzogs von Bedford zu sein. Auch behauptete er, die Königin Victoria habe ihn abgesandt, um die Insel für sie zu verwalten und dort Hoheitsrechte auszuüben. Nobbs sah nun wohl, daß er es mit einem Betrüger zu thun habe; aber die leichtgläubigen Insulaner, welche das Lügen nicht kannten, glaubten Hill Alles und, von Adams unterrichtet, daß sie der Obrigkeit Gehorsam schuldig seien, unterwarfen sie sich Hill in allen Dingen, der bald dergestalt herrschte, daß Nobbs es für gut hielt, die Insel zu verlassen, damit die Eintracht nicht gestört werde. Aber der Betrüger ward entlarvt. Ein englisches Kriegsschiff, auf dem sich zufällig ein wirklicher Sohn des Herzogs von Bedford befand, landete und nahm Hill mit fort. Nun kehrte Nobbs von den Gambier=Inseln zurück und nahm sein segensreiches Wirken wieder auf. Natürlich fehlte es den Insulanern, wenn lange Zeit kein europäisches Schiff landete, häufig an allerlei Dingen, welche unserer Kultur unentbehrlich erscheinen. Sie behalfen sich jedoch mit dem Wenigen, was ihr Pitcairn erzeugte. Ein schwarzer Tuchrock war ein seltenes Ding geworden und Nobbs bewahrte seinen einzigen, aber bereits sehr fadenscheinig gewordenen, treulich, damit er ihn bei feierlichen Gelegenheiten, wenn er als Geistlicher fungirte, anlegen konnte. Wenn ein Paar heirathen wollte, so kam es zu ihm und sagte: „Mister, Sie müssen am Sonntag Ihren schwarzen Rock anziehen" — und er wußte dann allemal, was das zu sagen hatte. Jedermann konnte lesen und schreiben und von England waren eine Menge guter Bücher gesandt worden, die man eifrig benutzte.

Doch auch an Mißgeschick fehlte es nicht. Am 16. April 1845 raste ein fürchterlicher Sturm über die kleine Insel hin. Das Meer wurde in seinen tiefsten Tiefen aufgewühlt und der Regen goß in Strömen hernieder; das fruchtbare Erdreich wurde weggewaschen, die sorgfältig bepflanzten Felder zerstört, dreihundert Kokospalmen und vierhundert Bananenbäume entwurzelt. Manche Hütte verschwand, umgestürzt von dem wüthenden Orkan, und die kleinen Schiffe im Hafen scheiterten. Nobbs und seinen treuen Pitcairnern gelang es allerdings, den Schaden theilweise zu repariren, aber ein großer Theil des Eilandes war für immer unfruchtbar geworden, und von dieser Zeit an konnte Pitcairn seine Bewohner nicht mehr gehörig ernähren.

Als besonders freudiges Ereigniß galt es dagegen von jeher, wenn ein Schiff landete und täglich befanden sich einige Insulaner auf der alten Sternwarte Adams', die von da auslugten, ob kein Segel am Horizont auftauche. Dann eilte Alles dem Strande zu und begrüßte jubelnd die Fremden, die gerührt von dem Glücke, das sie auf Pitcairn sahen, sich hier nie die Rohheiten zu Schulden kommen ließen, welche Seefahrer wol sonst auf den Südsee-Inseln an den Eingeborenen verüben.

Die Pitcairner hatten sich eine eigene Regierung gegeben, an deren Spitze ein erster Magistrat stand, den zwei Räthe in der Amtsführung unterstützten. Diese wünschten, daß ihr Prediger Nobbs die ordentlichen Priesterweihen erhalten möchte und sie sandten deshalb mit dem Schiffe „Thalia" eine Bittschrift nach England, in welcher es unter Anderem heißt: „Unser Prediger Nobbs ist nun 19 Jahre lang bei uns thätig und seine Wirksamkeit ist für uns unschätzbar. Doch hat er von den Vorstehern der Kirche, welcher wir angehören, nicht die Weihe und die Erlaubniß zum Predigen erhalten. Das beunruhigt ihn und uns im Gewissen. Unsere Gemeinde besteht nun aus 138 Seelen (71 Männern und 67 Frauen) und vermehrt sich schnell. Wir bitten deshalb ehrerbietig, dahin zu wirken, daß Nobbs als Priester bestätigt werde, nachdem er so lange Jahre in der uneigennützigsten Weise thätig war. Ganz Pitcairn schätzt sich glücklich, sagen zu dürfen, daß er diese Auszeichnung in aller Hinsicht wohl verdient hat."

Im Jahre 1852 landete, einer Einladung zu Folge, der englische Admiral Moresby auf Pitcairn, welcher uns eine ausführliche Beschreibung seines Aufenthaltes unter den Insulanern hinterließ. Auch er ist des Lobes voll und erzählt in seinem Bericht: „Während meiner laugjährigen seemännischen Laufbahn ist mir viel Merkwürdiges begegnet; bei Weitem das Interessanteste war aber mein Besuch auf Pitcairn. In Allem, was ich dort sah, scheint mir Gottes Hand zu walten. Ich kann kaum sagen, welch' anziehenden Reiz die Gesellschaft dieser Insulaner auf mich ausübte. Und ich kam so ganz zu rechter Zeit, da ich ihren Prediger mitnehmen soll, damit er in England die Weihe empfange. Die Bewohner von Pitcairn beziehen fast Alles, was sie von Außen her bedürfen, durch amerikanische Walfischfänger. Zu meinem großen Erstaunen vernahm ich, daß diese sich auf Pitcairn musterhaft betragen. Das sagte ich einem meiner Matrosen, der ein ehrlicher, aber roher Bursche ist, und dieser gab mir zur Antwort: „Wenn einer von uns sich hier schlecht aufführen wollte, dem würden wir es selber schon zeigen!" Die Unschuld und Natürlichkeit dieser Insulaner übersteigt allen Glauben und doch sind sie in der Bibel wohl bewandert. Ich verweilte vier Tage auf der Insel, die einen kleinen Punkt im großen Ozean bildet, aus dem sie sich heraushebt, wie ein irdisches Paradies. Kein Auge an Bord blieb thränenleer, als wir abfuhren."

Alles drängte sich um den fünfundsiebenzigjährigen Admiral, als dieser abfuhr und die Thränen flossen in Strömen; man bat ihn dringend, im nächsten Jahre wieder zu kommen. Donnernd grüßten 21 Kanonenschüsse beim Ab=schied das kleine Eiland, stolz am Maste wehte die Admiralitäts=Flagge, und dahin segelte das Schiff und mit ihm Nobbs. Statt dessen blieb der Schiffs=kaplan zurück, damit die guten Leute während der Abwesenheit ihres getreuen Lehrers nicht verwaist seien.

Ankunft des englischen Schiffes.

Nobbs sah im Oktober 1852 nach sechsundzwanzigjähriger Abwesenheit die Weltstadt London wieder; aber der Gegensatz des geräuschvollen Ortes mit seinen Millionen Einwohnern machte auf ihn keinen besonderen Eindruck. Ruhig und fest im Gemüthe, mild in seinem ganzen Wesen und bescheiden in seinen Ansprüchen, hatte sich sein Charakter auf Pitcairn so geläutert, daß alles äußere Getriebe an ihm spurlos vorüberzog. Er sehnte sich nach seinem Pitcairn zurück. Der Bischof von London hatte ihn freundlich aufgenommen und ordinirte ihn feierlich zum Kaplan der Insel. Auch die Königin Victoria unterhielt sich mit ihm, und ganz London bezeugte ihm und seinen liebens=würdigen Gefährten Aufmerksamkeiten aller Art, welche diese auch verdienten. Arzneikasten, Ackergeräthe, Möbel, Küchengeschirr, Singvögel, eine Glocke für die Kirche und eine Orgel wurden eingepackt und gelangten mit Nobbs

11*

glücklich nach anderthalb Jahren nach Pitcairn, wo diese Geschenke große
Freude erregten. Da außerdem die Admiralität der Gemeinde ihren Schutz
versprach und ein frommer Verein für Nobbs ein Jahrgeld von 350 Thalern
aussetzte, so schien man in Pitcairn für alle Zeiten geborgen zu sein.

Aber nur noch wenige Jahre sollte das liebliche Stillleben fortdauern.
Im Jahre 1856 bestand die ganze Volksmenge aus 170 Seelen, wovon 88
männlichen Geschlechts waren. Unter Allen herrschte die vollkommenste Eintracht. An der Spitze der Kolonie stand der erste Magistrat, welcher mit den
beiden Räthen jede Irrung sogleich schlichtete. War Jemand mit deren
Entscheidung nicht einverstanden, so konnte er an ein Geschworenengericht,
bestehend aus sieben Insulanern, appelliren, und genügte ihm auch deren
Entscheidung nicht, so war der Kapitän des zunächst anlangenden englischen
Schiffes die letzte Instanz. Geistige Getränke wurden auf Pitcairn nicht
geduldet. Der Gemeinde-Ambos mit dem großen Schmiedehammer ging nach
Bedürfniß von Haus zu Haus reihum. Weil die Ratten sehr überhand
genommen hatten und viel Schaden thaten, so wurde ein Gesetz zum Schutze
der Katzen erlassen, nach dem Jeder, welcher eine Katze tödtete, zur Strafe
300 Rattenschwänze einzuliefern hatte. Das Geflügel jeder Familie mußte
an den Füßen besondere Zeichen haben, damit kein Streit über das Eigen-
thumsrecht entstehen könne. Baar Geld gab es wenig auf Pitcairn; man
machte deshalb meistens Tauschgeschäfte und nahm den Werth eines Fasses
Kartoffeln zu acht, eines Fasses Ignamen zu vier Schillingen an und setzte
den Arbeitstag gleich zwei Schillingen.

Pitcairn, die winzige Insel im Großen Ozean, konnte schließlich die
große Bevölkerung nicht mehr ernähren; seit der Sturm vom Jahre 1845
gehaust hatte, ging es bei den Insulanern recht knapp, immer knapper zu.
Schon Admiral Moresby hatte 1852 darauf hingewiesen, daß die ange-
pflanzten Früchte sich verschlechterten, die Ernten ausarteten, daß sogar das
frische Wasser zu fehlen beginne. Die englische Regierung sah nun ein, daß
die Auswanderung zur Nothwendigkeit wurde, wenn anders die guten Insulaner nicht verhungern sollten. Sie wählte die trefflich bewaldete, mit einem
gesunden und milden Klima ausgestattete, höchst fruchtbare Norfolk-Insel,
welche weit westlich von Pitcairn zwischen Neu-Seeland und Australien sich
aus dem Ozean erhebt und groß genug ist, um Tausende von Menschen zu
ernähren. Norfolk war eine Strafkolonie, eine Wohnung des Lasters, nach
der man die unverbesserlichen Verbrecher aus England deportirte. Diese
wurden entfernt und die Pitcairn-Insulaner im Oktober 1856 dorthin übergeführt. Ob ihnen der neue Aufenthaltsort zusagte und ob sich jene guten
Menschen, in denen sich europäische Civilisation und die Natur der Südsee-
Insulaner so glücklich mischen, dort wohl fühlen, darüber ist noch nichts verlautet. Nach allem Vorhergehenden läßt sich jedoch schließen, daß sie auch
dort in Frieden und Eintracht weiter leben.

Auch in der äußeren Erscheinung der Pitcairn-Insulaner zeigte sich die Mischung von englischem und otaheitischem Wesen. Die Hautfarbe ist hell-braun, die Gesichtszüge sind mehr europäisch. Die Meisten sind sehr hübsch, Alle aber schlank gewachsen. Ihre Tracht ist einfach und dem Klima ange-messen. Die Männer tragen ein Hemd und Hosen, welche bis zum Knie reichen, dazu einen Hut und Sonntags Schuhe und Strümpfe. Die Weiber bekleiden sich mit einem eng anliegenden Rocke und darüber mit einem faltigen Gewand. Das Haar wird in einen Knoten zusammengebunden und mit Blumen geschmückt.

Um das einsame und verlassene Pitcairn, welches während 66 Jahre zuerst der Schauplatz eines blutigen Dramas, dann der Sitz eines glückseligen Stilllebens wurde, flutet und brandet der weite Ozean fort und fort, aber von der Sternwarte des alten Adams schaut kein freundlicher Insulaner mehr nach den vorübersegelnden Schiffen aus. Der Schauplatz einer emsig geförderten Kultur ist verödet; der Seefahrer landet hier nicht mehr, er will vorbei und denkt wol kaum daran, daß auf dieser fernen Oase im Südmeer eine der lieblichsten Idyllen spielte.

Frucht des Brotbaumes.

Schiffbruch des „St. Paul."

Der Chinesenmord auf Rossell-Eiland.

Am östlichen Ende der großen Insel Neu-Guinea zieht ein aus vielen Eilanden zusammengesetzter Archipelagus hin, der unter dem Namen der Louisiaden auf unseren Karten verzeichnet erscheint, über den wir jedoch trotz der Reisen eines d'Entrecasteaur, Dumont d'Urville und Owen Stanley dorthin nur erst dürftig unterrichtet sind. Das Meer ist wegen der vielen Korallenriffe, welche alle jene Inseln umgeben, für die Schifffahrt sehr gefahrvoll, und namentlich wird die südlich gelegene Torres-Straße von den Seeleuten ungemein gefürchtet.

Die östlichste Insel dieses Archipels, welche der Schauplatz der schauder-erregenden Begebenheit bildet, die wir hier erzählen wollen, ist das vulkanische Eiland Rossell, dessen Centralberg sich bis zu etwa 3000 Fuß erhebt.

Der Durchmesser der Insel beträgt gegen zwölf Meilen; das Gebirge fällt
steil nach dem Meere zu ab und läßt zwischen seiner Basis und dem Ufer
nur einen schmalen Raum frei, der mit Sümpfen und Mangrove-Gebüsch
bedeckt ist. Zahlreiche Gewässer und Flüßchen rauschen in schlangenförmigen
Windungen durch die tief in den Felsen eingerissenen Thäler zum Meere
hinab. Prächtige Wälder riesenhafter Bäume mit echt tropischer Vegetation
bedecken das ganze Land bis zum Kamme des Gebirges hinauf, an dessen
Abhängen, wie am Strande, unter Brotfruchtbäumen, Bananen und Zucker=
rohr die kleinen Dörfer der Eingeborenen stehen.

Die Hütten derselben sind in höchst eigenthümlicher und dem heißen
Klima angepaßter Weise gebaut. Sie gleichen großen Käfigen aus Binsen=
flechtwerk, haben eine Thür, ein Klappfenster und stehen etwa drei Fuß hoch
auf Pfählen über der Erde. Das mit Zuckerrohr oder Palmblättern bedeckte
Dach ragt über die Mauern vor und überschattet eine rings um das Haus
herumlaufende Galerie. Die Länge dieser Hütten beträgt gegen dreißig,
ihre Breite und Höhe gegen zehn Fuß. Da sie über dem Boden stehen, so
vermag man nur mittels einer Treppe hineinzugelangen, welche aus einem
mit Kerben versehenen Stamme roh gearbeitet ist. Inmitten des Gemaches
befindet sich eine Herdstelle aus Kieseln, auf welcher man die ganze Nacht
hindurch wegen der zahlreichen Stechmücken ein stark rauchendes Feuer unter=
hält. Das Ganze gewährt den Einwohnern wegen der luftigen Bauart so=
wol Schutz gegen die brennenden Sonnenstrahlen, als auch gegen die feuchten
Ausdünstungen des sumpfigen Bodens.

Die Wilden benutzen bei der Herstellung ihrer Wohnungen ein kleines
Beil aus Basalt; als Waffen Speere und Steine; ihr Musikinstrument ist
eine durchbohrte Schnecke; Messer stellen sie aus geschärften Muschelschalen
her. Außerdem verfertigen sie Matten und Körbe. Von Ackerbau finden wir
keine Spur, sie leben von Jagd und Fischfang.

Was endlich ihr Aeußeres anbelangt, so sind diese Insulaner überaus häß=
lich. Rußfarbige Haut, gequetschte Nase, großer Mund wird nirgends als
Merkmal der Schönheit aufgeführt werden. Dazu krauses Haar, geringer Bart,
dagegen kräftiger Muskelbau. Männer und Frauen kauen Betel (die Nuß der
Arekapalme vermischt mit dem Laube der Betelrebe); jene färben den Backen=
bart mit Kalk und stecken einen Knochen durch den durchbohrten Nasenknorpel.
Aber das Schrecklichste, was wir über diese häßliche Menschenrasse wissen, ist,
daß sie aus Kannibalen besteht, welche den Genuß des Menschenfleisches über
Alles stellen. Davon liefert folgende Begebenheit den sprechendsten Beweis.

Im Juli des Jahres 1858 ging das Schiff St. Paul von Hongkong in
China mit einer Bemannung von zwanzig Köpfen und einer Reisegesellschaft
von 317 Chinesen nach Sydney unter Segel, wo Letztere als Arbeiter für die
Goldminen sich verdingen wollten. Windstillen hielten das Schiff lange Zeit auf,
die Nahrungsmittel fingen an knapp zu werden. Damit keine Hungersnoth

entstünde, beschloß der Kapitän, die Fahrt abzukürzen, derart, daß er statt um die Salomons=Inseln, zwischen diesen und dem Louisiaden=Archipel durchzufahren beschloß. Er ließ sich dadurch in ein bedenkliches Wagniß ein, denn das Meer bietet dort Gefahren und Zufälligkeiten der schlimmsten Art, dazu Korallenriffe, die schon manches Schiff zum Scheitern brachten. Unglück= licherweise erhoben sich noch Stürme, dicker Nebel bedeckte die Wasserwüste, und am dritten Tage saß der St. Paul auf einer Klippe in der Nähe einer Insel fest, die man nicht einmal dem Namen nach kannte.

Der Schiffbruch hatte während der Nacht stattgefunden. Als die Sonne aufging, sah man sich rings von der schäumenden Brandung eines Korallen= riffes umgeben, aus welchem sich eine gebirgige, mit schönen Blumen bedeckte Insel emporhob. Wahrscheinlich war das Land bewohnt. Aber was für Einwohner wohnten dort? Konnte man freundliche Hülfe von ihnen er= warten oder mußte man sie als gefährliche Feinde ansehen? Das Wenige, was von jener Inselwelt, die man wegen ihrer dunkelfarbigen Bewohner als Melanesien, die schwarze Inselwelt, bezeichnet, bekannt geworden war, vermochte keine tröstliche Aussicht zu gewähren, denn der Kannibalismus gehört dort unter den Eingeborenen zu den gewöhnlichen Erscheinungen.

Während man dergleichen Betrachtungen anstellte, begannen die Wogen ihr zerstörendes Werk an dem St. Paul auszuüben. Man sah voraus, daß das Schiff bald werde in Trümmer gehen müssen, und machte sich bereit, es zu ver= lassen. Die Boote jedoch, welche dieses Handelsfahrzeug bei sich führte, waren ungenügend, um 337 Menschen in der kurzen Spanne Zeit, die bis zur gänz= lichen Zerstörung des Schiffes übrig blieb, an das schützende Ufer überzuführen. Zum Glücke fand man eine seichte Stelle dicht beim Schiffe, durch welche man zu Fuß nach einem kleinen Eiland gelangen konnte, das nicht fern von der größeren Insel lag. Dieses bot wenigstens für den Augenblick Unterkunft und wurde deßhalb von den Schiffbrüchigen die Zuflucht=Insel getauft. Dort= hin begaben sich diese und retteten dahin Alles, was an Waffen und Lebens= mitteln noch in der Eile auf dem „St. Paul" zusammengerafft werden konnte.

Der Kapitän fuhr dann, begleitet von einigen Leuten seiner Mannschaft und ein Paar Chinesen nach der großen Insel hinüber, wo er am Ufer eines Baches, nicht ferne von der Küste einen Lagerplatz aussuchte, von dem aus man die kleine Zuflucht=Insel übersehen konnte. Kaum war dieses geschehen, so ließen sich auch schon die Eingeborenen blicken, schwarze, häßliche, nackte Wilde, die sich Anfangs sehr furchtsam benahmen, bald aber dreister wurden und einige Kokosnüsse anboten. Der Kapitän hielt sie für friedliche Leute und war bereits entschlossen, sämmtliche Schiffbrüchige nach dem neu gewählten Platze überführen zu lassen, als plötzlich die Eingeborenen, mit Keulen und Lanzen bewaffnet, über die kleine Schar herfielen. Sie sahen in den Schiffbrüchigen Menschen gleich ihnen selbst, nur durch hellere Hautfarbe unterschieden, welche aber jeden= falls leicht zu überwältigen waren und dann eine leckere Mahlzeit darboten.

Kampf mit den Eingeborenen.

Schlau hatten die Wilden ihren Plan verborgen, bis sie die Fremdlinge sicher sahen und nun um so leichter überwältigen konnten. Der Kampf dauerte nicht lange. Die meisten Weißen und Chinesen wurden erschlagen, während nur Wenige durch Schwimmen sich retten und nach der Zufluchts-Insel gelangen konnten, wo gerade der Kapitän Anstalten traf, auch die übrigen Leute einzuschiffen. Als man eine Zählung anstellte, fand man, daß acht Matrosen und eine viel größere Anzahl Chinesen fehlten.

Der Vorschlag, nach der Insel hinüberzufahren und den etwa noch am Leben Gebliebenen Rettung zu bringen, mußte bei reiflicher Erwägung verworfen werden. Denn erstens faßten die Boote nicht genug Menschen, außerdem bestand die gesammte Bewaffnung nur in einigen Beilen und fünf oder sechs Flinten. Auch zeigten sich die Chinesen feige und kleinmüthig.

Unterdessen umruderten die Wilden die Zufluchts-Insel, aber einige Flintenschüsse genügten, um sie zu vertreiben. Zum Unglücke zeigte sich, daß man vom Schiffe keine Zündhütchen mitgenommen hatte, so daß man, wollte man die Gewehre überhaupt abfeuern, zu einem mittelalterlichen Verfahren schreiten mußte. Man entfernte die Schlösser, setzte statt ihrer Zündlunten ein und ein Mann zielte mit der Flinte, während der andere sie abbrannte.

Am nächsten Morgen, noch ehe die ersten Sonnenstrahlen hervorbrachen und vorauszusehen war, daß die Wilden noch schliefen, fuhr der Kapitän mit der Schaluppe nach der Insel, um dort nach dem Schicksale seiner Gefährten zu forschen. Doch fand er weder eine Leiche noch die Spur von einem lebenden Wesen. Zurückgekehrt zu den Chinesen, setzte er diesen auseinander, wie ein Entschluß gefaßt werden müsse, daß er selbst mit den übriggebliebenen elf Matrosen in der Schaluppe nach der nächsten englischen Niederlassung in Australien fahren wolle; dort sollte ein Schiff gemiethet werden, das sie abholen und retten könne.

Der Vorschlag wurde angenommen, da man ihn durch einen besseren nicht zu ersetzen wußte. Die Chinesen blieben im Besitze der Waffen, sowie der meisten Lebensmittel, während der Kapitän, mit nur geringer Provision versehen, seine gefahrvolle Bootfahrt antrat, auf der wir ihn zunächst begleiten. Vor ihm lag eine Reise von 300 Meilen, ein tückisches Meer und ein ungewisses Ziel. Zwölf Tage lang durchfurchte man dasselbe unter Noth und Elend; man war gezwungen, den Mund mit Seewasser anzufeuchten und glaubte schon auf dem Meere verschmachten zu müssen, als zum Glück Kap Flattery an der australischen Küste in Sicht kam. Hier konnte man sich an wilden Früchten, Muscheln und frischem Wasser erquicken.

Um eine englische Ansiedlung zu erreichen, steuerte man nun nach Süden, jedoch so, daß man die Küsten nicht aus den Augen verlor. Jeden Abend legte man am Festlande an, aß und trank dort und begab sich daselbst zur Nachtruhe. So oft als möglich ankerte man auch bei kleinen Inseln, die in den australischen Gewässern sehr zahlreich, wenn auch zerstreut vorkommen;

doch wenn man auf diesen auch immer Nahrung fand, so fehlte doch häufig das Trinkwasser. Unter solcher Lebensweise litt die Disziplin. Die kleine Schar gehorchte nur noch widerwillig und schließlich gar nicht mehr der Stimme des Kapitäns und lief, sobald man landete, nach allen Seiten aus= einander, um nach Lebensmitteln und Trinkwasser zu forschen, ohne Furcht vor einem Ueberfalle durch die Eingeborenen. Bei solch' einer Gelegenheit kehrte des Abends der Schiffsjunge nicht zum Boot zurück, und am nächsten Tage erlag ein Matrose den Entbehrungen und starb aus Verzweiflung und Entkräftung.

Am 3. Oktober 1858, nachdem die Schiffbrüchigen längere Zeit ver= geblich gegen widrige Winde angekämpft hatten, verzichtete man darauf, weiter nach Süden vorzudringen und wandte sich nach Norden der Torres=Straße zu, welche Australien von Neu=Guinea scheidet und den Indischen Ozean mit der Südsee verbindet. Der nächste europäische Hafen, den man nach Passiren der Torres=Straße erreichen kann, liegt auf der Insel Timor im ostasiatischen Archipel, doch bevor die Schiffbrüchigen dorthin gelangten, erschloß sich ihnen in der Torres=Straße eine unerwartete Hülfsquelle.

Dort stießen sie nämlich auf die Booby=Insel, jenem von der briti= schen Admiralität zur Herberge und Zufluchtsstation für Schiffbrüchige aller Nationen eingerichteten Eilande. Ein Mast, an dessen Spitze die eng= lische Flagge weht, zieht die Aufmerksamkeit der Seefahrer, welche diese Gewässer durchkreuzen, oder die ein finsteres Verhängniß hierher verschlägt, auf den unscheinbaren Fleck Erde. Am Fuße des Mastes ist eine getheerte Tonne angebracht, auf welcher mit großen Buchstaben „Post=Amt" an= geschrieben steht. Man findet darin außer dem Briefkasten Tinte, Federn, Papier und einige Bücher, während eine nahe gelegene Grotte kleine Fässer mit eingesalzenem Fleische, Zwieback, Rum, Trinkwasser, Thee, Kaffee, Zucker und Salz birgt. Ein Register, welches die Aufschrift: „Liste des Asyls der Schiffbrüchigen" führt, bittet die hier landenden Seeleute aller Nationen, ihre Bemerkungen über die Torres=Straße einzutragen und die vor= handenen Vorräthe zu ergänzen. Auch Kleider sind in der Höhle nieder= gelegt, während eine geschützte Stelle der Insel zum Anbau von Zwiebeln, Bataten und Kürbissen benutzt ist.

Dieses „Postamt" gewährte auch unseren Schiffbrüchigen die benöthigte Unterstützung. Nachdem sie sich erfrischt und mit frischen Vorräthen von Lebensmitteln versehen hatten, segelten sie am 5. Oktober weiter. Sie lande= ten abermals bei einer Insel, wo sie ihre Schaluppe an's Land zogen; als sie jedoch am frühen Morgen erwachten, sahen sie mit Schrecken, daß das Seil, womit sie die Schaluppe befestigt hatten, durchschnitten, und diese selbst verschwunden war. Die Urheber dieser That zeigten sich bald als australische Eingeborene, welche zum Fischfang auf die Insel gekommen waren und die ihr Werk dadurch vollendeten, daß sie die Schiffbrüchigen als Gefangene mit sich nach dem Festlande abführten. An diesem Tage starb wieder einer der Matrosen.

Aller ihrer Kleider beraubt, verbrachten die Unglücklichen bis zum 11. Oktober in der Gefangenschaft der Wilden, welche sie auf Schritt und Tritt beobachteten. Fiel die Jagd und der Fischfang ergiebig aus, so bekamen sie einige ungenügende Nahrung vorgeworfen, im Gegentheil mußten sie jedoch hungern. Diese Eingeborenen waren echte Australier mit großem flachem Kopfe, starkem Bauche und dünnen, langen Gliedern. Die ganze Horde zählte etwa achtzig Köpfe. Ihre Hütten aus Baumzweigen und Blättern standen nahe am Ufer, das mit seinen Muscheln, Fischen und Schildkröten ihnen Nahrung lieferte. Auch gruben sie Wurzeln und kauten die Stengel des wilden Zuckerrohrs. Merkwürdigerweise zeigte es sich, daß die Frauen großen Einfluß unter ihnen ausübten. An jedem Morgen erschien ein altes Weib, um Befehle auszutheilen und jedem Einzelnen anzudeuten, woraus sein Tagewerk bestehe. Im Allgemeinen wurden indessen die Gefangenen nicht grausam behandelt und nur einmal, als sie einen Fluchtversuch machten, schlug man auf sie los. Schließlich gereichte ihnen diese Gefangenschaft, welche ihnen jede Möglichkeit einer Rückkehr in's Vaterland abzuschneiden schien, noch zum Glück.

Am 11. Oktober zeigte sich am Gestade eine englische Goëlette. Die Gefangenen verfehlten nicht, durch Zeichen, welche bemerkt wurden, die Angekommenen auf sich aufmerksam zu machen. Bald erschien ein Boot, welches sie zum Kapitän Mac-Farlane an Bord brachte. Auch die gestohlene Schaluppe wurde den Eingeborenen wieder abgenommen. Nun erfuhren die Schiffbrüchigen, daß der Ort, an welchem sie sich befanden, Kap Grenville heiße.

Der „Prinz von Dänemark", so hieß das englische Schiff, brachte den Kapitän des „St. Paul" und seine Gefährten nach Port de France, dem Hafen der französischen Insel Neu-Caledonien, wo sie am 25. Dezember 1858 anlangten und dem Gouverneur die Geschichte ihrer Leiden vortrugen, zugleich mit der Bitte, ein Fahrzeug zur Rettung der Chinesen absenden zu wollen.

Dieses geschah sofort. Schon am 27. Dezember lief ein französisches Kriegsschiff nach dem Orte des Schiffbruchs aus, welcher nach den Mittheilungen des an Bord befindlichen Kapitäns des „St. Paul" auf der östlichsten Insel des Louisiaden-Archipels, dem kleinen Eilande Adele, stattgefunden haben mußte. Am 5. Januar 1859 langte man dort an, überzeugte sich jedoch bald, daß man sich getäuscht habe, und wandte sich nun weiter westlich nach der Insel Rossell, auf deren Korallenriff man in der That noch die Reste des „St. Paul" bemerken konnte. Nun erst erfuhr der Kapitän, wo er eigentlich Schiffbruch gelitten.

Auf der „Zufluchts-Insel" ließ sich kein lebendes Wesen erblicken; nur ein in Fetzen zerrissenes, an zwei Bäume befestigtes Zelt, zwei ausgehöhlte

Stämme, welche zur Aufnahme des Regenwassers dienten, zwei mit Kieseln zugedeckte Leichen und leere Muschelschalen, deren Inhalt den Chinesen als Nahrung gedient hatte, zeigten an, daß sich hier Menschen aufgehalten haben mußten.

Nun kam es für den Kommandanten des französischen Schiffes darauf an, einen guten Ankergrund bei der Insel Rossell zu entdecken. Die Annähe= rung an dieselbe war wegen der Korallenriffe keineswegs leicht und eine Ein= fahrt in dieselben unbekannt. Während seiner Fahrten im Stillen Ozean hatte der Kommandant jedoch die Beobachtung gemacht, daß überall da, wo ein Fluß mündet, eine Lücke im Riff sich befindet, weil, wie es scheint, die Vermischung des süßen und des salzigen Wassers den Korallenpolypen, welche die Riffe bauen, zuwider ist. Er ließ deshalb nach einem Flusse auf Rossell schauen und als dieser glücklich entdeckt war, zeigte sich ihm gegenüber auch wirklich die einzige Oeffnung in den Klippen, durch welche das Schiff un= gefährdet bis zur Insel vordringen und sicher vor Anker gehen konnte.

Piroque mit Ausliezer.

Nun wurden sogleich bewaffnete Boote ausgesetzt, um Nachforschungen nach den Schiffbrüchigen anzustellen, deren Schicksal man um jeden Preis aufklären wollte. Als man längs dem Ufer hinruderte, kamen zwei Piroguen mit sechs Eingeborenen zum Vorschein. Wiewol man nicht unterließ, ihnen Freundschaftszeichen zu machen, entfernten sie sich jedoch schleunigst beim An= blicke der Europäer und verschwanden unter Hinterlassung ihrer Piroguen im undurchdringlichen Mangrove=Gebüsch, welches die Ufer einsäumt.

Die Piroguen glichen genau jenen, welche die Eingeborenen im westlichen Theile des Stillen Ozeans benutzen. Sie bestehen aus einem hohlen Baum= stamme, haben einen Ausleger, welcher sie am Untersinken hindert, sind zehn bis dreizehn Fuß lang und werden, wenn die Wilden mit ihnen auf den Fischfang ausziehen, mittels Ruder und Mattensegel fortbewegt, welche

mit Tauwerk und Kokosnußfasern befestigt sind. Da es den Franzosen darauf ankam, mit den Eingeborenen freundschaftliche Beziehungen anzuknüpfen
und von ihnen Nachrichten über das Schicksal der Schiffbrüchigen einzusammeln, so nahmen sie die beiden Piroguen, welche in ihre Hände gefallen
waren, nicht weg, sondern setzten ihre Fahrt an der Küste fort, wo sie bald
einen nackten Menschen entdeckten, der bis an den Leib im Wasser stand und
ihnen, ohne einen Laut von sich zu geben, Zeichen machte, daß sie sich ihm
nähern und ihn in die Boote aufnehmen möchten. Dieses Benehmen führte
sie auf die Vermuthung, daß jener ein Flüchtling sei, der sich den Eingeborenen gegenüber nicht durch Geschrei verrathen wollte.

So verhielt es sich in der That. Es war ein Chinesenknabe, welcher,
sobald er sich im Boot befand, stürmisch dem anwesenden Kapitän des
„St. Paul" um den Hals fiel und schmerzergriffen in die englischen Worte:
„All dead! Alle todt!" ausbrach. Man denke sich das Erstaunen der
Schiffsmannschaft, welche nicht begreifen konnte, wie 317 Menschen die
Beute so elender und schlecht bewaffneter Wilden geworden sein konnten.
Doch die Versicherung des Chinesen, welcher sich durch Zeichen und einige
englische Brocken verständlich machte, ließen keinen Zweifel darüber aufkommen, daß seine Aussage in der That auf Wahrheit beruhe. Er gab zugleich an, daß nur vier von Allen am Leben erhalten worden seien, drei
Chinesen und der Schiffszimmermann, ein Deutscher, welcher in Hongkong
an Bord des „St. Paul" gegangen war. Man hatte ihn geknebelt und
ihm nach der Landessitte einen Knochen durch den Nasenknorpel gesteckt.
Sicher war der Zimmermann gleich dem kleinen Chinesen von einem Häuptling adoptirt und hierdurch am Leben erhalten worden. Dem Knaben hatte
man Arm- und Halsbänder angelegt, die er sofort mit Entrüstung abriß,
als er sich wieder unter civilisirten Menschen befand.

Unter Führung des Chinesen gelangte man zu einem Bache, an dem
sich ein Dorf ausbreitete. Hier kamen gegen dreißig Eingeborene zum Vorschein, die sich, trotzdem man die Waffen im Bauche des Bootes verborgen
hatte, in respektvoller Entfernung hielten. Die Kühnsten unter ihnen traten
endlich mit Lanzen bewaffnet näher und machten dem kleinen Chinesen ver-
lockende Versprechungen, wenn er zu ihnen zurückkehre. Vergebens zählten
sie ihm verschiedene leckere Gerichte auf, die sie ihm geben wollten; er blieb
jedoch standhaft. Nachdem solchergestalt die Unterredung mit dem Chinesen
zu keinem Zwecke geführt hatte, begannen die Wilden den Europäern einige
Aufmerksamkeit zuzuwenden. Diese warfen ihnen rothe Baumwollenstoffe,
Tabak, Pfeifen und dergleichen Dinge vor, doch bückten sie sich nicht einmal
danach, um sie aufzuheben, da ihnen der Gebrauch des Tabaks unbekannt
war. Sie versuchten dann die Franzosen zu umzingeln, ein Manöver, das
leicht vereitelt wurde. Da sie sich jeder näheren Berührung mit den Ankömmlingen abhold zeigten, ja diese durch verständliche Geberden aufforderten,

zurückzurudern und die Herausgabe der übrigen Gefangenen, welche man durch den Chinesen ihnen abverlangte, entschieden verweigerten, so mußte man vorerst weiter rudern und die Mündung des Baches aufsuchen, wo der Kapitän zuerst sein Lager aufgeschlagen hatte.

Hier bot sich nun ein schaudererregender Anblick dar! Zerrissene Kleider und ein paar Hundert chinesische Zöpfe bezeichneten den Ort, wo die Unglücklichen von den Kannibalen nach und nach abgeschlachtet worden waren. Ein umgestürzter Baumstamm hatte als Richtklotz gedient, auf welchem den Schlachtopfern mit einer Lanze der Hals durchstoßen worden war, nachdem man ihnen vorher den Zopf abgerissen. Die noch zuckenden Fleischstücke vertheilten dann die Kannibalen unter sich und erneuerten an dieser Stelle ihre grauenhaften Mahlzeiten.

Diese entsetzlichen Mittheilungen, welche der Chinese am Orte der Schlächterei den Europäern machte, wurden später von ihm vor einem chinesischen Dolmetscher in Sidney genau wiederholt und ausführlich entwickelt. Hiernach hatte sich die schaudererregende Begebenheit folgendermaßen zugetragen:

So lange die armen Schiffbrüchigen auf der Zuflucht-Insel Nahrung fanden, blieben sie den verlockenden Einladungen der Eingeborenen gegenüber taub, welche in ihren Piroguen um das Eiland umherruderten und auf das Wasser und die reichlichen Lebensmittel der Insel Rossell hindeuteten. Um sich Trinkwasser zu verschaffen, waren die Chinesen auf die sinnreiche Idee verfallen, aus großen Muscheln und Leder einen Destillir-Apparat zu konstruiren; außerdem hatten sie zwei Bäume umgehauen und in den ausgehöhlten Stumpfen derselben das Regenwasser aufgefangen, welches von ihrem Zeltdache niedersickerte. Als jedoch schließlich alle Lebensmittel, die man vom „St. Paul" gerettet, aufgezehrt, die Muschelbänke der Insel erschöpft und zwei vor Hunger gestorben waren, wagten es Einige in der Verzweiflung, den Verheißungen der Eingeborenen zu trauen und mit diesen nach Rossell hinüberzufahren. Zu Drei und Drei wurden sie nach dem alten Lagerplatze übergeführt und dort einzeln abgeschlachtet. Sobald neue Opfer gelandet waren, stürzte eine große Anzahl Wilder mit entsetzlicher Wuth über sie her, klopfte ihnen bei lebendigem Leibe das Fleisch mit Keulen weich, damit es desto saftiger schmecken möge, und mordete dann in der beschriebenen Weise weiter. Dann begann die Kannibalenmahlzeit. Das Geschrei der Unglücklichen konnte auf der Zuflucht-Insel nicht gehört werden, und außerdem verbargen große Bäume den schaudererregenden Anblick den Zurückgebliebenen, die nichts Böses ahnten. So kam es, daß nach und nach mehr als 300 Männer von wenigen Wilden bis auf jene vier geschlachtet wurden, welche einige Häuptlinge adoptirten.

Doch nun nahete die Rache. Die angekommenen Boote begaben sich von dem Orte des Grauens zurück nach dem Schiffe, welches gegenüber der Flußmündung vor Anker lag.

Angriff der französischen Boote auf die Eingeborenen.

Eine Rauchsäule, welche hinter den dichten Uferwäldern in großer Ent=
fernung aufstieg, zeigte die Stelle an, wo sich wahrscheinlich die Wohnungen
der Eingebornen befanden. Dorthin steuerten die Boote auf's Neue, indem
sie den Fluß aufwärts vordrangen. Die Vegetation, welche diesen umgab, zeigte
sich dermaßen üppig und dicht, daß kein Sonnenstrahl durch das Laubdach zu
dringen vermochte und die Fahrt im Halbdunkel fortgesetzt werden mußte. Unter=
dessen glaubte ein Matrose eine menschliche Gestalt in den Baumwipfeln erblickt
zu haben. Ein fürchterliches Geheul, dem ein starker Steinhagel auf dem Fuße
nachfolgte, bewies, daß man sich nicht getäuscht hatte. Schnell griff man
zu den Waffen. Die ersten Flintenschüsse brachten keinen großen Eindruck auf
die Wilden hervor, die in großer Menge in den Baumkronen sich verborgen
hielten; doch ergriffen sie bald darauf die Flucht, so daß man ihr Heulen nur
noch in der Ferne vernahm. Nur zwei oder drei Matrosen waren von den
Steinen leicht getroffen worden. Vorsichtig fuhr man den Fluß weiter hinauf,
der jedoch in der Gegend, wo das Dorf liegen mußte, aufhörte schiffbar zu
sein. Die Boote waren in Folge dessen gezwungen umzukehren.

In der ganzen folgenden Nacht hörte man vom Ufer her das Kriegsgeheul
und das Blasen der Muscheltrompeten nach dem Schiffe herüberschallen. Auch
brannten zahlreiche Feuer am Gestade, deren rother Schein weithin über die
Meeresfläche leuchtete. Am andern Morgen fuhren die Boote bis zu der Stelle,
wo man den kleinen Chinesen getroffen und die ersten Unterhandlungen mit
den Wilden erfolglos eröffnet hatte. Hier kam es zu einem Schärmützel, in
welchem einige Eingeborene auf dem Platze blieben. Dann fuhr man nach einem
andern, noch günstiger gelegenen Dorfe, das man zu zerstören beschloß.

Bei der Annäherung der Schaluppen nahmen die Wilden eine feindselige
und drohende Haltung an, ohne jedoch einen Angriff zu wagen. Noch weniger
zeigten sie Geneigtheit, sich auf irgend eine Art von Verkehr einzulassen. Als
sie die noch am Leben befindlichen Chinesen und den gefangenen Schiffszimmer=
mann trotz mehrfacher Aufforderung nicht herausgaben, schritten die Europäer
zum blutigen Rache=Akt vor. Die wohlbewaffneten Boote legten sich dicht vor das
Ufer, von dem aus sie mit zahlreichen Steinwürfen begrüßt wurden, ohne daß
hierdurch schwere Verletzungen hervorgebracht worden wären, da die Wilden die
Schleuder nicht kennen. Einer der französischen Matrosen, welcher den Basalt=
stein, mit dem er getroffen worden, auf den Angreifer zurückschleuderte, wurde
von diesem dafür mit unverkennbaren Zeichen der Werthschätzung beehrt,
gleichsam als wolle der Wilde sagen, daß er solch' einen Feind achte. Hinter
den Steinwerfern standen noch Lanzenträger, welche eine Art von gymnasti=
schen Spielen aufführten, während die Weiber, gleich Furien, die Krieger zum
Kampfe anstachelten, sich unter sie mischten und die Oberfläche des Wassers
mit langen Baumzweigen peitschten, wobei sie gleich Besessenen heulten.

Unterdessen hatten sich die französischen Boote so aufgestellt, daß sie
den ganzen Strand bestreichen konnten. Jeder Matrose nahm sein Gewehr

zur Hand, dann wurde eine blanke Kanone gerichtet, bei deren Anblick die
Wilden zurückwichen, wiewol sie den Gebrauch des Dinges nicht kannten.
Nachdem die Kanone losgebrannt war, erhoben die Eingeborenen ein un=
beschreibliches Angstgeschrei, obgleich der Schuß nicht seine volle Wirkung
that. Während etwa zwölf Matrosen zur Bewachung der Boote zurückblieben,
landeten einige zwanzig Bewaffnete, um das Dorf anzugreifen. Von Wider=
stand war keine Rede, und sämmtliche Hütten, die überdies von den Be=
wohnern verlassen waren, wurden in Asche gelegt. In der Nähe eines
Pfahles, der mit rothen und schwarzen Strichen in der Form eines christ=
lichen Kreuzes bedeckt war, hofften die Franzosen den Schiffszimmermann zu
finden; allein ihr Suchen war vergeblich. Weder ein Eingeborener, noch einer
der geraubten Chinesen ließ sich sehen, wohl aber fand man die Kleider der
Letzteren, welche die Wilden unberührt gelassen hatten. Den Eingeborenen
in das Innere der Insel zu folgen, erwies sich als unthunlich, und so beschränkte
sich das Ergebniß der Expedition auf das Mitgetheilte. Dies Resultat er=
scheint durchaus unbefriedigend, gegenüber den entsetzlichen Greueln, welche
die Franzosen nach dem Louisiade=Archipel geführt hatten.

     Denn nach Zerstörung des großen Dorfes lichtete das französische Schiff
die Anker und begab sich nach Sidney in Australien. Was aus unserm deutschen
Landsmann und seinen Schicksalsgefährten geworden ist, wissen wir nicht.
So viel nur ist gewiß, daß auf der mehrerwähnten, so selten von Europäern
besuchten Inselwelt sich bis zum heutigen Tage die Verhältnisse noch nicht
geändert haben und daß die Menschenfresserei dort so lange fortdauern wird,
bis eine europäische Macht jene noch unabhängigen Eilande in Besitz nimmt.

Postamt auf Booby=Eiland.

Guinnard von den Patagoniern entführt.

Ein weißer Sklave unter den Patagoniern.

1856—1859.

In der Zeit, als die Sonne im Reiche des Beherrschers von Spanien niemals unterging, wurden die weiten Ebenen, welche sich im Süden Amerika's von Buenos Ayres bis zur Magelhaens=Straße, vom Fuße der schneegekrönten Kordilleren bis an den Atlantischen Ozean erstrecken, dem Vize=Königreich des Plata=Stromes beigezählt, wiewol der größte Theil der dort hausenden wilden Nomaden damals wie heute keinerlei Unterthänig=keits=Verhältniß anerkannte.

Nichts kann trauriger sein, als der Anblick dieser unendlich scheinenden wüsten Ebenen, die nur durch einzelne Salzflächen unterbrochen werden. Langsam wälzen periodisch anschwellende Ströme, die stets in östlicher Richtung verlaufen, von den Kordilleren her ihre trüben Fluten dem Weltmeer zu; die Vegetation erscheint kümmerlich, und nicht viel reicher ist dort das Thier=leben entfaltet. Am Tage hört man das Schreien der Raubvögel, die sich um die Leichen eines Guanaco oder Gama=Rehes zanken, — am fernen Horizonte sieht man eilig den südamerikanischen Strauß hineilen, während in der Nacht, unterbrochen vom Heulen des Windes, das Brüllen des Puma und Jaguar die Musik der Pampas bilden.

Die Menschen, welche in diesem rauhen Gebiete umherschweifen, zer=fallen in drei verschiedene Gruppen, deren jede mit dem Boden, auf welchem sie ihr Wesen treibt, in inniger Beziehung steht. Im östlichen Theile, zwischen dem Rio Salado und dem Rio Negro hausen die eigentlichen Pampas=Indianer oder Pampero. In der bewaldeten Region weiter westlich, am Veredero=See

und dem Diamant-Flusse wohnen die Mamueltschen, endlich im Süden
des Rio Negro, eines tiefen Stromes, der den Rhein an Länge übertrifft,
treten die eigentlichen Patagonier auf, die in neun verschiedene Horden
zerfallen, von denen wir hier nur die Pojutschen erwähnen, deren Jagd=
gebiet sich am südlichen Ufer des Rio Negro bis zu den Kordilleren hin
erstreckt. Es ist unnöthig, hervorzuheben, wie die Lebensweise aller dieser
Nomaden je nach der Beschaffenheit des Bodens und Klimas eine verschiedene
ist. Die einen, welche in den gemäßigteren nördlichen Gegenden umher=
streifen, gehen halb bekleidet und haben Manches von den chilenischen oder
argentinischen Ansiedlern angenommen, mit denen sie bald in Frieden, bald
in heftiger Fehde leben. Die südlicher wohnenden, von allen civilisirten und
halbcivilisirten Menschen fernen Patagonier dagegen, vor deren Augen sich
nur das Bild der weiten wüsten Steppe oder des endlosen Ozeans aufrollt,
verharren bis zum heutigen Tage im ursprünglichsten Nomaden=Zustande.
Alle diese Stämme sprechen mit geringen Abweichungen die nämliche Sprache,
so daß es ihnen nicht schwer wird, sich unter einander zu verständigen.

Was ihre Lebensweise anbetrifft, so nähren sich die Pampero, Ma=
mueltschen und der patagonische Stamm der Pueltschen vom Raube; die
südlicheren dagegen sind auf die kärglichen Gaben der Natur angewiesen; wo
ihnen jedoch Gelegenheit gegeben ist, über den weißen Mann herzufallen, oder
dessen Vieh zu rauben, thun sie dieses so gut wie ihre nördlichen Stammes=
genossen. Sie hegen einen unbesiegbaren Haß gegen alle Europäer und
andere fremde Eindringlinge, tödten dieselben auf die grausamste Weise, ver=
schonen selbst die Kinder nicht und führen die Frauen in die Gefangenschaft.
Außer diesen Raubzügen verfließt ihr Dasein sehr einförmig; sie beschäftigen
sich mit der Jagd, der Viehzucht, sind vortreffliche Reiter und handhaben
Lanze, Wurfkugeln, sowie sonstige Waffen mit großer Geschicklichkeit. Was
die Menschenzahl aller hier erwähnten Stämme betrifft, so ist sie jedoch
äußerst gering; sie übersteigt nach glaubwürdigen Quellen 40,000 Seelen
nicht, und diese nehmen zudem von Jahr zu Jahr an Zahl bedeutend ab.

Ist das Leben dieses an sein rauhes Land gewöhnten Volkes schon an
und für sich ein armseliges und für dieses kaum zu ertragen, so wird es dem
weißen Mann, welchen Mißgeschick oder Zufall unter jene Menschen führt,
zur wahren Höllenqual, wie uns die Erlebnisse des Franzosen A. Guinnard
darthun, der durch eine Verkettung unglücklicher Zufälle gezwungen war,
drei lange, peinvolle Jahre unter ihnen zuzubringen.

Guinnard, ein junger Kaufmann, erscheint uns als ein echtes Pariser
Kind. Als es ihm daheim nicht mehr gefällt, sucht er sein Glück anderswo
und begibt sich in Folge dessen nach den reichgesegneten Ländern am La Plata.
Er reiste im Jahre 1855 nach Montevideo und Buenos Ayres, allein
weder an dem einen, noch an dem anderen Orte lächelte ihm die launige
Göttin. Er gerieth in mißliche Umstände, zog weiter nach Süden, in die

indianischen Grenzdistrikte, und endlich nach dem Orte Carmen an der Mündung des Rio Negro. Doch auch hier ging es ihm trotz aller Mühe und Anstrengung nicht besser, so daß er sich wieder nördlich, nach der Stadt Rosario wenden wollte, wo ihm bessere Aussichten winkten. In einem Italiener, Namens Pedrillo, fand er einen Reisegefährten, und Beide beschlossen, um ihren Weg abzukürzen, trotz aller Abmahnungen, mitten durch die Pampas zu wandern. Sie kauften sich eine Karte und einen Kompaß, versahen sich mit einigen Mundvorräthen, Gewehren, Pulver und Blei und brachen dann, im Vertrauen auf ihre Jugend und ihre Kräfte, wohlgemuth am 18. Mai 1858 nach Norden auf.

In dieser Zeit beginnt in jenen Gegenden der Winter mit außerordentlicher Kälte und heftigen Regengüssen sich einzustellen. Die Zeit der Abreise für die beiden Abenteurer war also sehr schlecht gewählt, da sie in den ersten vier Tagen weder Feuer machen, noch auf die Jagd gehen konnten. Endlich am vierten Tage brach die Sonne wieder durch die Wolken und erlaubte ihnen, sich ein wenig zu erholen. Sie aßen ihr vom Regen durchweichtes Brot und schossen einiges Wild. Unterdessen waren sie in eine Landschaft gelangt, deren Boden durch den Regen ganz schlammig geworden, in Folge dessen ihr Schuhwerk gänzlich verdarb und ihnen in Fetzen von den Füßen fiel. Sie waren nun genöthigt, mit nackten Füßen in der empfindlichen Kälte und auf dem rauhen Wege weiter zu wandern.

Am Morgen des fünften Tages gelangten sie an einen tiefen, zwischen steilen Schluchten eingeklemmten und stark angeschwollenen Fluß. Mit großer Mühe nur vermochten sie an den mit spitzen Steinen bedeckten Abhängen in das Thal hinabzusteigen, dessen hohe Wände ihnen wenigstens einigen Schutz gegen den wüthenden Sturm gewährten. Da die Nacht hereinbrach und sie vergeblich nach einer Furt gesucht hatten, beschlossen sie, in einer Höhle am Ufer zu schlafen. Kaum hatten sie jedoch die Augen geschlossen, als ihre Grotte, durch den reißenden Strom plötzlich mit Wasser überschwemmt, ihr Grab zu werden drohte. Schnell rafften sie sich in der Finsterniß, umgeben von rauschenden Gewässern, auf und gelangten unter Nöthen und Gefahren wieder auf den Gipfel des Abhanges. Allein ein großer Theil ihres Pulvers sowie der Rest ihrer Lebensmittel war bei diesem unglücklichen Ereigniß verloren gegangen. Die Anstrengung verursachte wenigstens, daß sie trotz des tobenden Sturmes auf dem durchnäßten Boden in tiefen Schlaf fielen, aus dem sie am nächsten Morgen einigermaßen erquickt erwachten. Nun folgten jedoch zwei Tage, in denen sie nicht einen Bissen zu essen fanden. Dieser Drangsal war nicht abzuhelfen, denn der Strom wuchs fortwährend und eine Furt fanden sie trotz aller Bemühungen nicht. Endlich am dritten Tage beschlossen sie Alles zu wagen, um diesem Zustande ein Ende zu machen. Sie banden ihre Habseligkeiten in Bündel zusammen, welche sie auf dem Kopfe befestigten, hielten ihre Flinten hoch und stürzten sich kühn in das

brausende Gewässer. Hart war der Kampf mit den aufgeregten Wogen,
allein dem Muthigen hilft das Glück, und wenn auch ein tosender Wirbel
sie niederzureißen drohte, sie erreichten dennoch glücklich, wiewol auf das
Aeußerste erschöpft, das jenseitige Ufer, wo sie ein Feuer anzündeten, an
dem sie die durch das eisige Wasser erstarrten Glieder erwärmen und ihre
Kleider trocknen konnten.

Hierauf setzten sie ihren Weg mit blutenden, von den scharfen Steinen
zerrissenen Füßen und hungrigem Magen weiter fort. Gegen Mittag waren
sie so glücklich, ein Gama=Reh zu schießen, das ihnen einen köstlichen Braten
lieferte und ihren Hunger stillte. Aus der Haut des Thieres versuchten sie
sich Sandalen zu machen, doch war das Fell zu zart und das Schuhwerk
zerriß bald wieder. Es blieb nichts übrig, als abermals barfüßig unter
großen Schmerzen weiter zu marschiren. ·

So gelangten sie in einen sogenannten Campo, in dem weder eine
Spur von Pflanzenwuchs, noch Thiere zu bemerken waren. Der Boden
zeigte, so weit das Auge reichte, nur eine einzige unfruchtbare Kalk= und
Salzfläche. Durst und Hunger machten sich den beiden Verlassenen nicht
minder fühlbar, als Kälte, schneidender Wind und Obdachlosigkeit. Ihre
erhitzten Lippen brannten, der Gaumen war ausgetrocknet, der Schlaf floh
ihre Augen, und auf dem nackten Boden liegend, glaubten sie schon hier
verschmachten zu müssen. Nirgends war ein lebendes Wesen zu erblicken —
Oede und Tod ringsum, kein Grashalm, kein Vogel in der Luft. Da ergriff
sie Verzweiflung und sie setzten bereits ihre Flinten an, um ihrem elenden
Dasein ein Ende zu machen. — —

Doch das Leben ist dem Menschen lieb, selbst wenn er sich in der schreck=
lichsten Lage befindet. Sie griffen nicht zum Aeußersten, und ein milder
Schlaf überkam sie, aus dem sie trotz Hunger, Durst und Kälte, neugekräftigt
erwachten. Langsam schritten sie weiter und bemerkten zu ihrer Freude, daß
der salpetrige und kalkige Boden allmälig einer Sandfläche Platz machte, in
der sich eine dürftige Grasvegetation ausbreitete. Weiter vordringend ent=
deckten sie einen von Rohr und Schilf umgebenen Sumpf, dessen trübes
Wasser ihren brennenden Durst löschte. Doch nun machte sich der Hunger
um so fühlbarer. Sie durchsuchten das Röhricht, aus dem ihnen, zu ihrer
großen Freude, ein kräftiges Gebrüll entgegenschallte. Dieses rührte von
einem Puma oder südamerikanischen Löwen her, welcher sich hier, nach Beute
spähend, verborgen hatte. Guinnard erlegte ihn glücklich, und das dürre,
lederartige Fleisch des Wüstenbewohners stillte ihren Hunger und gab ihnen
neue Kraft, ihre gefahrvolle Reise fortzusetzen.

So sahen sie sich wenigstens vor der Hand dem Hungertode entrissen;
doch bemerkten sie bald ein neues Unglück. Ihr Kompaß nämlich, der ihnen
bisher ein treuer Führer in der Wüste gewesen, zeigte sich unbrauchbar, da
er beim Durchschwimmen des Flusses naß geworden und verrostet war. Sie

hatten dieses zu spät bemerkt und waren dadurch unbemerkt vom richtigen Wege ab in das Gebiet der wilden Indianer gerathen.

Diese traurige Gewißheit wirkte ungemein niederschlagend auf sie. Nichtsdestoweniger suchten sie die rechte Straße wieder zu gewinnen und näherten sich einem Gebirgszuge, auf dem sie sich in Sicherheit wähnten. Diese Berge waren überall mit dicken Steinplatten bedeckt, die, übereinander gelegt, leicht zum Baue eines Häuschens benutzt werden konnten. Da der Sturm immer wüthender wurde und sie am Weitergehen hinderte, so beschlossen sie, zu diesem Mittel zu greifen und sich hier einige Tage verborgen zu halten. Da sie in der Jagd glücklich gewesen, besaßen sie noch Vorräthe für einige Tage. Als diese jedoch aufgezehrt waren, mußten sie wiederum auf die Jagd ausziehen, wenn ihnen auch verschiedene Merkmale und Spuren sagten, daß Indianer in der Nähe streiften und Vorsicht von Nöthen sei.

Die Gama-Rehe waren in der Umgebung ziemlich zahlreich, und diese niedlichen Thiere, welche sich von unserer europäischen Art durch eine weiße Kehle unterscheiden, sollten ihnen wieder einen Braten liefern. Schon hatten sie eins glücklich erlegt, und Guinnard war dabei, es nach der Hütte zu schleppen, als plötzlich, wie auf Zauberschlag aus dem Boden erwachsen, ein Trupp berittener Indianer sie umgab, die, mit wilden Geberden ihre Lanzen und Wurfkugeln schwingend, auf sie zugeritten kamen. Nichts kann fürchterlicher erscheinen als ein Trupp dieser laut brüllenden, halbnackten Wesen, mit ihren teuflischen, häßlich bemalten Gesichtern, ihren dunklen starken Körpern, auf die wild das lange, ungekämmte Haar herabwallt! Das Ergebniß eines Kampfes zwischen ihnen und den beiden Europäern war nicht zweifelhaft, ohne Hoffnung schauten diese dem Tode in's Auge, allein sie beschlossen, wenigstens ihr Leben theuer zu verkaufen und gaben auf die vordersten der Bande Feuer. Einer wurde verwundet, doch ohne daß dieses die Anderen aufgehalten hätte, stürmten sie auf die weißen Männer ein und durchbohrten sofort mit ihren Lanzen den Italiener Pedrillo, der auch sogleich seinen Geist aufgab. Guinnard empfing einen Stich in den Arm, wurde von einer Wurfkugel umschlungen und stürzte ohnmächtig zusammen. Von allen Seiten hieben und stachen jetzt die Wilden auf ihn ein, bis einer, der einen Sklaven brauchte, um Schonung für sein Leben bat und ihn noch lebend den Händen seiner Gefährten entriß. Nachdem man ihn vollständig ausgeraubt hatte, band man ihm die Hände auf den Rücken zusammen, legte ihn nackt auf den Rücken eines Pferdes und befestigte ihn auf diesem. Dann begann ein langer und entsetzlicher Ritt, jenem vergleichbar, welchen fast zwei Jahrhunderte früher Mazeppa in den südlichen Steppen Polens auszuhalten gezwungen war. (Siehe Abbildung S. 179.) Wie lange diese Pein dauerte, konnte späterhin Guinnard nicht angeben, da er in Folge des Blutverlustes aus einer Ohnmacht in die andere fiel. Wie einen Waarenballen warf man ihn schließlich vom Pferde herab und bewachte ihn trotz seiner Schwäche sehr vorsichtig, weil man fürchtete, er könne entfliehen oder sich selbst das Leben nehmen.

Während des ganzen langen Rittes mußte Guinnard die Pein des Hungers ertragen; außer einigen Wurzeln bekam er von den Patagoniern nichts zu essen. Endlich im Lager, dem Orte seiner Bestimmung, angelangt, löste man seine Bande an Händen und Füßen, da sie jetzt doch nutzlos geworden waren. Unfähig sich zu bewegen, blieb er am Boden liegen, wo ihn Männer, Weiber und Kinder mit neugierigen Blicken umstanden, ohne das Geringste zur Linderung seiner Leiden zu thun. Erst gegen Abend bot man ihm einige Nahrung, welche er jedoch nicht zu genießen vermochte, denn sie bestand aus ungewohntem, rohem Pferdefleisch. In der nun folgenden Nacht stürmte eine ganze Welt von Gedanken auf den verlassenen Gefangenen ein: der Tod seines Gefährten trat vor seine Seele, und er zerbrach sich den Kopf darüber, zu welchem Zwecke ihn die Indianer wol am Leben gelassen haben möchten; er peinigte sich mit dem Gedanken, daß man ihn bei irgend einer feierlichen Gelegenheit opfern werde. Unterdessen verlangte man zunächst keinerlei Leistungen von ihm und verstattete es seinem Körper, sich ein wenig zu erholen. Seine Wunden begannen zu heilen. Doch wurde ihm die vollständige Nacktheit, in welcher man ihn ließ, bald überaus empfindlich, da er ohne Obdach und Decke auf dem nackten Boden schlafen mußte. Bald stellten sich heftige Gliederschmerzen ein. Auch litt er Hunger, da die wenigen Wurzeln und Kräuter nicht zur Stillung desselben hinreichten und er das rohe, blutende Fleisch nicht gleich den Indianern verschlingen konnte. Endlich trieb ihn der Hunger dennoch dazu; aber um jeden Bissen dieses schrecklichen Mahles mußte er erst mit den halbwilden verhungerten Hunden der Patagonier streiten, die über den armen Verwundeten herfielen und sich anstrengten ihm die vergönnte Nahrung zu entreißen.

Die Patagonier, in deren Hände Guinnard gefallen war, gehörten zum Stamme der Pojutschen, welche längs der Südufer des Rio Negro von der Insel Pacheco bis zum Fuße der Kordilleren nomadisiren. Ihre Wohnungen bestanden aus Lederzelten, die sie auf ihren Wanderungen mit sich führten. Ihre Kleidung war sehr einfach; ein Stück Tuch, mit einem Loche in der Mitte, durch welches sie den Kopf hindurchsteckten, bildete den Mantel. Um den Leib trugen sie noch eine Binde, und die langen schwarzen, unordentlich herabfallenden Haare wurden durch einen Zeugstreifen zusammengehalten. Im Uebrigen gehen sie nackt und entfernen jede Spur von Haarwuchs an ihrem Körper, selbst die Augenwimpern. Auch bemalen sie sich mit blauen, rothen, schwarzen und weißen Erdfarben. Die Frauen tragen lange, aus Schafwolle selbst gefertigte Gewänder, schmücken sich mit Ringen und Zierrathen, gleichen jedoch in ihrer ganzen Erscheinung den Männern sehr und führen wie diese Lanze und Wurfkugeln; auch sitzen sie eben sowie die männlichen Krieger zu Pferde.

Bei diesen Menschen nun mußte sich Guinnard den niedrigsten Verrichtungen unterziehen. Er war ein Sklave geworden. Seine Lage wurde vornehmlich dadurch eine verzweiflungsvolle, daß er die Sprache der Wilden nicht verstand und daß diese ihn seine Unwissenheit durch schlechte Behandlung entgelten ließen.

Ohne Begleitung durfte er keinen Schritt thun; schien er trauriger als gewöhnlich, so bedrohten sie ihn mit Geberden, da sie glaubten, er sinne auf Flucht; selbst in der Nacht sahen sie nach, ob er noch da sei. Seine Beschäftigung am Tage bestand darin, das Vieh zu hüten und, wehe ihm! wenn ein Stück am Abend fehlte. Als Guinnard nach Art der Pojutschen reiten und ihre Waffen brauchen gelernt hatte, durfte er an der Jagd auf Nandu-Strauße und Guanacos theilnehmen, was ihm einige Zerstreuung verschaffte.

Die jedesmalige Rückkehr nach der Jagd gab den Patagoniern Gelegenheit, sich ihren zwei Lieblings-Vergnügungen, dem Spiel und dem Trunke zu ergeben, denn sie sind, abgesehen von ihrem ernsten Charakter, leidenschaftliche Spieler. Besonders die in der Nähe der spanischen Republiken Lebenden beschäftigen sich eifrig mit den Karten, und sie gelten dort für die abgefeimtesten Falsch-

Guinnard mit den Hunden um sein Fleisch streitend.

spieler. Sie verstehen es, an den Karten aller Orten schwer bemerkbare Zeichen anzubringen, die höchstens nur ihnen kenntlich sind. Einer sucht den Anderen zu übervortheilen, und wer es am besten versteht, den Andern zu betrügen, genießt Ehre und Gewinn. Auch knöcheln sie mit schwarzen und weißen Würfeln auf ausgespannten Häuten.

Sehr eigenthümlich ist das Tschoëlaspiel, bei dem jeder Mann einen am Ende gekrümmten Stock hat, sich den Leib stark bunt malt und das Haar mit einem Zeuglappen in die Höhe bindet. Man sucht sich dann einen Gegner, der eben so viel Einsatz zu bieten hat, und dieser letztere wird bei Seite gelegt. An diesem Spiel nehmen Mehrere Theil und stellen sich dabei paarweise einander gegenüber. Zwischen je zwei Spieler wird dann eine kleine Holzkugel gelegt. Nach dieser langen sie mit ihren Stäben, und zwar so, daß der gekrümmte Theil den Boden berührt. Jeder versucht die Kugel oder den Ball an sich heranzuziehen; sobald dieselbe einmal in Bewegung ist, kommt es darauf an, wer sie in der Luft treffen kann. Er giebt ihr entweder einen neuen Schwung mit dem Stocke, dessen sie sich ungefähr so bedienen, wie wir des Ballholzes, oder er wirft sie nach einer anderen Seite hin, damit der Gegner sie nicht erreichen kann. Bei diesem Spiele kommt es sehr häufig zu Schlägereien, und die Wilden raufen sich dann mit Seelenlust. Das kostet dann Haare, verursacht zerbrochene Arme und Beine. An Kopfbeulen fehlt es gleichfalls nicht, und die Richter, vor denen dergleichen Schauspiele vor sich gehen und denen die Aufsicht über das Spiel obliegt, peitschen nicht selten von ihren Pferden herab auf die Kämpfer los, aber nicht etwa, um diese auseinander zu bringen, sondern um sie dergestalt zu erneuten Anstrengungen aufzumuntern.

Die Patagonier sind ohne Ausnahme und Rücksicht auf Alter, Rang oder Geschlecht unverbesserliche Trunkenbolde. Die, welche sich geistige Getränke verschaffen können, trinken sie im Uebermaße, ohne daß ihre Gesundheit darunter litte. Ohne Murren legen sie eine Reise von zehn oder fünfzehn Tagen nach der nächsten argentinischen Niederlassung zurück, um dort Häute oder Straußfedern gegen Tabak (Pitrem) und Branntwein (Pulque) auszutauschen. Um letzteren fortzubringen, benutzen sie Schläuche aus Schaffell oder aus der Schenkelhaut des Straußes.

Kaum sind sie jedoch heimgekehrt und die Frauen haben die Pferde abgeladen, so wird der Tabak vertheilt und eine Rauchorgie beginnt. Der Raucher bereitet sich den Tabak mit Pferde- oder Kuhdünger, stopft denselben in einen steinernen Pfeifenkopf, den er selber ausgehöhlt hat, legt sich auf den Bauch und zieht den Qualm der Pfeife ein. Erst dann, wenn er ihn nicht mehr im Munde behalten kann, stößt er ihn durch die Nase wieder hervor. Der Patagonier bietet kurz darauf einen schrecklichen Anblick dar. Er verdreht die Augen, von denen man nur noch das Weiße sieht; sie treten hervor, als ob sie aus dem Kopfe heraus gedrängt würden, die Pfeife

entfällt seinen Lippen;
der Mann scheint alle
Kraft verloren zu ha-
ben, verfällt in einen
Rausch, wälzt sich in
zuckender Bewegung
auf dem Boden umher
und zappelt mit Hän-
den und Füßen wie ein
schwimmender Hund.
In diesem widerwär-
tigen Zustande voll-
ständiger Verthierung
findet der Raucher das
höchste Wohlbefinden.
Die Umstehenden las-
sen ihn gewähren,
bringen in Ochsen-
hörnern Wasser für
ihn herbei und stellen
dasselbe neben ihn hin.
Der Raucher trinkt
das Wasser und schläft
dann seinen Rausch
aus.

Nicht minder ab-
scheulich geht es bei
den Trinkgelagen her.
Selbst während der
starken Sommerhitze
trinken Männer und
Frauen Branntwein
in ungemessener Men-
ge, bis sie toll und
voll einander in die
Haare fahren, ohne
Unterschied des Ge-
schlechtes mit einander
raufen, sich schlagen,
die fürchterlichsten
Schimpfwörter über
ihre Lippen bringen

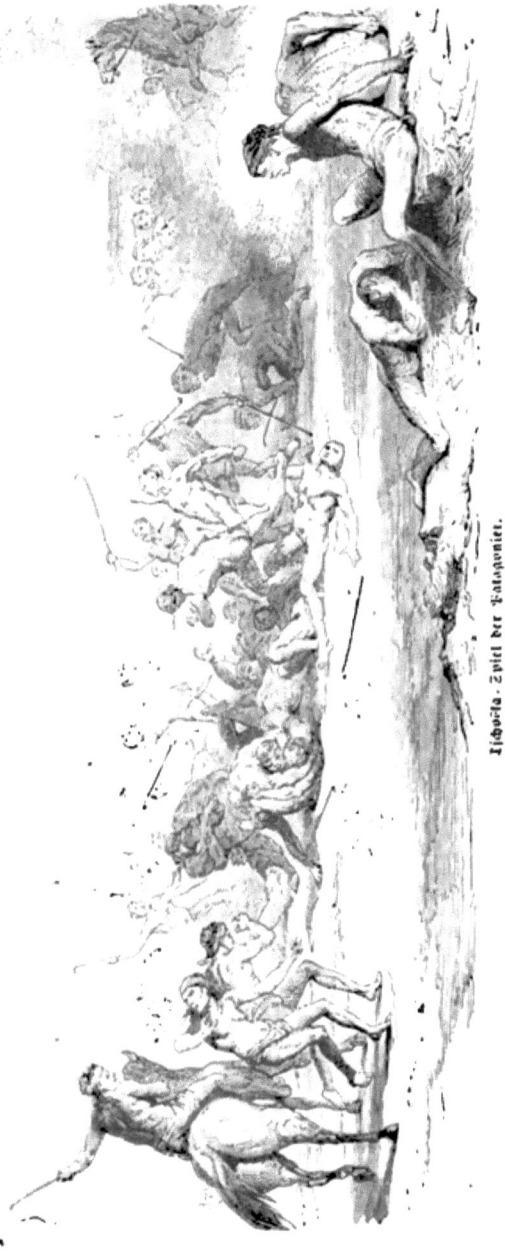

Lichtfest. Spiel der Patagonier.

und vornehmlich sich „Christ" (Vincaes) schelten. Diese Prügelei hört erst dann auf, wenn die Trunkenen matt und müde sind, und nachdem einige weniger stark berauschte Männer sich in's Mittel legten, um die Zänker aus= einander zu bringen. Häufig ereignen sich dabei arge Verletzungen, ja Tod= schlag. Das Wüthen dauert mehrere Tage hintereinander; man trinkt eben so lange, bis die Schläuche leer sind.

Unter den Patagoniern finden alljährlich zwei religiöse Festlichkeiten statt. Die eine, im Sommer, ist dem Witauenteu oder guten Gott ge= widmet, die zweite, welche im Herbste gefeiert wird, findet zu Ehren des Huakuwu, des Gottes der bösen Geister, statt.

Bei letzterem Feste erscheinen verschiedene Stämme mit ihren Häupt= lingen zu Pferde an der Spitze. Alles Vieh wird dann auf einer bestimmten Stelle zusammengetrieben; die Männer schließen einen doppelten Kreis um die Herden und reiten um dieselben derart herum, daß der eine Kreis nach rechts, der andere nach links sich bewegt. Dabei rufen sie den Huakuwu laut an, opfern tropfenweise gegohrene Milch, welche die Weiber ihnen dar= reichen, und schütten den Rest derselben, nachdem die Feierlichkeit drei oder vier Mal wiederholt worden ist, auf die Thiere, weil diese dadurch vor Seuchen bewahrt werden sollen. Dann werden die Herden wieder von ein= ander gesondert, jede einzeln wird auf einem eigenen Platze aufgestellt, der Häuptling hält eine lange Anrede an die Männer und ermahnt sie, sich auf einen Raubzug gegen die Christen wohl vorzubereiten. Jedermann sieht die Weisheit dieses Rathes ein und schüttelt seine Waffen, indem er Huakuwu dabei um Unterstützung gegen die Feinde anruft.

Guinnard, dem wir diese Nachrichten von den Patagoniern verdanken, lernte natürlich alle diese Sitten und Gebräuche erst allmälig kennen. Von den Pojutschen, in deren Gewalt er gefallen war, wurde er nach den kalten wilden und unfruchtbaren Einöden im Süden gebracht, wo den größten Theil des Jahres über die schrecklichsten Stürme hausen. Nach mehreren Monaten wurde er von seinem ersten Herrn an einen zweiten verkauft und von diesem wieder einem dritten abgetreten. Doch trat hiermit keinerlei Aenderung in seiner Lage ein; seine Tage vergingen gleich langsam und traurig. Er brauchte längere Zeit, um nur unvollkommen die Sprache seiner Herren kennen zu lernen. Als er dieser jedoch einigermaßen mächtig war, hegte er nur einen einzigen Gedanken, nämlich den, sich zu befreien und zu ent= fliehen; allein ehe er mit den Verhältnissen des Landes und der Sprache der Patagonier nicht vollkommen vertraut war, konnte er an eine Flucht gar nicht denken.

Mehr als ein Jahr voller Trübsal war verflossen, als ein tragisches Ereigniß dem Gefangenen die größte Vorsicht bei Ausführung seiner Pläne auferlegte und ihn zwang, eine gewisse Zufriedenheit mit seiner Lage zu heucheln. Einige junge Argentiner waren gleich ihm gefangen worden und

theilten mit
ihm daffelbe
Schickfal; ver=
trauend auf
ihre Kenntniß
des Landes und
ihre Reiter=
Geschicklichkeit,
machten sie
einen Flucht=
versuch; allein
nach einer lan=
gen Verfol=
gung wurden
sie von den
Patagoniern
eingeholt und
in das Lager
zurückgebracht.
Hier wartete
ihrer der Tod.
Sie wurden
zusammenge=
stellt, die Po=
jutschen ritten
mit wüthen=
dem Geschrei
in einem Kreise
um sie herum
und stießen sie
mit ihren Lan=
zen nieder.

Guinnard
sah die Un=
glücklichen mit
ihren Verfol=
gern zurück=
kehren, welche
letztere ihn mit
demselben
Schicksale be=
drohten, wenn

Reiterfest zu Ehren des Huatuwu.

er an das Entweichen denken würde. — Statt aber durch diese blutige
Scene von seinem Lieblingsgedanken abgebracht zu werden, verfolgte Guinnard denselben nur um so eifriger. Er gab sich immer mehr Mühe, die
Sprache seiner Bedränger zu erlernen, um sein Vorhaben nach ihrem Thun
einrichten zu können. So verlebte er drei Jahre, am Tage von schmerzlichen
Gedanken heimgesucht, in der Nacht geplagt von schrecklichen Träumen. Vierzehn Mal war er schon auf dem Sprunge zu entfliehen, allein jedesmal wurde
sein Vorhaben durch die erhöhte Aufmerksamkeit der mißtrauischen Indianer
vereitelt. In Folge des wiederholten Mißlingens war er der Verzweiflung
nahe — er schlich nach einem abgelegenen Orte und wollte sich eben ein
Messer in die Brust stoßen, als einer der Patagonier, der ihn belauscht hatte,
seinen Arm zurückhielt, ihn zum Lager zurückbrachte und einer noch weit
strengeren Beaufsichtigung übergab.

Ju der Einförmigkeit seines Lebens gewährte es ihm immerhin einige
Abwechselung, die Sitten des Landes zu studiren. Er bemerkte, daß seine
Bewohner auf einer sehr niedrigen Stufe des Nomadenthums standen und
daß die Ehe nicht viel mehr als eine nichtige Ceremonie war. Alle Arbeit und
Plage fällt der Frau anheim, während der Herr Gemahl gemüthlich faullenzt;
die Kinder wachsen wild auf und sind fast gänzlich sich selbst überlassen.
Kurz nach ihrer Geburt entscheiden Vater oder Mutter, ob man sie am
Leben lassen will oder nicht. Ist letzteres der Fall, so wird das arme kleine
Geschöpf ohne weiteres erstickt und an einen Ort geworfen, wo es die
Beute der wilden Hunde und Raubvögel wird. Bleibt es dagegen dem Leben
erhalten, so wird es von den Eltern zärtlich behandelt; bis zum dritten Jahre
ist es allein der Mutter überlassen und im vierten Jahre nimmt man dann
das Ohrlochstechen mit ihm vor, ein Gebrauch, welcher bei den Patagoniern etwa die Stelle einnimmt, wie bei uns die Taufe. Der Vater
schenkt dann dem Kinde ein Pferd, das an den vier Füßen gebunden auf die
Erde gelegt wird; oben darauf legt man das festlich bemalte Kind und der
Häuptling oder der Aelteste der Familie durchsticht das Ohrläppchen mit einem
zugespitzten Straußenknochen. In das Loch steckt man ein kleines Stückchen
Metall, um es zu vergrößern und offen zu erhalten. Wie bei allen patagonischen Festlichkeiten wird zum Schlusse eine Stute geschlachtet und eine
Schmauserei abgehalten. Allen Theilnehmern hierbei wird mit demselben
Straußenknochen, mit welchem dem Kinde das Ohrläppchen durchbohrt
wurde, ein Einschnitt in das erste Glied des Zeigefingers der rechten Hand
gemacht. Das hervorquellende Blut gilt als ein Dankopfer für die Götter.

Die Erziehung des jungen Patagoniers wird so eingerichtet, daß er sich
bald nützlich zu machen versteht. Schon im fünften Jahre sitzt er zu Pferde
und reitet wie sein Vater; auch hütet er die Herden, lernt den Gebrauch
der Fangschnur, der Wurfkugeln oder Bolas, der Lanze und der Schleuder.
Ist das braune Bürschchen zehn oder zwölf Jahre alt geworden, so ist es so

selbständig wie bei uns ein Mann von 25; es unterhält sich selbst und nimmt an der Seite der Eltern Theil an deren Raubzügen; denn auch die Patagonierinnen folgen häufig ihren Männern in den Krieg, und während diese letzteren über die Soldaten oder über die Hirten herfallen, beeilen sich die Weiber das Vieh fortzutreiben, wobei ihnen die Kinder behilflich sind. Muth und Kühnheit läßt sich diesen Wilden keineswegs absprechen. Jedem Angriff widerstehen sie Anfangs tapfer, sie wehren sich zäh und ergreifen erst die Flucht, wenn sie einsehen, daß der Kampf für sie erfolglos bleiben muß. Wer im Gefechte fällt, wird ohne Umstände in die Erde verscharrt, wer aber daheim im Kreise der Seinigen stirbt, wird unter großen Feierlichkeiten begraben.

Ohrlochstechen bei den Patagoniern.

Mit den besten Kleidern geschmückt, wird die Leiche in ein Fell eingewickelt, so daß sie wie eine Mumie aussieht und dann auf den Rücken des Lieblings-pferdes gebunden, dem der linke Vorderfuß lahm geschlagen wird, damit es hinke und auf diese Weise die Trauer über den Tod seines Herrn ausdrücke. Schwarzgemalte Männer und heulende Weiber folgen dem Leichenzuge bis zu einem Hügel; dort scharrt man ein Grab, versenkt den Todten hinein und schlachtet das Pferd. Alles was dem Manne gehörte, wird verbrannt, damit nichts mehr an ihn erinnere. Während die Wittwe ein Jahr lang trauern muß und sich sofort nach dem Begräbniß zu ihren Verwandten begiebt, schmausen die übrigen Patagonier, tanzen und heulen, trinken und rauchen Tabak.

Derlei Festlichkeiten unterbrachen jedoch nur auf kurze Zeit das traurige Leben des Gefangenen, der sich nach den Segnungen der Civilisation zurück-sehnte. Mit wahrem Heißhunger verschlang er daher die zerrissenen Zeitungs-blätter, die ihm, vom Winde getrieben, zufällig einmal in die Hände fielen. Wahrscheinlich war Tabak oder ein ähnlicher Stoff darein gewickelt gewesen

und so waren sie in die Wüste gelangt. Er las sie wieder und wieder und
kannte deren Inhalt schließlich fast auswendig. Eines Tages wurde er bei
dieser Beschäftigung von einigen Patagoniern überrascht, die über ihre Entdeckung sehr erfreut schienen und sie schleunig dem Häuptlinge mittheilten.
Die Folge war, daß er von seinem bisherigen Herrn fortgenommen wurde
und als Sekretär in die Dienste des Häuptlings überging. Bald fand sich
Gelegenheit für ihn, in dieser Stellung thätig zu sein.

Von Zeit zu Zeit traten die Indianer mit den argentinischen Grenz-
posten in Verbindung und unterwarfen sich diesen scheinbar, um Straußfedern, Roßhaare und Felle gegen Tabak, Zucker und geistige Getränke
umzutauschen. Dann wurden zunächst Briefe abgesandt, um das Einvernehmen herzustellen. Mit dem Schreiben derselben wurde Guinnard betraut;
allein er durfte es nicht wagen, das Geringste über sein Loos oder irgend
etwas Anderes in den Brief zu setzen; denn die mißtrauischen Patagonier
ließen sich den Inhalt wol ein Dutzend Mal vorlesen, wobei sie, von ihrem
außerordentlichen Gedächtnisse unterstützt, leicht gemerkt haben würden, wenn
ein Wort ausgelassen oder zu viel hinzugesetzt worden wäre. Schließlich sandten
sie jeden Brief noch an einen benachbarten Stamm, bei dem einige flüchtige
argentinische Verbrecher lebten, die, aus ihrer Heimat entflohen, dort Zu-
flucht gefunden hatten. Diese, die ganz auf den Standpunkt der Patagonier herabgesunken waren, durchlasen die Briefe und bestätigten deren un-
gefährlichen Inhalt.

Der erste Brief Guinnard's wurde durch zwei Patagonier, denen sich
freiwillig einige Knaben anschlossen, an die Grenze gebracht. Etwa vierzehn
Tage später erschienen die Letzteren schreiend und vor Ermüdung außer sich
wieder im Lager. Sie erzählten, daß die beiden Boten gleich nach dem Lesen
des Briefes von den Behörden verhaftet und in Ketten gelegt worden seien,
ihnen jedoch es gelungen wäre, zurückzukehren. Was lag näher, als zu
glauben, daß Guinnard das allgemeine Vertrauen getäuscht habe? Dieser
hatte zum Glück gehört, daß man ihn am nächsten Morgen bestrafen wolle,
und war deshalb auf seiner Hut. Als der Tag anbrach und er sein Geschäft
als Viehtreiber besorgen wollte, bemerkte er, daß man ihm statt seines
gewöhnlichen flinken Renners einen halblahmen Gaul hingestellt hatte.
Ohne Zeichen der Angst von sich zu geben, bestieg er diesen und ritt auf die
nächste Pferdeherde zu, nahm seinem Gaul den Zügel ab, legte ihn schnell
dem besten ihm bekannten Renner um und galoppirte schleunig davon.

Nachdem er den ganzen Tag über geritten war, gelangte er gegen
Abend zu Kalfukura, dem Oberhäuptling der patagonischen Nomaden-
Konföderation, der, höchst erstaunt über das Erscheinen des weißen Mannes,
diesen sofort nach dem Zwecke seines auffallenden Erscheinens fragte. Guinnard gab sich ihm zu erkennen und erklärte ihm in wenigen Worten, wie er
ungerecht verfolgt würde und nun um seinen Schutz bäte.

Guinnard bittet um Nafflutra's Schutz.

Geschmeichelt durch dieses Vertrauen und die Lobeserhebungen, welche Guinnard reichlich spendete, versprach Kalfukura ihm seinen Schutz, wenn er sich unschuldig erweisen würde. Er hielt sein Wort, und selbst als Abgesandte der Pojutschen erschienen, um ihn anzuklagen und zur Bestrafung zurückzuverlangen, blieb der Oberhäuptling ihm treu, wenngleich er ihn scharf bewachen ließ, so daß an ein Entkommen nicht zu denken war.

Einige Monate verflossen, ohne daß man von den beiden eingekerkerten Patagoniern Etwas vernahm. Oft ritten kleine Trupps Patagonier nach den Grenzstationen, um dort Nachrichten über ihre Gefährten einzusammeln, doch stets kehrten sie ohne alle Resultate zurück, so daß man schließlich die fruchtlosen Versuche aufgab. Da erschienen plötzlich die beiden bereits aufgegebenen Männer wieder; eine allgemeine Versammlung wurde abgehalten und Guinnard's Unschuld glänzend an's Licht gestellt. Die Beiden erklärten, daß sie nur aus dem Grunde von den Argentinern gefangen gehalten worden wären, weil sie früher an einem Raubzuge Theil genommen und erkannt worden waren. Da man sie jedoch schlecht bewacht hatte, war es ihnen gelungen, zu entspringen. Nun änderte sich die öffentliche Meinung entschieden zu Gunsten des Gefangenen, und das allgemeine Vertrauen in seine Person wuchs derart, daß er zum General-Sekretär der patagonischen Nomaden-Konföderation ernannt wurde.

Im Jahre 1859 brach zwischen dem Staate Buenos Ayres und der argentinischen Republik einer jener häufigen Bürgerkriege aus, welche das schöne, von der Natur so reich gesegnete Land fortwährend zerrütten.

Diese Gelegenheit ergreifen die unabhängigen Indianer, um sich mit dem Instinkte der Raubthiere in die Fehden einzumischen oder über die dann wenig bewachten Grenzdistrikte plündernd herzufallen. General Urquiza, damals Präsident der Vereinigten Staaten am La Plata, setzte sich alsbald mit Kalfukura in's Einvernehmen, warb um dessen Bundesgenossenschaft und schickte ihm als Zeichen der Freundschaft eine ansehnliche Menge Branntwein, der sofort von Männern, Weibern und Kindern getrunken wurde, bis Alles toll und trunken war. Als Guinnard die ganze Horde dergestalt herumtaumeln sah, ergriff ihn der Gedanke noch einmal, die Flucht zu wagen, um seine Heimat wieder zu erreichen.

Es war Nacht geworden und die Zecher schliefen ihren Rausch aus, als der weiße Sklave sich vorsichtig zu den besten Rennpferden des Oberhäuptlings hinschlich, nachdem er sich vorher mit ein Paar Wurfkugeln versehen hatte, die sowohl zu seiner Vertheidigung als zum Einfangen von Wild dienen sollten. Außerdem nahm er einen Strick mit, um drei der schnellsten Pferde mit einander zu verkoppeln.

Leise führte er die Thiere aus dem Lager hinaus; dann bestieg er eines derselben und jagte die andern beiden vor sich her, indem er, zitternd vor innerer Aufregung, seinen letzten Ritt auf patagonischem Boden begann, der ihm Leben oder Tod bringen sollte. So galoppirte er die ganze Nacht hindurch, stets in Furcht, daß Verfolger hinter ihm erscheinen könnten. Der Tag zerstreute die Finsterniß, allein nicht die Sorgen im Herzen des armen Flüchtigen; jeder Windeshauch wurde in seiner ängstlichen Phantasie zum Gebrüll der Patagonier und hinter jedem kleinen Staubwirbel glaubte er seine Bedränger auftauchen zu sehen. Oft stieg er ab, legte das Ohr auf die Erde und lauschte, ob er nicht in der Ferne Hufschlag vernehme — dann täuschte ihn sein eigenes klopfendes Herz, und wie von den Furien gepeitscht, raste er wieder durch die einsame Pampa dahin, ohne an seine oder seiner Pferde Bedürfnisse zu denken. Am vierten Tage hatte er ein Pferd todt= geritten; er ließ, aus Furcht die andern beiden zu verlieren, diese einige Stunden in der Nacht rasten und eilte dann weiter. Immer der gleiche Anblick! Die gehetzten Pferde, der von Schweiß triefende, geängstigte Mann, die weite öde Fläche! Auch das zweite Pferd fiel aus Mangel an Futter und Wasser, und das dritte erlahmte bereits.

Langsam, mit gebrochenem Herzen und schon das Schlimmste fürchtend, entweder in der Wüste verschmachten zu müssen, oder den Wilden wieder in die Hände zu fallen, reitet Guinnard weiter. Schon verlassen auch ihn die Kräfte; da bemerkt er zu seiner herzinnigen Freude, wie der Boden sich ändert und das Pferd, welches Wasser wittert, von selbst seine Schritte verdoppelt. Bald darauf vermögen sowol er wie sein Thier den brennenden Durst in einer jener Lagunen zu stillen, die sich in der Provinz Mandoza so häufig längs der Anden hinziehen. Gestärkt erreichte er den Rio Quinto, wo er nach einem dreizehntägigen anstrengenden Ritte bei dem kleinen Flecken gleichen Namens bewußtlos vom Pferde sank. Doch er war gerettet. Mit= leidige Menschen nahmen sich dort seiner an, pflegten ihn und verschafften ihm die Mittel, daß er durch den Uspallata=Paß nach Valparaiso in Chile reisen konnte, von wo aus er sich nach der Heimat einschiffte.

Flucht des Gefangenen.

Ein Tanz um's Leben in Australien.

1839.

Australien ist bekanntlich der jüngstentdeckte Erdtheil und doch wol, wie die Geologen nachgewiesen haben, der älteste Kontinent, der früher aus den Fluten des Meeres emportauchte als Asien, Afrika, Europa und Amerika. Aber dieser neue Erdtheil ist ein junger Riese, der sich weit schneller entwickelt hat und zu Ansehen gelangt ist, als alle übrigen Länder, selbst das mächtig anschwellende Amerika mit inbegriffen. In seiner ganzen Breite von Süden nach Norden ist jetzt Australien durchwandert, und rings um seine Gestade ziehen sich blühende Kolonien hin: Queensland und Neu-Süd-Wales, Viktoria und Süd-Australien, West- und Nord-Australien; die übelberüchtigte Insel Van-Diemensland ist in die Kolonie Tasmanien umgewandelt worden. In dem herrlichen Klima gedeiht der Mensch, wuchert üppig die Pflanzenwelt und ernähren sich heimische und fremde Thiere. Es fehlt nicht an Korn, nicht an Früchten, nicht an Wein. Wie das Pflanzen-, so gedeiht auch das Thierleben in wundersamer Mannichfaltigkeit; der Rind-viehzucht ist ein weites Feld geboten, und die Schafe haben sich auf den saftigen Triften in unglaublicher Weise vermehrt, so daß viele Herdenbesitzer zu königlichen Reichthümern gelangt sind. Doch nicht zufrieden mit dem

Schmuck und Reichthum, den die Oberfläche der australischen Erde bietet, hat die Natur auch das Innere mit Schätzen durchwebt. Gold, zum Wohl und Wehe der Menschen, ist in solcher Menge gefunden worden, daß seine Produktion auf lange Zeiten gesichert ist. Dem Golde zunächst verdankt Australien seinen Aufschwung, die Erfolge, die fast ohne Beispiel in der Weltgeschichte dastehen, sowie seine überraschende Entwickelung, die in der That einen wunderbar = großartigen Anstrich hat.

Doch erst als weiße Menschen germanischen Stammes das Land besiedelten, konnte Australien zu solcher Blüte gelangen, denn der dunkelfarbige Eingeborene hat es niemals verstanden, die Schätze der Natur dort auszubeuten. Die Entdecker fanden in dem neuen Erdtheil nur eine schwache einheimische Bevölkerung, die vom Ackerbau nicht einmal einen Begriff hatte, viel weniger eine Gesellschaft, oder nur irgend etwas an einen Staat Erinnerndes bilden konnte. Nur umherschweifende Horden, die unter erblichen Häuptlingen standen, traten ihnen entgegen. Noch heute besitzen die Familienväter eine uneingeschränkte Gewalt sogar über Leben und Tod ihrer Frauen. Auch sind sie meist Kannibalen, und es geschieht nicht selten, daß die Eltern ihre neugeborenen Kinder morden, um sie aufzufressen. Die Sprache ist bei den verschiedenen Horden so ganz verschieden, daß die Bewohner etwas entfernt liegender Distrikte einander gar nicht verstehen. Jene Wilden sind im Allgemeinen von mittlerer Statur, fast durchgängig von einer Magerkeit der Gliedmaßen, die eben so widerwärtig wie beispiellos ist. Besonders auffällig erscheint der gänzliche Mangel der Waden, von denen eigentlich kaum eine Spur vorhanden. Wenn man sie, mit einem langen Stocke in der Hand durch den Wald schreiten sieht, glaubt man ein wandelndes schwarzes Skelett vor sich zu haben, das eine ungeheure Perrücke aufgesetzt hat. Denn ihr Haarwuchs ist gewaltig, üppig, fein gekräuselt und von kohlschwarzer Farbe. Die Hautfarbe erscheint dagegen dunkel kaffeebraun, zu manchen Zeiten schwarz, was vom Bemalen mit Kohle herrührt.

Die europäische Kultur ist fast spurlos an diesen Ureinwohnern Australiens vorübergegangen. Man hat sich Mühe gegeben, sie zu einem seßhaften Leben anzuhalten, ihnen einige Civilisation beizubringen. Allein vergeblich. Alles was von Seiten der Missionäre oder anderer wohlwollender Männer geschah und noch geschieht, wird, das kann man mit Sicherheit behaupten, niemals von Erfolg sein, denn es steht jetzt fest, daß diese dunkelfarbigen, ohnehin nicht zahlreichen Menschen rasch ihrem völligen Untergange entgegengehen, sowie ja auch ihre Verwandten auf der Insel Tasmanien ausgestorben sind, von denen im Jahre 1866 nur noch drei Frauen lebten. Hungersnoth und Seuchen raffen sie mitten in einem reichen Lande dahin. Zwar hat die britische Kolonial=Regierung ihnen Landstrecken, sogenannte Reserven angewiesen, welche ihr Eigenthum bleiben sollen, aber sie schweifen über diese hinaus, bauen ihr Obdach aus Baumzweigen — denn Hütten kennen sie nicht — an rauschenden Strömen unter hohen Gumbäumen, vorzugsweise damit beschäftigt, dem Opossum und Känguru nachzustellen.

Diese Wilden sind allerdings barbarisch und stehen auf der niedrigsten Stufe unseres Geschlechtes; allein sie sind keineswegs ohne gute Eigenschaften und besitzen auch manche bessere Anlagen. Sie beobachten gut und fassen schnell; sie lernen lesen und schreiben, niemals aber rechnen, weil ihnen die Gabe ununterbrochenen Zusammenhanges im Denken fehlt. Darin liegt das größte Hinderniß für ihre Civilisirung, denn dieser Fehler ist ihnen angeboren. Mit einem Worte: Sie sind und bleiben große, wilde Kinder, die wie Kinder sich geberden, thun und fühlen, wie diese staunen und neue, ihnen fremde Erscheinungen nicht zu fassen vermögen. Die folgende Geschichte soll diesen Ausspruch am besten erläutern; sie ist eigenthümlich durch und durch und steht gewiß ohne Seitenstück da, so viel originelle und merkwürdige Erlebnisse civilisirten Europäern, welche in die Hände der Wilden geriethen, auch vorgekommen sein mögen.

Unter den Schiffen, die in der Entdeckungs-Geschichte Australiens immer mit Ehren genannt werden, nimmt der „Beagle" nicht die letzte Stelle ein. Schon in den Jahren 1831 — 1836 hatte dieses englische Fahrzeug, unter dem Kapitän Fitzroy und mit dem berühmten Naturforscher Darwin an Bord, die Küsten Süd-Amerika's sowie die Inseln des Stillen Ozeans besucht; dann verließ es im folgenden Jahre unter dem Kommando von Lork Stockes wiederum England, um Australien näher zu erforschen und kehrte, mit Ruhm bedeckt, erst im Jahre 1843 wieder heim. Auf dieser Entdeckungsfahrt diente als Obersteuermann (Maat) der Engländer Fitzmaurice, ein Mann, dessen wissenschaftliche Kenntnisse, künstlerische Talente und große Thätigkeit ihn zu einem der werthvollsten Mitglieder der Expedition machten. Während die nördliche Küste Australiens im Westen des Golfes von Carpentaria, zwischen Arnhemsland und Van-Diemensland erforscht wurde, führte er mehrere wichtige Aufträge aus und entdeckte unter Anderm den Fluß, welcher zu Ehren der verwittweten Königin von England Adelaide-River genannt wurde.

Eines Tages war er an dieser Küste, begleitet von einem andern Expeditions-Mitgliede, Namens Keys, gelandet, um die Kompasse des Schiffes zu vergleichen und deren Abweichung zu bestimmen. Anfangs wollte er die Instrumente auf einer kleinen Hügelkette, den Escape-Cliffs, aufstellen, allein der Eisengehalt derselben zog die Magnetnadeln ab, weshalb er seine Untersuchungen auf einer sandigen, vor den Hügeln gelegenen Ebene vorzunehmen beschloß. Schon hatte er zusammen mit Keys mehrere Stunden gearbeitet, als die Nacht hereinbrach und der Mond aufging, so daß man an die Heimkehr denken mußte. Als nun Keys damit beschäftigt war, die Instrumente wieder nach dem Boote zurückzutragen, hörte er plötzlich hinter sich, in der Gegend, wo Fitzmaurice zurückgeblieben war, ein lautes

Geschrei und indem er sich umsah, gewahrte er auf den Escape-Cliffs, gerade über seinem Gefährten, eine zahlreiche Schar mit Wurfspeeren bewaffneter Australier, welche Miene machten, seinem Gefährten an's Leben zu gehen. Keys hätte flüchten und sich in Sicherheit bringen können. Doch griff dieser Gedanke nicht einen Augenblick in seiner Seele Platz; er beschloß vielmehr, was da auch kommen möge, seinen Freund nicht zu verlassen und mit ihm zu kämpfen oder zu sterben. Je näher er den Hügeln wieder kam, desto mehr schien die Gefahr für jenen zu wachsen. Ein wild und gräßlich aussehender Schwarzer munterte mit lebhaften Geberden seine Genossen auf, die Weißen zu ermorden. Die Wuth und der Zorn der Wilden steigerte sich von Minute zu Minute; sie stampften den Boden mit den Füßen, rollten die Augen, brüllten wie besessen, spuckten aus, schüttelten das lange, krause Haar und bissen, als Zeichen der höchsten Aufregung, in die Spitzen ihres Bartes. Die Entfernung der Eingeborenen von den beiden Engländern betrug höchstens sechs Schritte, und bei ihrer Anzahl blieb kein Zweifel übrig, daß sie, wenn sie alle ihre Lanzen warfen, die gehaßten Fremdlinge tödten mußten. Wenn die Schar noch zögerte, so lag das vielleicht darin, daß sie die Rache der Schiffsmannschaft des „Beagle" fürchtete; aber ihr Geschrei verdoppelte sich, ihre Haltung wurde immer drohender, und der verhängnißvolle Augenblick schien gekommen.

„Was ist zu thun," fragte Keys in dieser Lage seinen Gefährten, „vertheidigen wir uns oder wollen wir versuchen zu fliehen?"

„Nichts von alledem. Im Gegentheil, wir wollen tanzen und lachen," antwortete kaltblütig Fitzmaurice.

Keys, der eine andere Anschauung von ihrer Lage hegte, äußerte sich später, er habe geglaubt, sein Gefährte sei in Folge der Gefahr verrückt geworden. Dieser aber, welcher wohl wußte, was er that, begann zu tanzen, zu singen und ein lautes Gelächter anzuschlagen. Indem er einen der phantastischsten und lebhaftesten englischen Matrosentänze aufführte, ermunterte er fortwährend Keys, ihn hierbei zu unterstützen. „Tanzen Sie, mein Lieber, tanzen Sie!" Dieser dachte, daß es wenigstens nicht schaden könne, und mit bangem Herzen entschloß er sich endlich, dieselben tollen Sprünge wie Fitzmaurice zu machen; aber lachen und jubeln konnte er doch nicht, so aufgeregt er auch war.

Das unerwartete Schauspiel überraschte die Australier. Einige legten ihre Waffen nieder und andere beugten sich vor, um die Tänzer besser sehen zu können. Nur die Zornigsten fuhren fort zu schreien und fortwährend mit ihren Wurfspeeren die beiden Europäer zu bedrohen; doch hörte man nur noch halb auf ihre Anreizungen.

Jetzt zeigte sich recht deutlich, welche große Kinder diese Wilden sind; sie suchten zu begreifen, was sie nicht gleich verstehen konnten. Was machten denn diese Engländer? Was bedeutete deren Geschrei, die wilden Sprünge,

das Werfen der Arme und Beine, was hatte der fürchterliche Gesang, dieses
Brüllen für einen Grund, das fortwährend der Brust des Einen entströmte?
Das Erstaunen der Schwarzen wuchs von Augenblick zu Augenblick und gab
sich in dumpf ausgestoßenen Tönen zu erkennen; endlich lachten sie selbst und
setzten sich auf dem Felsabhange nieder. Gewiß mußte diese Scene Eindruck
auf sie gemacht haben, denn, selbst leidenschaftliche Tänzer, sahen sie hier von
weißen Männern einen Tanz aufführen, der von den bei ihnen gebräuch=
lichen gänzlich abwich.

Die Eingeborenen vergaßen bei diesem Schauspiel ihre feindlichen
Absichten, die beiden Europäer jedoch nicht, daß sie trotzdem nichts Anderes
als Gefangene waren. Fitzmaurice, der keine Minute seine Geistesgegen=
wart verlor, richtete deshalb, zwischen den Gesang eingestreut, einige Fragen
an Keys.

„Wo sind unsere Flinten?"

„Sie liegen etwa dreißig Schritte weit; dort, linker Hand."

„O dies ist schlimm, das ist ja nach der dem Boote entgegengesetzten
Seite hin."

„Soll ich sie holen?"

„Noch nicht — nur behutsam! — Tanzen Sie einstweilen nur fort.
Wir wollen versuchen, uns allmälig den Waffen zu nähern. Nur hübsch
vorsichtig und nicht übereilt. Nehmen wir uns um Gotteswillen in Acht."

Und dies war in der That rathsam, denn die Eingeborenen hatten die
Absicht der beiden Freunde, sich zu entfernen, wohl gemerkt, und begannen
wiederum drohende Laute auszustoßen.

„Schnell zu unsern Instrumenten zurück," ermahnte Fitzmaurice.

Aber sie hatten schon lange getanzt und Keys verlor allmälig die Kraft,
die grotesken Sprünge weiter fortzusetzen.

„Keys," sagte Fitzmaurice, als er dieses bemerkte, „ich glaube Sie
werden sich dieses Tanzes erinnern, wenn wir nur erst gerettet sind!"

„Das kann ich beschwören! Aber wie wollen wir denn fortkommen?
Ich bin ganz erschöpft und kann nicht weiter."

„Nur noch ein Bißchen Muth. Haben Sie nicht daheim in Newport
eine liebe Braut, Keys? Nun, wohlan, tanzen Sie für Ihre Braut! Und
unser geliebtes Vaterland? Keys, tanzen Sie, tanzen Sie für Old England!"

Also heiteren Gemüthes inmitten der Gefahr suchte Fitzmaurice seinen
Freund und Leidensgefährten aufzurichten. Sie tanzten fort und sprangen
umher, so gut es gehen wollte, als plötzlich ein Schuß fiel, der von einem
in der Nähe jagenden englischen Offizier herrührte.

Unter den Schwarzen entstand eine unruhige Bewegung, welche Fitz=
maurice und Keys benutzten, um schnell nach ihren Gewehren zu laufen und
mit diesen sich nach dem Boote zu retten. Wild aufschreiend stürzten die
Australier hinter ihnen drein. Rechts und links sausten neben den beiden

Leipzig: Verlag von Otto Spamer.

Fitzmaurice und Keys tanzen um ihr Leben.

Solotänzern die Wurfspeere vorüber, aber die Europäer blieben unversehrt. Glücklich an ihrem Fahrzeug angelangt, ruderten sie schnell nach ihrem Schiffe zurück, bei dessen Insassen die Erzählung von dem kaum über- standenen sonderbaren Abenteuer nur geringen Glauben fand.

Fitzmaurice, der Mann mit dem kalten Blute und der unverwüstlichen Laune, hat später die merkwürdige Scene selbst gezeichnet, die wir hier erzählt haben. Sein Bild, nach welchem das unsrige angefertigt ist, bildet das Titelblatt zu der Reisebeschreibung des Kommandanten Lort Stokes.

Einige Tage nach diesem Abenteuer begab sich der Kapitän des „Beagle" an's Land und traf hier mit einer Familie Eingeborener zusammen, die aus Mann, Weib und vier Kindern bestand. Er schenkte der Frau ein Taschen- tuch und erhielt dafür ein Palmenblatt als Gegengabe. Sie trug um den Hals ein flaschenförmiges Körbchen, das weiße und rothe Erdfarben enthielt, mit denen die Wilden sich den Leib bemalen. Sie sowol als ihr Mann hatten keine Zähne mehr, denn es ist unter den Australiern Sitte, beim Heirathen sich die Vorderzähne einzuschlagen. Aber die vier Kinder besaßen ihr voll- ständiges Gebiß noch; das älteste präsentirte sich jedoch mit durchbohrtem Nasenknorpel und trug darin als Zierrath ein Stückchen Holz. Der alte Australier beschaute neugierig die Waffen der englischen Offiziere und drückte sein Erstaunen über die großen Boote aus, deren Form freilich sehr wesent- lich von den einfachen Piroguen der Eingeborenen abweicht. Der Kapitän hatte die Absicht, ihn im Boote mit nach dem „Beagle" zu nehmen, allein auf die lebhaften Bitten seiner Frau stand der Mann davon ab. Der älteste Sohn dagegen hatte schon zur Ueberfahrt in der Schaluppe Platz genommen, als ein Trupp Eingeborener am Gestade erschien, deren Führer in energischer Weise den Knaben zurückberief. Nach der Beschreibung des Kapitäns muß dieser Häuptling derselbe Chef gewesen sein, welcher die Wilden wenige Tage vorher zur Ermordung von Fitzmaurice und Keys ermunterte.

Die Eingeborenen dieses Theiles von Australien erscheinen nach den Berichten von Lort Stokes als wohlgebaute Menschen. Sie gehen nackt und umgürten die Hüften nur dann mit Baumzweigen, wenn sie mit Europäern in Berührung kommen. Wenn die Nächte sehr kalt sind, verkriechen sie sich im Sande, aus dem sie des Morgens früh zum Erstaunen der Fremden wieder herauskriechen. Unter ihren Musik-Instrumenten erwähnt der Reise- bericht des „Beagle" eine Art Flöte, welche sie Ebru nennen und mit der Nase blasen.

Wie lange es noch dauern mag, bis auch der Letzte dieser Wilden ver=
schwunden und mit ihm sein Geschlecht erloschen sein wird, läßt sich gegen=
wärtig schwer absehen. Viele Generationen werden jedoch nicht vergehen,
denn in dem Maße als Australien von Weißen besiedelt wird, verschwinden
auch die Urbewohner. An dem Orte, wo Fitzmaurice und Keys um ihr Leben
tanzten, kann sich dereinst eine volkreiche Stadt weißer Menschen erheben.
Den nachfolgenden Geschlechtern wird es dann wie Sage erscheinen, daß
dort, wo vielleicht Dampfmaschinen stöhnen und qualmende Essen in die
Luft rauchen, einst schwarze Wilde hausten, welche das Leben der ersten
Weißen, die hier landeten, bedrohten. Das neue Volk, welches in Australien
heranwächst, hat Eins vor uns voraus. Wir müssen aus dürftigen Ueber=
resten, die der Erdboden birgt, aus Sagen und Ortsbenennungen, aus den
untergegangenen Pfahlbauten und alten Gräbern uns mühsam erst ein Bild
jener Menschen zusammenstellen, die in unserem Vaterlande vor der Ankunft
der Indo=Europäer wohnten — jene werden es leichter haben. In Wort und
Bild finden sie aufgezeichnet, wie früher ihr Boden beschaffen, was für
Leute auf ihm wohnten. Und wird dann einst die Chronik jener neuen Stadt
geschrieben, dann beginnt sie mit der Entdeckungsfahrt des „Beagle" und
dem Tanze, welchen Fitzmaurice und Keys um ihr Leben tanzten.

Australische Ansiedelung.

Fidschi-Dorf Levula auf der Insel Ovolau. Nach Erskine.

John Jackson unter den Fidschi-Insulanern.

1840—1842.

Die Fidschi- oder Viti-Inseln gehören in mehr als einer Beziehung zu den interessantesten unter den vielen Eilandgruppen im Stillen Weltmeere. Im Norden der Doppelinsel Neuseeland, zwischen der französischen Besitzung Neu-Caledonia und dem Tonga-Archipel gelegen, werden sie häufig von europäischen Schiffen besucht, die hier einen beträchtlichen Handelsverkehr unterhalten, denn der außerordentlich fruchtbare Boden, das warme, durch die Passatwinde gemilderte Klima, bringt eine Menge werthvoller Erzeugnisse hervor, namentlich Kokosnüsse, Sago, Oelpflanzen, Zuckerrohr und Baumwolle, zu denen sich in neuerer Zeit noch Tabak und Kaffee gesellen, welche alle Ausfuhrprodukte liefern. Thätige Vulkane sind auf dem aus etwa 200 Inseln und Inselchen zusammengesetzten Archipel nicht mehr vorhanden, wol aber zeigen die höchsten Berge, die bis über 4000 Fuß ansteigen, erloschene Krater; warme Quellen finden sich häufig, und Erdbeben sind nicht selten.

Die Bewohner dieses Archipels, deren Sitten und Gebräuche wir im Verlaufe dieser Erzählung kennen lernen werden, sind bis auf unsere Tage

herab Menschenfresser der schlimmsten Art gewesen, aber es ist den Bemühungen der Europäer gelungen, in dieser Beziehung eine Aenderung her-
beizuführen und, mit der Ausbreitung des Christenthums, milderen Sitten
Eingang zu verschaffen, die namentlich festen Fuß zu fassen scheinen, seit
der Oberkönig der Inselgruppe, der Herrscher von Bau, von wesleyanischen
Missionären getauft wurde. Die Fidschi-Insulaner gehören zu den sogenannten Melanesiern, d. h. den dunkelfarbigen Bewohnern der großen
Südsee-Inselwelt, die durch Sprache und Hautfarbe, wie kriegerisches Wesen
sich wesentlich von den helleren und milderen Menschen auf den östlichen
Eilanden unterscheiden. Sie haben bis zum heutigen Tage ihre Unabhängigkeit erhalten und selbst im Jahre 1859, als der Oberkönig Thakombau die
Regierung den Engländern übertragen wollte, lehnten diese die Besitzergreifung ab. Doch schon sind außer vielen Missionären Hunderte von
handeltreibenden Europäern auf dem Archipel angesessen, und mit der Zeit
wird sich auch eine europäische Macht finden, welche hier ihre Flagge entfaltet
und die reichen Schätze der prächtigen Gruppe besser verwerthet, als dies
bisher geschah.

Der Holländer Abel Tasman, der größte Seefahrer des siebzehnten
Jahrhunderts, war es, der im Jahre 1643 zuerst die von mächtigen Korallen-
bänken umlagerten Fidschi-Inseln sah, und „Prinz Wilhelm's Eilande" taufte.
Kapitän Bligh, der von den Meuterern der „Bounty" (vergl. S. 152) in
einem offenen Boote ausgesetzt worden war, passirte den südwestlichen Theil
der Gruppe im Jahre 1787; der große Seefahrer Coot hörte nur den
Namen „Fidschi", ohne die Inseln zu sehen, und das Missionärschiff „Duff"
besuchte einzelne derselben im September 1797. Um das Verdienst, zuerst
mit den dunkelfarbigen Einwohnern regelmäßige Beziehungen eröffnet zu
haben, streiten sich mehrere Kauffahrer, doch sicher bleibt, daß der gewinn-
bringende Handel mit Sandelholz durch das amerikanische Schiff „Elisa"
im Jahre 1808 eröffnet wurde. Der berühmte französische Weltumsegler
Dumont d'Urville gab uns 1827 eingehende Beschreibungen der Fidschi-
Inseln; doch nicht vor dem Jahre 1835 wurden die ersten Versuche gemacht,
das Christenthum dort einzuführen. Werthvolle Nachrichten verdanken wir
dem Amerikaner Wilkes, der sich 1840 auf dem Archipel aufhielt, und dem
Engländer John Elphinstone Erskine, welcher mit dem Schiffe „Havannah"
den größten Theil des Augusts 1849 dazu verwandte, um die Küsten der
Inseln aufzunehmen und Leben, Sitten und Gebräuche der Eingeborenen
zu studiren. Die beste und ausführlichste Beschreibung jedoch lieferte unser
Landsmann Berthold Seemann, der als Botaniker im Auftrage der
englischen Regierung in den Jahren 1860 bis 1861 eingehende Forschungen
auf dem Archipel anstellte.

So sehr auch alle diese Forscher und Seefahrer sich bemühten, das seltsame Volk der Fidschi-Insulaner kennen zu lernen, in das innere Wesen der-

selben vermochten sie trotzdem nicht einzudringen, denn sie verkehrten, gleich den Missionären, immer nur als Fremde mit ihnen. Erst Anfangs der Vierziger Jahre ist es einem Weißen, vom Zufall begünstigt, gelungen, unter jenem interessanten Volke gänzlich heimisch zu werden, ja, er lebte als einer der Ihrigen, als ein Mann von Ansehen unter ihnen. Ihm fehlte es nicht an Gelegenheit, mit allen Eigenthümlichkeiten und Geheimnissen der Bewohner der Fidschi=Insulaner vollkommen vertraut zu werden.

Der Mann, dem wir die Bereicherung unserer Kenntnisse in Rücksicht auf jene ferne Inselwelt verdanken, heißt John Jackson und ist seines Zeichens ein gemeiner englischer Matrose gewesen. Geboren im Jahre 1820 in der Grafschaft Sussex, erhielt er eine nur dürftige Erziehung. In seinem sech= zehnten Jahre ließ ihn der Drang, fremde Länder kennen zu lernen, nicht länger rasten. Er beschloß, sich nach der Südsee einzuschiffen. So wurde er Schiffsjunge, besuchte als solcher Australien, Tahiti, und ward von den Einwohnern der Insel Manna, welche zu den Samoa=Eilanden gehört, überfallen und festgehalten, weil diese durchaus einen weißen Mann unter sich haben wollten. Hier beginnen nun die seltsamen Abenteuer unseres Helden. Nachdem derselbe einige Monate unter diesen Wilden zugebracht, ohne daß er sich über schlechte Behandlung hätte beklagen können, sehnte er sich doch wieder weg von ihnen. Begierig, seine Freiheit wieder zu erlangen, wartete er nur auf die Gelegenheit, zu entrinnen. Diese blieb nicht aus. Denn bald nachher kam zu seinen Ohren, daß ein europäisches Schiff bei der kleinen Insel Pango=Pango vor Anker liege. Dorthin eilte er und begab sich an Bord der Brigg, die er zu seinem Erstaunen mit 12 Kanonen ausgerüstet und mit 60 Spaniern bemannt fand. Kapitän und Offiziere waren jedoch Engländer.

Die Brigg ging wieder unter Segel und richtete ihren Cours nach den Fidschi=Inseln. Unterwegs jedoch bemerkte Jackson, daß er sich unter schlim= men Leuten befand. Mußte schon das geheimnißvolle Thun und Treiben auf dem Schiffe den ehrlichen Jackson höchlichst befremden, so entrann der letzte Rebel vor seinen offengehaltenen Augen, als die Brigg sich anschickte auf vorübersegelnde Schiffe Jagd zu machen. Er war unter Seeräuber gerathen. Kein Wunder, wenn ihn die Furcht beschlich, mit diesen sauberen Gesellen schließlich gefangen zu werden. Dem wollte er sich nicht aussetzen, und so entfloh er abermals, als die Brigg bei der Fidschi=Insel Somo=Somo vor Anker ging. Er zog doppelte Kleidung an, steckte etwas Tabak, eine Pfeife und ein scharfes Messer in seine Mütze und ließ sich nächtlicher Weile in das Meer hinab, um nach dem etwa eine Viertelstunde entfernten Lande zu schwimmen. Anfänglich verlief das gefahrvolle Unternehmen nach Wunsch, als jedoch die Kleider durch das aufgesogene Wasser anfingen recht lästig und immer schwerer zu werden, ja ihn zuletzt niederzuziehen drohten, da blieb ihm nichts übrig, als unter Aufwendung aller Kräfte wenigstens einen Theil derselben abzustreifen, damit er nicht sänke. Nur unter den größten

Anstrengungen gelang dieses. Schließlich erreichte er glücklich das Land, wo er vor Erschöpfung ohnmächtig zusammenstürzte.

Nachdem er sich wieder etwas erholt hatte, beschloß er, das Dorf, welches am Strande lag, nicht aufzusuchen, sondern geraden Wegs in die Wälder einzudringen und sich dort zu verbergen, bis das Piratenschiff wieder abgefahren sei. Mit Tagesanbruch erreichte er einen Strom, in dem er sich badete und seine vom Salzwasser durchtränkten Kleider auswusch. Als er so nackt dastand, schritt plötzlich ein alter Wilder auf ihn zu, der, Anfangs sprachlos über die Erscheinung des nackten weißen Mannes, bald mit drohender Miene sich immer mehr ihm näherte und dabei das Wort „moku", d. h. tödten, wiederholte, wobei er durch unzweideutige Geberden kund gab, daß er Jackson's Kleider verlange. Unser Held, der das Herz stets auf dem rechten Flecke hatte, behielt jedoch seinen frohen Muth und deutete dem Wilden an, daß er gegen ihn keine feindliche Gesinnung hege, sondern nur Feuer für seine Pfeife wünsche. Darüber erboste sich der Schwarze noch mehr. Immer wüthender schwang er seine Keule und drohte Jackson zu erschlagen, so daß dieser, zur Nothwehr gezwungen, selbst angreifend vorging und seinen Widersacher mit dem Messer niederstoßen mußte.

Man kann sich vorstellen, welche Angst ihn nach dieser That überkam. Er befand sich viele, viele tausend Meilen weit schutz- und schirmlos in einem fremden Lande, dessen Bewohner er nicht kannte. Eben so wenig durfte und wollte er aber wieder zu den schlimmen Gesellen zurückkehren, vor deren Berührung ihm bangte und denen er eben erst entflohen. Wo sollte er sich aber hinwenden, nachdem sein erster Schritt, den er auf dem betretenen Boden gethan, durch einen Todtschlag bezeichnet worden war! Er stieg auf einen Hügel und schaute sich um; als er nun den Rauch vom Dorfe am Strande aufsteigen sah, beschloß er, sich dorthin zu begeben, um sich der Gnade oder Ungnade der Einwohner zu überlassen. Vor dem Dorfe traf er auf eine Schar spielender Knaben, die ihn zum Hause des Häuptlings geleiteten, der ihn aufforderte, bei ihm zu bleiben. Bald erschienen Mädchen mit Lebensmitteln: die Eine brachte gekochte Fische, die sie sorgfältig von den Gräten befreite, eine Andere Suppe in Kokosnußschalen, eine Dritte Yamswurzeln, welche zierlich auf breiten grünen Blättern aufgetragen wurden, und eine Vierte mußte mit einem Fächer aus Palmblättern dem neuen Ankömmling die Fliegen abwehren. John Jackson glaubte in den Himmel versetzt zu sein, er aß, trank und fühlte sich wohl, wie seit Langem nicht. Während er so da saß, erschien einer der englischen auf Somo-Somo wohnenden Missionäre und entriß ihn seinen Paradieses-Gedanken, indem er ihn sowol vor den Eingeborenen warnte, wie nicht minder vor den Nachstellungen des Kapitäns des Seeräuberschiffes, der ihn zurückverlange.

Der Häuptling Tuithakau schnitt jedoch dieses Gespräch dadurch ab, daß er einfach Jackson für seinen „Manu-Manu" oder Vogel erklärte, d. h.

für seinen Liebling, der fortan bei ihm wohnen, essen und trinken solle. Er war nun sicher vor jeder Verfolgung und nahm unter den Eingeborenen eine hervorragende Stellung ein. Er machte mit seinem Herrn Reisen und Lust- fahrten nach den benachbarten, diesem unterworfenen Inseln oder „Gali's." Wenn die Flotte der schnellsegelnden Piroguen in See stechen wollte, mußte Jackson stets den geheiligten Sessel des Häuptlings, dessen Lieblingshahn und einen Vogel mit rothem Schnabel in das Schiff bringen, denn ohne diese Begleitung verreiste Tuithakau niemals. Unterwegs wurden dem großen Meeresgotte, einem Haifische, Zehrungsopfer gebracht und auf den meisten Inseln angehalten, um sich dort bei Speise und Trank gütlich zu thun. Schildkröten, Schweine, Geflügel, allerlei saftige Früchte und besonders die Angona, das gegohrene Getränk der Südsee-Insulaner, mußten von den Ein- geborenen herbeigebracht werden, und, wenn diese aufgegessen, die Schweine- ställe leer und die Schildkröten verzehrt waren, dann erst brach man wieder auf. War der Tag unter reichlichem Essen und Trinken wohl oder auch manch- mal übel verbracht, so begannen am Abend Weiber und Mädchen zum Er- götzen des Häuptlings und seines „Manu-Manu" ihre Tänze. Ihr Haar war zu ungeheurem Umfange aufgeputzt und mit Blumen geschmückt, die Haut mit Oel eingerieben und mit Sandelholz roth gefärbt. Die Kleidung bestand aus einem Geflechte von Baumrinde; der untere Theil hing in Fransen bis auf die Kniee herab, der obere umgab den Oberkörper wie eine Art Trommel, so daß dieser sich darin frei bewegen konnte.

Auf der Rückfahrt legte man bei Buna, auf der Insel Taveuni an, wo die Ueberreste eines einst gefürchteten, und von Tuithakau überwundenen Volksstammes wohnten. Der entthronte Häuptling war als Aufseher über sein ehemaliges Volk zurückgelassen worden und kam jetzt mit diesem auf Händen und Füßen herangekrochen, um den neuen Gebieter zu begrüßen, wobei er stets den Ausdruck „saka", wenn es Eurer Majestät gefällig, gebrauchte. Auf Anordnung des Oberkönigs der Fidschi-Inseln, Thakom- bau, erhielt dieses Volk jedoch später seine volle Freiheit wieder. Unterwegs bemerkte man, daß Jackson vergessen hatte, den Lieblingshahn des Häupt- lings wieder auf das Schiff zu bringen. Man schickte deshalb ein eigenes Kanoe ab und kam auch am andern Morgen glücklich an; der Mann, welcher den Leib-, Hof- und Hausbahn trug, hatte seine Hände mit Zeug umwickelt, da er es nicht wagen durfte, das geheiligte Thier mit bloßen Händen an- zurühren. Jackson, der die Gebräuche der Insulaner noch nicht genau kannte, meinte, was denn an einem solchen Thier gelegen sei, am besten wäre es, den Haupthahn zu schlachten, zu kochen und zu verspeisen. Damit kam er aber schön an. Denn bei diesen respektwidrigen Worten bemächtigte sich ein Entsetzen der Eingeborenen; sie sagten, daß, wenn einer der Ihrigen es gewagt hätte, so etwas auszusprechen, er unfehlbar auf Geheiß des Häupt- lings getödtet (moku'd) und als feines Mittagsessen (faka siga levu) ver-

zehrt worden wäre. Tuitbatau war jedoch ein Mann von Einsicht; er nahm
dem Fremdling die voreilige Aeußerung nicht übel und sagte bloß: „Was
kann man von einem Papalangi (Fremden) anders erwarten?"

Im Anfange des Jahres 1841 kam ein Abgesandter des Häuptlings Tui
Mativata, Namens Bonavidongo oder die „übelriechende Mangrove", zu
Tuitbatau und forderte diesen auf, gemeinschaftlich einen Streit zwischen den
Einwohnern von Meuta an der Küste von Vanua Levu und der benachbarten
Insel Male durch Bekriegung der letzteren beizulegen. Als Tuitbatau ein
ansehnliches Geschenk von einheimischem Stoffe (Tapa), das in großen
Ballen oder Katodraus herbeigeschleppt wurde, empfangen hatte, entschloß
er sich, seine Vasallen zu versammeln und an dem Kriegszuge Theil zu
nehmen.

In wenigen Tagen war eine Flotte von 40 Kanoes, bemannt mit
2000 Eingeborenen, bereit, nach Male aufzubrechen. Unterwegs wurde
wieder an verschiedenen Orten Halt gemacht, so auf der Insel Rambe, die
weitaus mit delikat schmeckenden Krabben bedeckt war, von denen man
Hunderttausende tödtete. Weiterhin rastete man an einem anderen Orte,
der jedoch nur Hunde, Katzen, Eidechsen und große weiße Holzwürmer dar=
bot. Die Hunde und Katzen röstete man fünf Minuten lang oberflächlich;
die ekelhaften Holzwürmer dagegen verspeiste man roh, denn so verlangte es
der Kriegsgebrauch. Glücklich in Meuta angelangt, fand man die Bundes=
genossen bereits der Ankunft Tuitbatau's gewärtig. Der Weg zum Orte
führte durch ein enges Flußthal, in welchem die Mangrovebäume so dicht
standen, daß kaum das Sonnenlicht hindurchfiel. In der Mitte der auf
einem Hügel erbauten, aus 150 Hütten bestehenden Stadt befand sich das
Haus des Häuptlings Tui Mativata. Diesem gegenüber lag ein Tempel,
Mbure. In diesen führte der fremde Häuptling seine Gäste, welche den
geheiligten Raum mit dem Ausrufe Dra, Drwa, waa begrüßten. Der Priester
(Nambete), eine hochangesehene Persönlichkeit, hielt hier eine kriegerische
Rede, in der viel von Bakola, Menschenfleisch, die Rede war. Zum Schluß
forderte er alle Krieger auf, sich tapfer zu bezeigen.

Mit günstigem Winde fuhr man am andern Morgen nach der Insel
Male. Inmitten derselben erhebt sich ein hoher, zuckerhutförmiger Berg,
auf dessen Spitze das Dorf liegt. Der schmale Pfad, welcher hinauf führt,
kann leicht abgesperrt und durch große Steine vertheidigt werden, welche
man auf die Angreifer hinabwälzt. Durch diese schützende Lage übermüthig
gemacht, hatten die Leute von Male sich zu Tyrannen der Umgebung auf=
geworfen, Weiber und Kinder geraubt, die Männer erschlagen und verzehrt.
Sie also galt es zu demüthigen.

Die vereinigten Krieger von Somo=Somo und Meuta rückten nun
heran; allein sie vermochten gegen das feste Male so gut wie gar Nichts
auszurichten.

Menschenfresser-Tempel der Fidschi-Insulaner.

Die Einwohner von Male, im Bewußtsein der Uneinnehmbarkeit ihres
Wohnsitzes, hatten nur Spott und Hohn für die Belagerer; auch lagen große
Steine bereit, um solche auf die Angreifer herab zu rollen. Wenn diese,
meinten die Leute von Male, nichts nützten, besäßen sie noch genug „britischen Sand" (Schießpulver) sowie Flintenkugeln. Auch die vielen Hülfs-
truppen kamen ihnen lächerlich vor; ja in ihrem Uebermuthe meinten sie es
sogar mit den Bulatangi (Briten), Franse (Franzosen) und Meriki (Amerikanern) aufnehmen zu können. Das Spotten und Großthun dauerte auf
beiden Seiten noch geraume Zeit fort, bis drei Männer von Male kühn aus
ihrer Festung herausschritten und den Verbündeten auf halbem Wege ent-
gegengingen. Alle Diejenigen, welche bei diesen mit Gewehren bewaffnet
waren, begannen zu feuern, und von vielen Kugeln getroffen sanken die
Helden von Male todt nieder. Schnell stürzte man über die Körper her und
bemächtigte sich ihrer, wobei jedoch einige Verwundungen durch die Leute
von Male vorkamen. Da aber die meisten „Krieger" nur zu ihrem Vergnügen ausgezogen waren, beschloß man, den Kampf zu beendigen.

Nachdem man die Todten in sitzender Stellung in die Kähne gebracht,
wurde ein Abschiedslied gesungen, die Trommeln gerührt und die Rückfahrt
nach Monta angetreten, um daselbst die große Kannibalen-Mahlzeit zu
begehen. Zuerst wurden die Körper sorgfältig mit Zinnober und Ruß bemalt und auf den Platz zwischen dem Tempel und dem Hause des Königs
niedergesetzt. Hier trat ein „Tau mosa" oder Redner, ein alter Priester,
vor die Todten hin und hielt eine Anrede an sie, welche die Umstehenden
schweigend vernahmen; er spottete über die Erschlagenen und warf zuletzt
dieselben um. Nun zog man sie an Armen und Beinen über den Erdboden
hin und brachte sie schließlich nach dem Tempel, der für die kannibalische
Feierlichkeit bestimmt war. Ein großer Haufe gebleichter Menschenknochen
deutete seinen Zweck genugsam an. Drinnen saß der Priester an einem aus
Menschengebeinen verfertigten Tische; auf demselben lagen zwei Schädel und
aus diesen trank man Angona. Des Priesters langer Bart wallte bis auf
den Tisch herab und seine Fingernägel erreichten die Länge von anderthalb
Zoll. Flinten und Keulen, mit denen Menschen getödtet worden waren,
standen ringsum an allen Seiten der Räumlichkeit; sie waren dem Götzen
des Tempels geweiht. Von der Decke bis auf den Boden hingen vorhang-
artige, große Stücke Zeug herab und gaben dem Ganzen ein feierliches
Ansehen. Draußen auf dem Platze aber flackerte ein lustiges Feuer um
große Steine, auf welchen das Menschenfleisch gebraten werden sollte. Ein
Fleischer „Tasa tamata", zerlegte die Körper, wobei er sich eines Messers, verschiedener Muschelschalen und scharfer Bambussplitter bediente. Der Häuptling war ungemein begierig darauf, daß die Mahlzeit beginne. Er spornte
den Fleischer an, sich zu beeilen, und sagte ihm, daß er wenigstens die drei
feindlichen Nasen gleich haben müsse. Sie wurden ihm gereicht; kaum hatte

er sie jedoch ein wenig auf den heißen Steinen geröstet und zwei derselben halb roh verzehrt, als er bemerkte, daß Jackson ihn voller Erstaunen anblickte. Er glaubte, dieser sei selbst lüstern nach den Riechwerkzeugen der erlegten Feinde und reichte ihm großmüthig die dritte Nase hin, indem er sich dabei entschuldigte: „es sei besser zu spät, als gar nicht." Voll Entsetzen schlug der Europäer das Anerbieten aus, gab allerlei Vorwände an und bat zuletzt um etwas Schweinefleisch.

Unterdessen hatte der Fleischer sein Zergliederungs-Handwerk vollendet. Die Steine im Feuer waren rothglühend; man warf grüne Blätter darauf, um die Hitze etwas zu dämpfen und kochte dann das Fleisch. Nach Rang und Verdienst wurde es später vertheilt. Der Häuptling, der Priester, der Redner und Fleischer erhielten die besten Stücke; mancher Vornehme bekam nur etwa ein Pfund, mit dem er sehr sparsam umging und von dem er nur zuweilen naschte. Ein Tanz beschloß das Kannibalenfest.

Jackson kehrte nun wieder nach Somo=Somo zurück. Dorthin war ihm auch sein neuer Freund, Bonavidongo, gefolgt, um den Häuptling Tuithakau zu bitten, daß Jackson ihn auf zwei Monate besuchen dürfe. Tuithakau willigte ein, und nun trat Jackson mit der „stinkenden Mangrove" eine Reihe von Fahrten an, die ihn fast auf allen Inseln der Fidschi=Gruppe umherführten.

Zunächst besuchte er Vanua Levu, die große Insel. Hier residirte in dem stark befestigten, an der Küste gelegenen Dorfe Rateva Savana Tu= ranga Levu, der große Häuptling. Als Jackson mit Bonavidongo bei diesem eintrat, fand er einen starken, dicken Mann mit fast weißer Haut=farbe. Sein Haar war silbergrau, der Bartwuchs dünn und die Fingernägel sehr lang. „Sa loloma?" Wie geht es dir? redete er den Europäer an, dem er während seines Aufenthaltes in Rateva Savana nur Gutes erweisen zu wollen versprach.

Der große Häuptling hielt Wort. Jackson aß und trank trefflich und sah sich das interessante Land nach allen Richtungen hin an, wobei er keinen Ausflug machte, ohne nicht ein Abenteuer erlebt oder etwas Seltsames kennen gelernt zu haben. Als er einst Aale aß, fragten ihn die Insulaner, ob in England die Aale auch einen König hätten? Als Jackson dieses verneinte, führte man ihn zu einem kleinen Teiche, an dessen Ufer ein Tempel erbaut war. In dem Wasser sah er einen ungeheuren Aal mit großem Kopfe, wol so dick wie ein Schenkel und — nach Aussage der Eingeborenen — zwei Klafter lang. Der Aal war ein Geist (Kalou). Um zu sehen, in welcher Verehrung er bei den Insulanern stehe, legte Jackson seine Flinte auf ihn an. Sie aber baten ihn inständig, von jeder Beleidigung des Thieres abzustehen und fütterten es mit gekochten Brotfrüchten. Der Aal war sehr alt und bereits verschiedene Male mit den Kindern Gefangener gefüttert worden.

Bald darauf machte Jackson mit Bonavidongo einen Ausflug nach der entgegengesetzten Küste von Vanua Levu, wo man Tribut einforderte.

Dort war ein weißer Mann noch nie gesehen worden, und als die Einwohner
gar hörten, Jackson käme aus dem Lande, in welchem die „Dakai", Flinten,
verfertigt würden, glaubten sie, er sei ein Teufel, der seinen Schweif unter
den Beinkleidern verborgen habe; sie betasteten ihn, um zu sehen, ob er aus
Fleisch und Knochen bestehe, fuhren mit den Händen vor seinen Augen herum,
um zu erfahren, ob er sehen könne, und sagten schließlich, er habe Katzen-
augen. Wieder andere hielten ihn, der weißen Haut wegen, für einen Aus-
sätzigen, andere erklärten ihn für ein Schwein, dem man die Borsten ab-
gebrüht habe. Besonders die Mädchen wagten es nicht, sich ihm zu nahen,
und wenn ein Mann solch' ein schwarzes Fräulein packte, um dasselbe Jackson
zu nähern, erhob sich ein gellendes Geschrei der Weiber.

Unter den Tribut-Gegenständen, welche Bonavidonge hier für den großen
Häuptling einsammelte, befand sich auch ein Haufen Yams-Wurzeln, auf
dem ein junges hübsches Mädchen saß. Ihr Körper war mit Oel eingerieben,
ihr Gesicht bemalt, das aufgeputzte Haar mit Blumen geschmückt, und ihre
Bestimmung? Sie sollte mit den Yams-Wurzeln gekocht und vom großen
Häuptling verzehrt werden. Als Jackson dieses hörte, ergrimmte er laut
über solchen abscheulichen Gebrauch. Er beschloß, das Mädchen zu retten und
verlangte es zum Weibe. Die Eingeborenen, welche ihn noch immer für
einen Geist hielten, lachten über sein Benehmen und er, hierüber aufgebracht,
riß das Mädchen an sich, half ihm auf einen Baum hinauf und stellte sich mit
gespanntem Hahn vor denselben, bereit, den Ersten niederzuschießen, der sich
an dem Mädchen vergreifen würde. Statt aber durch dieses Auftreten erbost
zu sein, brachen die Wilden vielmehr in ein lautes Gelächter aus und riefen:
„Watima, Watima", sie ist dein Weib! Jackson nahm sie nun mit nach
Nateva, wo sie sich während der ganzen Zeit seines dortigen Aufenthaltes
treu und dankbar gegen ihn bewies.

Bald darauf schickte der große Häuptling Gesandte nach allen Theilen
der Insel, um seine Vasallen zu sich zu entbieten. Die Nateva-Leute er-
warteten, stattlich geputzt, die Fremden. Ihre Gesichter waren roth und
schwarz bemalt, bei Einigen nur die Backen, bei Andern erschien Alles bis
auf die Nase schwarz, und wieder Andere hatten sich eine Brille um die Augen
herum gezeichnet. Die Fremden rückten mit Speeren und Keulen bewaffnet
heran, stets von ihren Häuptlingen geführt, und setzten sich im Halbkreise
nieder. Als sie Alle angekommen waren, zogen die Natevaner ihre Kleider
aus und legten sie auf einen Haufen, während ein Mann umherging und
laut ausrief, für welche Abtheilung von Fremden jeder der Kleiderhaufen
bestimmt sei. Dann wurden Geschenke, Haifischzähne, Stoffe und Früchte,
ausgetauscht, und die Gäste begannen einen fröhlichen Kriegstanz, wobei
sie in die Hände klatschten, die Arme in die Höhe warfen, sich verbeugten, ihre
Bambusstäbe aneinander schlugen und ein Lied sangen, das eigens zu diesem
Zwecke gedichtet war.

Kriegstanz der Fidschi-Insulaner.

Jackson blieb nun längere Zeit in Rateva und dachte nicht daran, wieder nach Somo-Somo zurückzukehren. Doch wurde er halb wie ein Gefangener behandelt, und da man ihn mehr wie eine Merkwürdigkeit, denn als Menschen ansah, so wurde er nach und nach melancholisch und sehnte sich fort. Dieses Vorhaben war jedoch nicht so leicht auszuführen und erst nachdem er noch mancherlei Abenteuer ausgestanden, gelang es ihm zu entfliehen.

In einer Fehde mit dem benachbarten Orte Tuneola waren die meisten Flinten der Ratevaner unbrauchbar geworden. Da sie dieselben nicht aus= zubessern verstanden, so besorgte Jackson das Geschäft, so lange es ihm gefiel, doch erklärte er endlich, daß er künftig sich damit nicht weiter befassen werde. Man berieth nun darüber, ob man ihn zur Strafe erschlagen solle, kam jedoch zu dem Beschlusse, daß er lebend mehr nützen könne, als todt. In dieser Zeit begab es sich, daß ein junges Mädchen an einen abscheulich häßlichen Krüppel verheirathet werden sollte, vor der Hochzeit aber erklärte, daß sie ihn unter keiner Bedingung nehmen wolle. Darauf hin ging Jackson, nachdem er der Zustimmung des Mädchens sicher war, zu den Aeltesten des Ortes und fragte, ob er nicht das Mädchen zur Frau bekommen könne? Die Ratevaner waren über diese Anmaßung höchlich erstaunt und sagten, wie er sich nur beikommen lassen könne, die Tochter eines Häuptlings, die im Range so hoch über ihm stehe, zu verlangen. Auf seine Antwort, daß der geringste Mann in Bulatangi, England, besser sei, als der höchstgestellte auf den Fidschi=Inseln, lachten sie nur. Zugleich machten sie ihm wieder den Antrag, die schadhaften Flinten auszubessern. Er verlangte dafür eine hohe Summe Fischzähne, die man nicht aufbringen konnte, und rückte dann mit dem Vorschlag heraus, daß man ihm für die Reparaturen die „Maramoi", die Häuptlingstochter, geben solle. Es ward eine große Berathung gehalten und ihm endlich das Mädchen zugesagt, wenn er alle Flinten wieder in brauchbaren Zustand setzen würde. Er ging an's Werk. Mit seinen ein= fachen Werkzeugen, die aus einem Schraubenzieher, Feile, Messer und Segel= tuchnadel bestanden, besserte er einige glücklich aus; bei andern aber waren die Federn zerbrochen, und da war guter Rath theuer. Doch half ihm der Zufall.

Eines Tages waren viele Schweine geschlachtet und gekocht worden. Nur wenig von dem Fleische hatte man vertheilt, das meiste dagegen im Tempel für die Götter aufgehängt. Jackson, der dieses wußte, schlich des Nachts, als er gerade Hunger hatte, in den Tempel, schnitt sich ein Stück von dem Fleische ab und warf den Rest des Schweines in den Wald, wo es von Hunden aufgefressen wurde. Im Tempel aber fielen ihm glücklicher Weise die alten verstaubten Gewehre auf, die zu Ehren des Gottes dorthin gesetzt waren; er schraubte die Schlösser ab, nahm die Federn heraus und setzte dann Alles wieder in den frühern Stand, so daß Niemand Etwas merkte. Mit den Federn besserte er die Flinten aus, erhielt das Mädchen zum Weibe und galt nun für einen „**Matai levu**", großen Künstler. Als ein Wunder aber wurde es betrachtet, daß eins der Schweine im Tempel verschwunden war; man glaubte, der Gott habe seine besondere Gnade zeigen wollen und ein ganzes Schwein auf einmal verschlungen.

Jackson hatte nun zwei Weiber und beschloß, seine Tage in Nateva hinzubringen. Sein kleines Haus befand sich in gutem Stande; er pflanzte Kokosnußbäume, verlegte sich auf Schweinezucht im Großen, hielt sich Geflügel und lebte verhältnißmäßig glücklich, als eine Unbedachtsamkeit ihn zwang, von Nateva zu entfliehen. Es wurde nämlich wieder eine Festlichkeit veranstaltet, bei der den Göttern abermals Schweine geschlachtet wurden. Sogleich warf man die Frage auf, ob der Gott auch dies Mal so gnädig sein werde, ein ganzes Schwein zu verschlingen? Jackson wandelte hierbei ein Lachen an und er beschloß, die Eingeborenen von ihrem Wahne zu heilen, indem er ihnen den wahren Hergang der Sache mittheilte. Dabei glaubte er nicht, für sich irgend eine Gefahr heraufzubeschwören, weil er schon so lange mit ihnen in Frieden lebte und Hausbesitzer war. Er sagte also, er sei selbst der „Gott" gewesen, welcher das Schwein verzehrt habe, und daß, wenn sie dieses nicht glauben wollten, sie an einer gewissen Stelle im Walde noch die Knochen des Schweines finden müßten. Alle waren nach dieser Eröffnung sehr bestürzt, glaubten aber nicht an die Möglichkeit dieser Angaben; als jedoch Einige in den Wald liefen und von dort den Schädel des Schweines mit dem Ausrufe: „Dina sara", es ist wirklich so! herbeibrachten, entstand ein solcher Aufruhr, daß Jackson sofort klar wurde, er habe durch sein Bekenntniß eine arge Unbesonnenheit begangen. Alle schrieen: „Wenn dich unser Gott nicht bestraft hat, so werden wir dich bestrafen." Ihre Blicke wurden immer drohender, die Erzürnten drängten sich an ihn heran, und als er gerade im Begriffe war, einen Schluck Angona zu trinken, warfen sie ihn hinterrücks durch die Thüre eine wol zehn Fuß hohe Treppe hinab. Doch geschah ihm weiter nichts; er dachte an seine Rettung und lief dem Ufer zu. Mittlerweile war es dunkel geworden, und der Schwarm seiner Verfolger konnte ihn nicht entdecken, da er sich im Dickicht verkrochen hatte. Nachdem die Nacht völlig hereingebrochen war, floh Jackson weiter und erreichte nach dreitägigem mühsamen Umherirren ein kleines zu Somo-Somo gehöriges Dorf, wo er sich sicher vor den Natevanern glaubte.

Am andern Morgen segelte ein Somo-Somo-Kanoe an der Küste vorüber, welches den stolzen Namen Rama-Rama, „das Licht", führte und über 200 Mann an Bord hatte. Jackson schwamm zu ihm hin und verlangte aufgenommen zu werden, allein er wurde mit Rudern zurückgestoßen und mußte froh sein, als er das Ufer wieder erreichte. Diesen ganzen Vorgang hatte vom Strande aus ein Eingeborener mit angesehen, welcher sich Jackson als ein Mala, ein Gesandter des Königs Thakombau von Bau zu erkennen gab, der Oberherrscher sämmtlicher Fidschi-Inseln ist.

Der Gesandte schien Mitleid mit dem weißen Manne zu fühlen und ver=
anlaßte die Schiffer, nochmals anzulegen und ihn mit nach Bau zu nehmen,
wohin die Rama=Rama steuerte. Unterwegs legte man an mehreren Inseln an,
die alle unter der Botmäßigkeit Baus stehen, so in Koro und bei der Nieder=
lassung Levuka auf der Insel Ovalau. (Siehe Abbildung S. 203.) Hier
fand Jackson die ersten weißen Menschen wieder, nämlich fünfundzwanzig
Amerikaner, welche von den Schiffen, die wegen des Einsammelns von Tripang
hierher kommen, weggelaufen waren und sich in Levuka niedergelassen hatten.
Sie schienen sich sehr wohl zu fühlen, jeder besaß vier bis fünf Weiber und
manche hatten ebenso viele Kinder. Jackson hätte bei ihnen bleiben können,
allein er fürchtete diese Halb=Civilisation und scheinbare Unabhängigkeit mehr,
als die Abenteuer, die ihm tagtäglich unter den Wilden bevorstanden.

Jackson traf in Ovalau auch mehrere Kanoes, selbst von den fernen
Tonga=Inseln, die alle nach Bau zu einer großen Festlichkeit wollten. Die
Rama=Rama war jedoch von allen das größte Schiff, an dem man sieben
volle Jahre gearbeitet hatte. Nachdem noch die Inseln Moturiki und
Viwa, wo die Missionäre eine Station haben, berührt worden waren,
gelangte man nach dem kleinen Eilande Bau an der Südwestküste der größten
aller Fidschi=Inseln, Viti=Levu. Doch ehe man landen konnte, erschien in
einem Kanoe ein Abgesandter des Königs Thakombau, welcher den Befehl
überbrachte, daß die ankommenden Fremden aus Ehrfurcht für ihn, den
König, sich sämmtlich das Haar abzuscheren hätten. Dieser Auftrag erregte
ungeheure Bestürzung, was erklärlich wird, wenn man bedenkt, daß die Fidschi=
Insulaner ihr Haar als große Zierde ansehen, häufig zehn bis zwölf Jahre,
ohne es zu beschneiden, wachsen lassen und es zur kleinen Zöpfchen zusammen=
drehen. Bei vielen erregte der Befehl Unwillen, doch fügten sich schließlich
Alle in den Willen des Königs.

Dieser kam an den Strand um die Rama=Rama zu besichtigen. Als
nun der große Mast niedergelassen werden sollte, riß ein Tau, und der Mast
erschlug einen der Schiffer. Sogleich schrieb man dieses dem Einflusse böser
Geister zu und Thakombau befahl, zehn Leichen herbeizubringen, die für die
Götter gekocht werden sollten. Doch waren diese zehn noch nicht genug, und
Navindi, der Vertraute des Königs und Haupt der Fischer, erhielt den
Auftrag, noch mehr Leichname herbeizuschaffen. Navindi war ein schöner,
noch junger Mann, welcher den weißen Turban, das Abzeichen der Häupt=
linge, trug; außerdem hing ihm ein großer fast kreisrunder Eberzahn von
der Brust herab. Mit sichtbarem Vergnügen führte er den schrecklichen Auf=
trag Thakombau's aus, erschlug noch elf Sklaven und ließ dann alle einund=
zwanzig Leichen nach dem Platze vor dem Ulu ni puaka, dem Einkehrhause
der Fremden, bringen, wo sie unter lautem Jubel verschmaust wurden. Alle
Ankömmlinge wurden bewirthet, zunächst mit dem Menschenfleisch, dann mit
Schweinebraten, zuletzt mit Yams und Taro.

Ansicht von den Küsten Banua Leow's.

Dies Alles ward in solcher Menge herbeigeschafft und konsumirt, daß der Boden von Bau buchstäblich mit den Abfällen überdeckt war. Die Freß= gelage dauerten so lange, bis Thakombau seinen Gästen erlaubte, wieder nach Hause zu gehen. In den zwei Monaten, während welcher diese Festlichkeiten währten, wurden außer vielen Menschen täglich 200 Schweine, große Massen Schildkröten und eine unglaubliche Menge Fische, von denen man nur die Augen genoß, verzehrt. Yams und andere Gemüse lagen in großen Haufen für Jedermann bereit, und selbst die Hunde und andere Haus= thiere fraßen so viel, daß sie schließlich nicht mehr konnten.

Jackson wurde während dieser Festlichkeit mit dem König näher bekannt und erhielt von diesem den Auftrag, aus den vorhandenen Bleibarren Kugeln zu gießen. Auch zeigte er dem Europäer zweihundert Fäßchen Pulver, mit der Bemerkung, daß er augenblicklich schlecht mit Munition versehen sei und nur wünsche, bald mehr von einem Schiffe einhandeln zu können, denn gewöhnlich habe er sechshundert Fäßchen Pulver und die entsprechende Menge Blei vor= räthig. Darauf öffnete der König seine Kisten, in denen Jackson alle zum Kugelgießen nöthigen Werkzeuge, Formen und Schmelzpfannen, meist aus amerikanischen Fabriken stammend, vorfand. Als nun der gegebene Auftrag zu Thakombau's Zufriedenheit ausgeführt worden war, gelobte er dem Matrosen ewige Freundschaft, die er auch redlich hielt. Unser Seemann wunderte sich darüber, denn die Fidschi-Majestät liebte es, ihre Macht ihren Unterthanen sehr oft durch tyrannische Akte darzuthun. Im Reiche des Oberkönigs herrschte die größte Willkür, wie einige Beispiele beweisen mögen.

Revelita, des Königs Bruder, wurde nach der Insel Batiki gesandt, um dort von den tributpflichtigen Einwohnern Lebensmittel einzutreiben. Jackson begleitete ihn auf dieser Expedition. Die armen Eingeborenen, welche man in der letzten Zeit zu wiederholten Malen mit großen Tribut= Forderungen heimgesucht, erschraken, als sie die Kanoes von Bau erblickten, und begannen sogleich Schweine und Yams zu kochen, die sie eilig und noch halb roh den Ankommenden entgegen trugen. Revelita war hierüber erzürnt und ließ Alle vor sich rufen. Als nun die armen Menschen auf Händen und Füßen demüthig herangerutscht kamen, fuhr er sie wüthend an, warum sie ihm hartes Fleisch gebracht hätten? Und als einer seiner Höflinge ihm anrieth, er solle sie zur Strafe Bimsstein essen lassen, befahl Revelita sofort, daß dieses ausge= führt werde. Sogleich mußten die armen Menschen in solcher Menge Bimsstein kauen und verschlucken, daß in der That eine Verminderung dieses Materials an der dreißig bis vierzig Ellen langen Meeresbucht wahrnehmbar wurde.

Nicht minder willkürlich handelte des Königs Vater, Tanoa, der wegen seines Schnaufens durch die Nase „der alte Schnaufer" genannt wurde. Oft trat er singend aus seinem Hause heraus, begleitet von einem Mädchen, welches ihm mit einem Fächer die Stechmücken abwehren mußte. Je nach Laune rief er dann, daß man ihm „Puaka dina", ein Schwein, schlachte, oder er verlangte scherzend nach „**Puaka balava**", einem langen Schweine, worunter er einen Menschen verstand. Seinem Befehle mußte sogleich gehorcht werden und alsobald wurde irgend ein bedauernswerther Sklave für ihn abgeschlachtet.

Aber auch in Bau hielt es Jackson nicht lange aus, sein unruhiges Wesen, sein Hang nach Abenteuern, trieben ihn weiter. Nach mancherlei Irrfahrten gelangte er nach der Insel Rewa, die von drei Brüdern zugleich regiert wurde. Ohne Weiteres ging er zu einem der Häuptlinge hin, meldete sich zum Dienste und wurde freundlich aufgenommen. Die Lebensweise war hier dieselbe wie in Somo-Somo, Rateva oder Bau; auch hier befand sich der Kannibalismus im Schwange; nur lernte Jackson wieder neue Formen dieser barbarischen Sitte kennen.

Nachdem die Wohnung des einen Häuptlings, Drekete mit Namen, schadhaft geworden war, sollte sie durch eine neue ersetzt werden, und als man zum Bau alle Vorbereitungen eingeleitet, begann man zwei Sklaven zu opfern, damit das Werk gut von Statten gehe. Diese Opfer erfolgten jedoch heimlich, da der Häuptling vor den auf Rewa angesiedelten Missionären Furcht hatte. Jackson jedoch, welcher mit den Eingeborenen auf gutem Fuße lebte, durfte Augenzeuge aller dabei vor sich gehenden Ceremonien sein. Als die Löcher für die Grundpfosten gegraben waren, stieg in jedes derselben ein Sklave hinein, der lebendig mit Erde verschüttet wurde und auf dem man dann die Pfosten errichtete. So baute man

Ravindi, der Häuptling der Fischer.
Nach Erskine.

das neue Häuptlingshaus auf lebendig Begrabenen! Jackson hat später oft Gelegenheit gefunden, mit Sklaven zusammen zu kommen. Diese unglücklichen Menschen befanden sich in einer so traurigen Lage und waren durch die fortwährende Bedrückung so um alles Selbstbewußtsein gebracht, daß sie es als eine Ehre betrachteten, wenn man sie opferte, oder wenn sie den Häuptlingen als Speise dienen durften! Und so wie die Häuser der Häuptlinge auf Menschen erbaut werden, so benutzte man auch lebende Sklaven als Walzen, sobald ein neuerbautes Kriegskanoe vom Stapel gelassen wurde. In beiden Fällen haben die Fidschi-Insulaner die Vorstellung, daß die dazu verwendeten Sklaven immerdar entweder das Haus oder das Kanoe über der Erde oder dem Wasser aufrecht erhielten.

Bei einem Ausfluge nach der Insel Kantavu fand Jackson Gelegenheit, dem Stapellaufe eines solchen Kanoe beizuwohnen. Dieses Eiland besteht aus zwei Theilen, die durch eine schmale Landenge verbunden sind. Ueber diese sollten die großen Doppelkanoes weggewälzt werden, um in ein anderes Fahrwasser zu gelangen. Als die besten Walzen zu diesem Zwecke wurden nun die lebenden Körper der Gefangenen betrachtet. Man fällte große Bäume, zerschnitt sie in Klötze und band einen derselben an jede Seite der Schlachtopfer fest, so daß diese sich nicht bewegen konnten. Nachdem diese Vorbereitungen gemacht waren, legte man die Unglücklichen in gleich weiten Abständen auf den Weg und begann unter dem entsetzlichsten Kriegsgeheul das schwere Doppelkanoe über sie fortzuschieben. Jackson trat auf die Seite, um sich den gräßlichen Anblick zu ersparen, doch drangen auch in der Ferne, trotz des Gesanges und Geheules, die Schmerzensschreie der Schlachtopfer in seine Ohren. Nachdem Alles vorüber war, begab er sich nach dem Schauplatze der Greuelthat. Mit dem Gesichte nach oben lagen die vierzig zermalmten Körper da, welche später verzehrt wurden.

Von Rewa kehrte Jackson nach Kantavu zurück. Seine Gefährten hatten nun dem Häuptlinge über alles Vorgefallene Bericht zu erstatten. Die Phantasie dieser Leute ist ungemein rege, in Folge dessen sind sie gewaltige Lügner und Großthuer, die auf die glaubwürdigste Weise allerlei erfundene Geschichten zu erzählen wußten. So wurden aus jedem in Kantavu verzehrten Schweine zehn gemacht, und die Gefangenen und Getödteten zählten gleich nach Hunderten. Einer der Hofleute war einmal in Sydney, der Hauptstadt von Neu-Süd-Wales, gewesen und belustigte oft den Häuptling mit der Erzählung der unglaublichsten Dinge, welche er dort gesehen haben wollte. „Merkt auf", sagte er, „Ihr wundert Euch über die Geschicklichkeit der Weißen, mit der sie hier unsere großen Bäume in Bretter zersägen. Das ist noch gar nichts. Ich wollte mir die in einem Walde bei Sydney gelegenen Sägemühlen ansehen. Schon vier Tage vorher, ehe ich an dem Platze ankam, war die Luft so sehr mit Sägespänen angefüllt, daß ich kaum sehen konnte. Je näher ich kam, desto dichter wurden die Wolken und ich mußte die Augen schließen, um nicht stockblind zu werden. Endlich kam ich ganz im Dunkeln herangetappt und was sah ich? Mehrere hunderttausend Sägemühlen, die von einem Bache getrieben wurden!" Ein anderer Reisebericht dieses Fidschi-Insulaners lautete dahin, daß er in Sydney die Länge der dortigen Soldatenkasernen habe ausmessen wollen, aber nachdem er volle drei Monate lang gemessen habe, sei er noch nicht zum Ende gelangt und habe dann nicht weiter messen mögen, weil es doch vergebliche Mühe gewesen wäre.

Hier endigt die Erzählung John Jackson's von seinen auf den Fidschi-Inseln erlebten Abenteuern. (Er verließ bald darauf den Archipel in einem Sandelholzschiffe und befuhr zwei Jahre lang Neu-Kaledonien und die Neuen Hebriden. Dort nahm ihn im Jahre 1850 der englische Kapitän Oliver als Dolmetscher in Dienste, eine Eigenschaft, in welcher er sich später auf der von Kapitän Erstine kommandirten „Havannah" nützlich machte. Dieser tüchtige Seemann war es, der Jackson veranlaßte, seine Erlebnisse während des Aufenthaltes auf den Fidschi-Inseln niederzuschreiben. (Er fügt dem in seiner Reisebeschreibung abgedruckten Berichte die Erklärung bei „daß, so außerordentlich auch viele Einzelheiten in der Erzählung erscheinen, Jackson doch nicht einen einzigen kannibalischen Brauch beschreibt, von dem er (Erstine) nicht auch durch die Missionäre unterrichtet sei, oder dessen Wahrheit er nicht durch andere Zeugnisse bestätigt gefunden habe." Ein Zweifel an den mitgetheilten schrecklichen Thatsachen ist demnach, dieser Bemerkung gegenüber, nicht mehr erlaubt.

Dem Leser, welcher uns bis hierher gefolgt, wird es schwerlich entgangen sein, daß zwischen der Geschichte John Jackson's und jener Hans Staden's eine gewisse Aehnlichkeit und Uebereinstimmung herrscht. Beide befanden sich als Weiße in einer Art Gefangenschaft unter Wilden, die, hier an der Ostküste Brasiliens, dort auf einem Archipel in der Südsee, dem in der That weit verbreiteten fürchterlichen Gebrauche der Menschenfresserei huldigten. Beide Europäer gelangten unter den Eingeborenen zu einer Art von Ansehen — aber ein wesentlicher Unterschied waltet unter ihnen, abgesehen von den dreihundert Jahren, welche sie trennen, dennoch ob: John Jackson fühlte sich wohl in dem ungebundenen Leben der Wilden, er wurde gewissermaßen selbst durch seine Heirathen Einer der ihrigen, wenn er auch ihren Kannibalismus verabscheute; der brave, gottesfürchtige, höhere Ziele verfolgende Hans Staden von Homberg jedoch blieb sich stets selbst treu und sank in keiner Beziehung auf die tiefe Stufe derjenigen herab, die seine Peiniger waren und so lange Zeit blieben.

Ende des Buches.

Die Tonbilder sind einzuheften:

——————

Thiergeschichten für die Jugend. Unsere sieben Hausfreunde in Heimat und Fremde, was sie uns nützen und womit sie uns erfreuen. In Charakterzügen, Schilderungen und Anekdoten aus der Thierwelt für die Jugend von **Hermann Wagner.** Zwei Bändchen. Mit 235 Text-Abbildungen, 8 Tonbildern ꝛc.

Erstes Bändchen. Inhalt: Pferd und Esel. Schwein. Reh und Hirsch. Renthier. Rind und Rindviehrassen. Geh. 2 M. 50 Pf. — ⅚ Thlr. Eleg. cart. 3 M. — 1 Thlr.

Zweites Bändchen. Inhalt: Hunde und Katzen. Ziegen und Schafe. Hausthiere der Fremde. Unser Federvieh: Hühner. Enten und Gänse. Truthühner. Pfau. Taube. Schwan und Storch. Geheftet 2 Mark 50 Pf. — ⅚ Thlr. Elegant cartonnirt 3 Mark = 1 Thlr.

Zweite Gruppe. Der Mensch, Herr der Schöpfung.

a. Geistes- und Händearbeit des Menschen.

Das Buch denkwürdiger Erfindungen. Schilderungen für die reifere Jugend. In Verbindung mit F. Lackenbacher herausgegeben von L. Thomas, Direktor der Freischule zu Leipzig. Fünfte vermehrte, gänzlich umgearbeitete Auflage. Zwei Bändchen. Mit über 300 Text-Abbildungen, acht Tonbildern und zwei Buntbildern ꝛc. Jedes Bändchen geheftet 2 Mark = ⅔ Thlr. Eleg. cartonnirt 2 Mark 50 Pf. = ⅚ Thlr.

Erstes Bändchen: Die denkwürdigsten Erfindungen bis zu Ende des XVIII. Jahrhunderts: Schrift, Papier, Druck. Schießpulver und Feuerwaffen. Uhren und Uhrwerke. Luftballon und Luftballonpost. Mikroskop und Teleskop.

Zweites Bändchen: Die denkwürdigsten Erfindungen im XIX. Jahrhundert: Dampf und Dampfmaschine. Eisenbahnen und Lokomotiven. Das Dampfschiff. Elektrizität, Galvanismus und Elektromagnetismus. Telegraphie, Photographie und Stereoskopie. Gasbeleuchtung ꝛc.

b. Der Mensch als Herr des Erdballs.

Das Buch der denkwürdigsten Entdeckungen auf dem Gebiete der Länder und Völkerkunde. In Verbindung mit Franz Otto, Rich. Oberländer und Dr. H. Zimmermann herausgegeben von L. Thomas. In zwei Bändchen. Vierte gänzlich umgearbeitete Auflage. Mit zahlreichen Text-Abbildungen, Ton- und Buntbildern. Jedes Bändchen geheftet 2 Mark = ⅔ Thlr. Eleg. cartonnirt 2 Mark 50 Pf. = ⅚ Thlr.

Erstes Bändchen: Die älteren Land- und Seereisen bis zur Auffindung der Seewege nach Amerika und Indien. Land- und Seereisen während des Mittelalters. Auffindung des Seeweges nach Indien. Entdeckung von Amerika. Die Spanier in Mittel- und Südamerika. Entdeckung und Eroberung von Mexiko durch Ferdinand Cortez. Eroberung von Peru und Chile durch Pizarro und Almagro. Erste Weltumsegelung. Eroberung von Venezuela und Entdeckung von Neugranada. Entdeckung und Kolonisation von Brasilien. Mit über 100 Text-Illustrationen, vier Tonbildern und einem bunten Titelbilde.

Zweites Bändchen: Entdeckungen und geographisch bedeutsame Unternehmungen nach Entdeckung der Neuen Welt bis zur Gegenwart. Die Kolonisation der Staaten der Nordamerikanischen Union. Eroberung von Sibirien durch die Kosaken und Besitzergreifung des Amur-Gebietes durch die Russen. Die Holländer in Java und auf den Ostindischen Inseln. Die englischen Niederlassungen in Indien und Ausbreitung der britischen Herrschaft in Vorder- und Hinterindien. Entdeckung und Besiedelung von Australien und Ozeanien. Die Nord- und Südpolsfahrten.

Wirkliche und wahrhaftige Robinsonaden. Fahrten und Reiseerlebnisse aus allen Zonen. Für die reifere Jugend sowie für gebildete Familienkreise. Von Dr. Richard Andree. Mit 90 Text-Abbildungen, sechs Tonbildern und einem Titelbilde. Geheftet 4 Mark 50 Pf. = 1½ Thlr. Elegant cartonnirt 5 Mark = 1⅔ Thlr. Elegant gebunden 5 Mark 50 Pf. = 1⅚ Thlr.